ORGASMO TÁNTRICO PARA MUJERES

El poder de la energía sexual femenina

DIANA RICHARDSON

NeoPerson
sex

Primera edición: octubre de 2016
Segunda reimpresión: julio de 2021
Tercera reimpresión: enero de 2024

Título original: *Tantric Orgasmic for women*

Cubierta: Rafael Soria

Traducción: José Real

© 2004, Diana Richardson

De esta edición:
© Distribuciones Alfaomega S.L., Neo Person, 2004, 2023
 Alquimia, 6 - 28933 Móstoles (Madrid) - España
 Tel.: 91 617 08 67
 www.grupogaia.es - E-mail: grupogaia@grupogaia.es

Depósito legal: M. 32.304-2016
ISBN: 978-84-15887-18-8

Impreso en España por: Artes Gráficas COFÁS, S.A. - Móstoles (Madrid)

Cualquier forma de reproducción, distribución, comunicación pública
o transformación de esta obra solo puede ser realizada con la autorización
de sus titulares, salvo excepción prevista por la ley. Diríjase a CEDRO
(Centro Español de Derechos Reprográficos, www.cedro.org)
si necesita fotocopiar o escanear algún fragmento de esta obra.

Índice

Agradecimientos 6
Introducción 7

1. El potencial intrínseco para el orgasmo 15
2. El orgasmo es una experiencia espiritual 27
3. Orgasmo frente a orgásmico 39
4. El origen de los estados orgásmicos 53
5. Los senos: la clave del orgasmo 67
6. La vagina es secundaria con respecto a los senos 85
7. El clítoris y el excitamiento 101
8. El papel de la mujer en la erección del hombre 117
9. La relajación y el orgasmo 133
10. Dominar el amor y vencer las emociones 169
11. La mujer como amante durante la menstruación, los períodos de fertilidad, el embarazo, la maternidad y la menopausia 195
12. Orgasmo tántrico y parejas del mismo sexo 211

Conclusiones: Aprovechamiento de nuestro auténtico poder femenino 233
Apéndice: El método sintotermal para el control de la fertilidad cíclica 241
Notas 249

Agradecimientos

Dedicado al amor de la mujer

Q UIERO DARLES MUY sinceramente las gracias a todas esas mujeres que, a lo largo de los años, han compartido sus experiencias conmigo; mujeres de las que he aprendido mucho. Les estoy particularmente agradecida a aquellas otras que me otorgaron su permiso para que hiciera uso de sus casos personales, lo cual ha contribuido enormemente a que pudiera trazar el verdadero mapa de la sexualidad femenina y, por consiguiente, del amor. También quiero hacerles llegar mi agradecimiento a las parejas de estas mismas mujeres, ya que sus mutuas experiencias amorosas hicieron posible dicha contribución. He incluido también unas cuantas confidencias hechas por hombres, a quienes, asimismo, les estoy agradecida. Doy fe de la absoluta autenticidad de las experiencias personales citadas en este libro. Dado el carácter íntimo de estos casos, he decidido no identificar a los informadores por sus nombres o iniciales.

Introducción

EN SÁNSCRITO, EL ANTIGUO lenguaje literario clásico y religioso de la India, el vocablo *tantra* puede vincularse a conceptos tales como «capacidad de expansión» y «aquello que se expande», así como a las palabras *continuo, red, contexto* y *transformación*[1]. El tantra nos enseña a aceptar a nuestro ser como un todo, desde la sólida densidad de nuestro cuerpo físico hasta las refinadas capas de nuestro espíritu. Tiene que ver con la transmutación de la energía, la liberación de la mente y el logro de todo el potencial de la persona. Se cree que la liberación del cuerpo y de la mente se consigue por la unión equilibrada de elementos opuestos; una liberación que parte del supuestamente interminable ciclo del renacimiento inconsciente. El tantra descubrió, hace más de cinco mil años, lo que la ciencia ha corroborado más tarde con el estudio de los cromosomas: que la mujer es mitad hombre y que el hombre es mitad mujer. El equilibrio de los oponentes internos es la forma de lograr todo el potencial. La inmersión completa en el modo femenino en la unión sexual, transforma a la mujer mediante un proceso alquímico interno.

En esencia, este libro, el segundo sobre el tema, analiza el tantra desde la perspectiva femenina. En las páginas que siguen me afano por transmitir el significativo papel que representa la energía femenina en el intercambio amoroso entre hombre y mujer. Cuando se habla de sexo, no sería realista trazar una línea divisoria entre la mujer y el hombre, ya que el sexo es la unión más íntima de los elementos femenino y masculino. No obstante, hay aspectos de la sexualidad que son aplicables exclusivamente a la mujer, y que pueden utilizarse para influir y fortalecer la experiencia sexual; esto supone una clara ventaja tanto para él como para ella. Puesto que le hace adquirir una impresión nueva sobre ella misma y su cuerpo, la mujer que no tenga pareja puede, asimismo, beneficiarse de este conocimiento; y habrá muchas ocasiones en que esta nueva perspectiva le sirva para atraer a su lado al compañero perfecto.

Como investigadora, profesora y escritora de temas sexuales, he sido animada por hombres y mujeres a tratar la sexualidad desde el punto de vista femenino. Las mujeres me lo han sugerido abiertamente y, aunque los hombres no han llegado a planteármelo con toda franqueza, me he sentido alentada de manera indirecta por las acciones de estos hombres y por lo que ellos me han demostrado, sin saberlo, en estos últimos veinte años.

A lo largo de este tiempo, muchas parejas han asistido a los talleres de «Hacer el amor», que he codirigido con mi compañero, Raja. Durante el desarrollo de los talleres, todos los días sucedían milagros verdaderamente conmovedores. Muchas de las parejas volvieron a experimentar ese amor dinámico que los unió por vez primera, y fueron, además, capaces de continuar en el futuro en amorosa armonía. Sin embargo, no todas las parejas corren la misma suerte y, a veces, sus componentes tienen que separarse. Es natural que, con el tiempo, los separados establezcan nuevas relaciones de pareja; y cuando estas relaciones empiezan a consolidarse, he notado que algo extraordinario e inesperado sucede en los grupos: los hombres que asistieron a mis talleres con anterioridad, vuelven a inscribirse en los mismos. Son aquellos *hombres* que, convencidos de que el método tántrico revaloriza el amor, vuelven para compartir con sus nuevas compañeras esta forma alternativa de enfocar la sexualidad. Me sorprendió mucho comprobar que las mujeres —a pesar de que, al igual que sus compañeros, reconocían las excelencias de los talleres— eran mucho más remisas a volver; solo en época muy reciente se ha apreciado una cierta disposición a volver a los talleres con sus nuevos amores.

Del hecho de que haya muchos hombres, pero pocas mujeres, que regresen a los talleres con sus nuevas parejas, se extraen dos importantes conclusiones. La primera de ellas es que a nosotras, las mujeres, nos da reparo hablar de sexo con los hombres, y somos, por tanto, reacias a confesarles qué es lo que más le gusta a nuestro cuerpo. Nos cuesta mucho proponerle a nuestro compañero sentimental la práctica de cualquier método sexual alternativo. Lo que más teme la mujer es que el cambio le acarree la pérdida de su hombre; que dé lugar a que, a los ojos de él, deje de ser sexualmente atractiva. Es de lamentar que cuando las mujeres nos decidimos por seguir practicando el sexo convencional —el cual es una forma distorsionada de la sexualidad masculina—, estamos haciendo dejación de algo único: nuestra magia y poder femeninos.

La segunda conclusión es mucho más alentadora, por lo que espero que le dé a las mujeres la confianza que necesitan para llevar más la voz cantante en el terreno sexual. El hecho de que *sea* el hombre el que vuelva a los talleres con su nueva pareja, demuestra claramente que es él el que desarrolla el gusto por practicar otra forma de expresión sexual, una vez probada ésta. ¿Cómo puede a un hombre gustarle algo que no ha experimentado? Para que aparezca el deseo por la sexualidad tántrica, lo normal es que se experimente antes.

En más de una ocasión, he escuchado el siguiente comentario de labios de hombres y mujeres desprovistos de experiencia tántrica: «El tantra es más bien para mujeres, no para hombres». Basándome en mis propias investigaciones, así como en las respuestas reconfortantes de los hombres que han asistido a mis talleres, puedo decir con total certeza que «el tantra no es solamente para la mujer, sino que, con toda propiedad, lo es también para el hombre». El tantra no es algo diseñado para hacer felices a las mujeres (a los hombres no tan felices), ni tampoco es una forma de darle momentáneamente las riendas a las mujeres. Cuando el hombre prueba los deliciosos altibajos de la energía sexual expandida, siempre quiere probarlos de nuevo. Pero, a menos que sean las mujeres las que les hagan llegar su verdadera feminidad, ¿cómo, dónde y cuándo podrían los hombres desarrollar un deseo por esta feminidad?

De vez en cuando se encuentra a una mujer que, durante el coito, tiene la habilidad de recibir y canalizar hacia arriba la energía sexual masculina, lo cual la hace capaz de elevar el sexo a otra dimensión, tanto para ella como para su hombre. Lo cierto es que la mujer puede, si se lo propone, desarrollar este don e introducir a su pareja dentro de un ámbito sexual expandido, creando así para ella unas experiencias sexuales más satisfactorias. Por el simple hecho de serlo, la mujer posee una capacidad natural para entrar en este ámbito. Ella, que encarna el papel receptivo en la dinámica hombre-mujer, puede proyectarse hacia el interior y arrastrar al hombre consigo. Este es su poder intrínseco. A través de la receptividad, a través de la dejación y la entrega, es posible el movimiento inherente. Sin embargo, no puede decirse lo mismo del otro sexo. El hombre, por regla general, no tiene facilidad para emprender, mediante la apertura de un hueco, la experiencia de absorber a la mujer dentro de sí. Para hacerlo, necesita una gran tranquilidad y la claridad que da la verdadera autoridad masculina. Cuando el aspecto receptivo (lo femenino) cede, recibiendo lo que en realidad esto conlleva, su propia receptividad posibilita que la energía dinámica (lo masculino) se mueva y fluya. De esta forma, el hombre sigue a la mujer con facilidad y naturalidad; incluso puede silenciosamente alcanzar con la mujer altas cotas de exaltación, *si* es lo bastante afortunado como para encontrar la energía receptiva femenina.

En la mujer reside el verdadero punto de partida de una necesaria reeducación sexual. Este movimiento tiene que arraigar en las mujeres y, por su mediación, extenderse e introducirse en la sociedad; y tiene que hacerse a través de los amantes, de los amigos, de encuentros de una sola noche, de unas madres que enseñen a sus hijas y de unos padres que enseñen a sus hijos. Requiere que las mujeres empiecen a hablar por sí mismas, que expresen sus necesidades y sensibilidades, y que los hombres presten atención inmediata a estos mensajes. Para alcanzar la plena satisfacción sexual y el verdadero amor, lo mejor es que un hombre y una mujer se encuentren y emprendan juntos la aventura mutua del autodescubrimiento sexual.

No obstante, la mujer puede hacer mucho sin la cooperación consciente del hombre. El sexo está más cerca de nosotros de lo que pensamos; alcanza, toca y cambia todas y cada una de las células de nuestro cuerpo. La exploración del sexo nos permitirá descubrir quiénes somos los que estamos realmente debajo de todas esas pretensiones y convencionalismos sociales que habitualmente utilizamos para encubrir nuestra personalidad sexual más profunda.

Mi guía y mi fuente de inspiración tántrica es Osho, mi maestro espiritual. Osho (o Bhagwan Shree Rajneesh, nombre éste por el que era conocido con anterioridad) enseña la meditación no como un ejercicio circunstancial, sino como una forma de vida. Es un místico que aplica la sabiduría intemporal de Oriente a las apremiantes cuestiones con las que se enfrentan los hombres y las mujeres de nuestro tiempo. Nos habla de la búsqueda de la armonía, de la plenitud y del amor que subyacen en el corazón de todas las corrientes religiosas y espirituales, y que iluminan la esencia del cristianismo, el hasidismo, el budismo, el sufismo, el tantra, el tao, el yoga y el zen.

No hay palabras para expresar la honda gratitud que siento por el continuo y profundo impacto que Osho ha supuesto en mi vida. Su interpretación de las antiguas escrituras tántricas dio lugar a un conjunto superior de conocimientos e ideas al que tuve la fortuna de tener acceso mediada mi juventud.

El tantra es más que una técnica; es un viaje profundo de autodescubrimiento y autotransformación, un proceso alquímico que transmuta la energía básica en una sublime expresión espiritual. Aunque a lo largo del proceso se utilicen algunas técnicas, el secreto del tantra reside en convertir aquello que en nosotros es sexualmente inconsciente en algo plenamente consciente. Ya lo dice Osho: «El tantra es la transformación del sexo en amor a través de la conciencia». Esto implica que sea infinitamente más importante *cómo* se hace algo que *lo que* se hace.

Es para mí un honor poder incluir, a lo largo de este libro, algunos pasajes que recogen el pensamiento tántrico de Osho. Quizá les resulte interesante a las lectoras conocer que las palabras de Osho, que aparecen aquí en forma de lenguaje escrito, fueron inicialmente recibidas como discursos orales improvisados, o sea, totalmente espontáneas y sin preparación previa. Estas palabras las pronunció en la India rodeado de discípulos y de un público interesado. Más tarde fueron publicadas en formato de libro. Deseo aclarar, sin embargo, que el puñado de citas que aquí aparecen son solo aquellas que he estimado oportuno incluir. Por tanto, de ningún modo representan la gama completa y la extraordinaria diversidad del pensamiento espiritual de Osho sobre la condición humana.

OSHO HABLA DE SEXO

Hay casi cuatrocientos libros que llevan mi nombre. De estos cuatrocientos libros, solo uno trata de sexo, aunque, en realidad, tampoco trata realmente de sexo; básicamente se refiere a cómo podemos ir más allá del sexo, a cómo podemos llevar la energía del sexo —nuestra energía básica— a un estado sublimado. Esta energía básica puede producir vida... Solo el hombre tiene el privilegio de cambiar el carácter y la condición de la energía sexual. El nombre del libro es *From Sex to Superconsciousness [Del sexo a la superconsciencia]*; pero nadie habla de superconsciencia. El libro trata de la superconsciencia; el sexo es solo el comienzo, donde todo el mundo está.

Hay métodos que pueden provocar que la energía se mueva hacia arriba, y en Oriente, desde hace por lo menos diez mil años, formaron una ciencia especial: el tantra. En Occidente no hay nada que se parezca a esta ciencia. Durante diez mil años, la gente ha venido experimentando cómo la energía sexual puede devenir en espiritualidad, cómo tu sexualidad puede convertirse en tu espiritualidad. Ha quedado sobradamente probado que miles de personas han conseguido experimentar la transformación. Todo indica que el tantra es la ciencia que, más tarde o más temprano, va a ser aceptada en todo el mundo, ya que la gente está sufriendo toda clase de perversiones. Es por esto por lo que siempre me hablan de sexo, como si esto fuese mi trabajo, como si yo estuviese hablando de sexo las veinticuatro horas del día. El problema es la sexualidad reprimida. Todos mis esfuerzos se han dirigido a hacer del sexo un fenómeno natural y aceptado; de este modo, al no haber represión, no hay necesidad de pornografía; de este modo, al no haber represión, no se sueña con el sexo. Es entonces cuando se puede transformar la energía.

Hay métodos válidos que están a tu alcance y que, de la misma manera que trae la vida al mundo, te puede traer a ti una nueva vida. Este era todo el argumento del libro. Pero nadie se preocupaba del argumento, nadie se preocupaba de saber por qué yo hablaba de él. Con que la palabra sexo apareciese en el título, era suficiente.

No es un libro a favor del sexo; es el único libro que va en contra del sexo desde que el mundo existe, pero lo extraño [...]. El libro dice que hay una forma de ir más allá del sexo, que tú puedes trascender al sexo; este es el significado «del sexo a la superconsciencia». Te encuentras en la etapa del sexo cuando debieras estar en la etapa de la superconsciencia. Y el camino es simple: el sexo solo tiene que formar parte de tu vida religiosa, tiene que ser algo sagrado. El sexo no tiene por qué ser obsceno ni tampoco pornográfico, no tiene por qué ser condenado o reprimido, sino inmensamente respetado, ya que hemos nacido de él. Es nuestra propia fuente de vida. Y condenar a la fuente de la vida, es condenarlo todo. El sexo tiene que ser elevado cada vez más hasta que alcance su punto máximo. Y el punto máximo es *samadhi*, la superconsciencia.

OSHO,
El libro del sexo: Del sexo a la superconsciencia, Grijalbo
(Incluido por solicitud de Osho International)

1
El potencial intrínseco para el orgasmo

TODAS Y CADA UNA de las mujeres llegan a este mundo con una capacidad intrínseca para experimentar el sublime placer del orgasmo. La madre naturaleza, con su inmensa sabiduría, ha dotado de un diseño especial al cuerpo de la mujer para que pueda disfrutar de esta experiencia. Las mujeres tienen capacidad para vivir el sexo con plenitud, como si fuese una fuerza consciente y conductora. Sin embargo, aun cuando la naturaleza haya concedido esa capacidad con la mejor de sus intenciones, hay muy pocas mujeres en la vida real que puedan decir que poseen un auténtico dominio sobre sus experiencias *orgásmicas*. Al contrario, para la mayoría de las mujeres, el orgasmo es muy esquivo y solo lo alcanzan de vez en cuando, dependiendo más de una buena orquestación que de una comprensión íntima de su diseño interno. El acto amoroso se convierte para ellas en una experiencia llena de altibajos; o sea, que parece que no dura bastante, que es cambiante como el viento, que un día aparece y el siguiente no. Las mujeres que no viven inmersas en un ambiente de amor sufren considerablemente; son presas fáciles de las depresiones agudas y de la desesperación. Esta situación de infelicidad puede achacarse, en parte, a una falta de conocimiento de la energía femenina y del cuerpo de la mujer. Las mujeres no suelen poseer información sobre cómo crear intencionadamente un estado orgásmico o sobre cómo aprovechar el don del orgasmo. Debido a esta carencia de conocimiento, las mujeres no llegan a comprenderse a sí mismas de una manera tan íntima o experta como debieran. Lo anterior da pie a que la ignorancia de la mujer sobre su cuerpo actúe —en la vida, en el amor, y en el sexo— en contra de sus más preciados intereses.

Hace poco tiempo, durante la conclusión de un taller para parejas, un hombre, que participaba con su esposa, resumió así al grupo su experiencia: «Es completamente increíble. Después de estar estos últimos treinta y cinco años intentando llegar a ser un buen amante, me acabo de enterar esta misma semana de que todo lo que yo creía que encendía a una mujer, realmente la apagaba». Su observación era correcta. Yo también he observado que lo bueno es, casi siempre, lo contrario de lo que la gente piensa o dice sobre el sexo. El resultado de estas ideas equivocadas es que las mujeres, por lo general, no están satisfechas con el desarrollo de sus respectivas vidas sexuales, encontrándolas frustrantes por un número indeterminado de razones. Puede que esto no ocurra al principio de la relación sexual, pero sí después de transcurrir un cierto período de tiempo, que es cuando muchas mujeres declaran que la insatisfacción es la norma que impera. El cuerpo, poco a poco, se va encerrando en sí mismo, y comienza a aparecer el desinterés y la decepción en todo lo que se relacione con el sexo. Algunas mujeres se percatan de este cambio a los pocos meses, mientras que otras lo advierten al cabo de unos pocos años. Aquí el período de tiempo transcurrido es irrelevante, lo que verdaderamente importa es el hecho de que este desapego del sexo sea muy común entre las mujeres.

No conocer su cuerpo, como tampoco la «forma» de expandirse automáticamente hacia su energía femenina, impone una restricción y una limitación en la experiencia sexual de la mujer y, por consiguiente, en el amor. Y si esto es una realidad para la mujer, también lo es para el hombre. Si una mujer vive y ama en régimen de pobreza sexual, su compañero también lo hará.

En las mujeres, esta pobreza sexual queda reflejada en sus tremendas dificultades para alcanzar el orgasmo. Con harta frecuencia, las mujeres comparten conmigo sus temores de que algo grave les ocurre porque, por mucho que lo intentan, no consiguen llegar al orgasmo. O se preocupan porque necesitan una hora, o más, para desear con vehemencia la penetración. O declaran que, poco a poco, el sexo ha perdido atractivo para ellas, aunque retienen el deseo de ternura y de contacto sexual. Con estos pensamientos negativos pululando por la mente, es natural que antiguos y no expresados sentimientos de ineptitud o inadecuación afloren a la superficie;

y pronto la inseguridad empieza a erosionar la dicha de un corazón amoroso. No es extraño, pues, que la infelicidad y la insatisfacción en materia de sexo se conviertan en la vida de muchas mujeres en la norma esperada y aceptada. Las revistas femeninas suelen dar consejos relativos al sexo y al orgasmo femenino e instruyen cómo lograr el orgasmo con una mayor facilidad. El solo hecho de que estos artículos hablen, de manera abierta, sobre sexo (algo que raramente ocurre en una conversación ordinaria) es suficiente para que, por poco tiempo, ejerza en la mujer una acción relajante y gratificadora. Pero la guía que estas revistas ofrecen apenas arañan la superficie de ese ámbito sexual más profundo que existe en todo ser humano. El tipo de consejo que normalmente podemos encontrar en estas revistas adolece, asimismo, de una falta de información concreta —algo muy común, por otra parte— acerca del cuerpo femenino. ¿Cuánto tiempo hace que no leemos algo nuevo o interesante? ¿Cuánto tiempo hace que no leemos algo que funcione? ¿Algo que parezca bueno o nos haga sentirnos bien? ¿Algo que tenga repercusión en el cuerpo, en el corazón o en el alma?

Lo cierto es que nuestro organismo es totalmente capaz de experimentar un orgasmo en toda regla; es decir, profundo, grandioso y satisfactorio. La clave está en meternos dentro y observar, sin enjuiciarlas, las sensaciones físicas de nuestro propio cuerpo. ¿Cómo te sientes cuando estás haciendo el amor con tu pareja? ¿Cómo te sientes cuando practicas el sexo en soledad? Recaba información acerca de las respuestas de tu cuerpo. ¿Qué es lo que te agrada? ¿Qué es lo que te irrita? ¿Qué es lo que te deja profundamente decepcionada? Ten en cuenta que, si los valoras con honestidad, los sentimientos siempre dicen la verdad. Los sentimientos nunca «mienten».

Cuando tu compañero, consumido por la excitación, comienza a moverse cada vez más fuerte y con mayor rapidez hacia su propio clímax (lo que vulgarmente se conoce por el procedimiento de la «taladradora neumática»), ¿te sientes anulada, postergada, o barrida por una ola de decepción, porque tu pareja, una vez más, va a terminar su faena sin que tú empieces ni siquiera a calentarte? O puede que tu pareja se crea en la obligación de satisfacerte antes que él y se aplique, por ello, fervientemente a la tarea de hacerte sentir un orgasmo mediante la estimulación de tu clítoris. En este caso, él está haciendo lo «correcto»; por tanto, no tienes por qué ser crítica. Pero ¿te está frontando demasiado fuerte? ¿Demasiado rápido? ¿Necesitas más lubricación? ¿Te sientes presionada por el tiempo, por las prisas de llegar cuanto antes al orgasmo para que él pueda consumar la «auténtica» parte del sexo, que es la penetración y la eyaculación? ¿Te preocupa que él se aburra mientras te está estimulando? ¿Te aburres tú? ¿Te desentiendes totalmente de tu cuerpo y haces mentalmente la lista de la compra, o recuerdas que tienes que prepararle el almuerzo a tu segundo hijo para su gira campestre de mañana? ¿O, para alcanzar el clímax, necesitas desentenderte de tu cuerpo de otra manera e imaginarte una fantasía erótica? ¿A pesar de que estás realmente desinteresada, sigues cultivando esa fantasía porque tu compañero, si no es capaz de hacerte llegar al orgasmo, podría sentirse decepcionado o herido en su amor propio? ¿Has fingido alguna vez el orgasmo con la sola idea de acabar cuanto antes?

No estás sola en esto; desgraciadamente, en nuestras culturas modernas la mayoría de las mujeres sufren desazón por todos o por algunos de estos sentimientos. Y en todas estas situaciones no está presente la verdad esencial: la de que tu cuerpo es perfectamente capaz de conseguir un estado orgásmico profundo, duradero y totalmente satisfactorio. El orgasmo no es un destino al que se llega cada vez que queramos, ni cada vez que hagamos las cosas que hay que hacer o que tengamos los pensamientos que hay que tener. No; el orgasmo es más bien un estado del ser que aparece de manera natural cuanto más relajadas estamos en relación con el sexo. En la relajación, la mujer se abre a su mundo interior, colocándose ella mismo bajo el foco de su propia atención. Y al hacerlo, pone de manifiesto el exquisito juego mutuo de la energía activa masculina y de la energía receptiva femenina; algo que germina en un prolongado placer, tanto para el hombre como para la mujer.

Si esto es así, seguramente te preguntarás: «¿Por qué la gente no sabe más acerca de ello? ¿Por qué la insatisfacción de la mujer se ha convertido en la norma, en vez de ser la excepción?»

Hay que decir que nosotros, los humanos, permanecemos inconscientemente miopes acerca de nuestro verdadero yo sexual. Desconocemos muchas de nuestras posibilidades superiores y también el camino que nos conduce a ellas. Así las cosas, y si atendemos a nuestra expresión sexual convencional, no somos ni lo bastante sensitivos en lo físico, ni lo bastante receptivos o asequibles en lo psicológico, como para posibilitar dentro de nosotros experiencias sexuales más sublimes; o si queremos emplear una descripción más exacta, para ser tocados por la gracia divina. Somos el anfitrión, mientras que la gracia divina es el huésped; y para que esta gracia entre en nosotros, hay que crear, primero, un enorme espacio.

En nuestros días, es prácticamente imposible arrojar nuevas luces sobre cuestiones de sexo; esto es, mirarlo y verlo de una manera renovada, inocente y liberal. Esto ocurre porque hay una inherente limitación en nuestros puntos de vista. El papel de la mujer en el acto sexual se mira siempre a través de las mismas lentes; a través de los consabidos conceptos erróneos que existen en torno al sexo, los cuales son muy parecidos a los malentendidos que se utilizan con relación al orgasmo. Si miraras siempre al mundo a través de unos cristales tintados de rosa, acabarías pensando que todas las cosas son de ese color. Y si nadie te pide que te quites las gafas para que veas cómo es el mundo sin ellas, lo más probable es que continúes creyendo en tus percepciones teñidas de rosa. Estas se convertirían para ti en la norma; de igual modo que, hoy en día, nuestras ideas erróneas sobre el sexo femenino constituyen para nosotros la norma.

Tomemos como ejemplo la afirmación que a veces se hace de que la mujer se vale de la fantasía sexual para alcanzar el orgasmo. En realidad, la fantasía sexual no guarda relación alguna con lo que, en un momento dado, está pasando en el cuerpo físico de la mujer con un hombre en particular. Es una situación imaginaria. Es un cambio deliberado que se hace, utilizando el poder que proporciona la imaginación, del canal «cuerpo» al canal «mente». Esto puede, de hecho, desencadenar en el cuerpo una respuesta de excitación sexual. Pero esto no tiene nada que ver con el pene físico que está ahora mismo insertado en la vagina física. La cuestión aquí es saber que la ausencia de orgasmo se debe básicamente a una falta de conexión con el cuerpo y con su sensibilidad interna; o sea, con su sentido kinestético. Por tanto, si aconsejamos la fantasía como solución para alcanzar el orgasmo, además de apartar aún más a la mujer de su cuerpo físico, lo que hacemos es mantenerla dando vueltas dentro del marco sexual en el que ya se encuentra.

Nuestro convencional y socialmente condicionado punto de vista sobre el sexo es lineal y unidimensional, adoleciendo además de falta de equilibrio, inteligencia y penetración espiritual. A menos que nos enseñen de jóvenes todo nuestro potencial sexual, heredamos un condicionamiento sexual por el solo hecho de formar parte de nuestra sociedad; por estar rodeados de una mala información que absorbemos de manera inconsciente. Rara es la persona que puede acceder intuitivamente a la dimensión sublime del sexo; la mayoría de nosotras estamos condicionadas y vivimos la vida ajenas a cualquier alternativa sexual.

Como consecuencia del condicionamiento femenino inconsciente de nuestra sociedad, las cualidades esenciales de la mujer a menudo se distorsionan; en efecto, la suavidad se convierte en debilidad; la receptividad en pasividad o resignación; la capacidad para cuidar de los demás en dominancia; la belleza de la entrega al otro se toma por sumisión; la capacidad para soportar largas esperas se traduce por indolencia; el amor se puede interpretar por celos y el uso de los atributos femeninos por manipulación, mientras que el placer de relajarse y no hacer nada puede ser el peso muerto de la inercia y la holgazanería. La fluidez femenina se convierte en superficialidad; la libre expresión de los sentimientos personales se torna en sentimentalismo o dramatismo; la intuición y las cualidades psíquicas degeneran en paranoia e histeria; la habilidad de permitir que los acontecimientos se desarrollen por sí mismos —sin tratar de controlarlos— se toma por indecisión o falta de iniciativa; la sensibilidad se confunde con el victimismo o el miedo; la apreciación de la belleza se toma por culto a la apariencia externa; el instinto de protección se puede convertir en una obsesión irresistible por la seguridad; en la entereza silenciosa se ve una dependencia masoquista, y con la conciencia de estar una conectada con el universo más allá de los límites personales, la cosa es aún peor, ya que se confunde con imprecisión, distanciamiento y falta de una suficiente definición personal.

Lo que habitualmente se acepta como experiencia sexual «normal», supone la esclavización de las mujeres a una expresión de sexualidad propia de los hombres, lo cual no deja ningún resquicio para una expresión, igualmente importante, del polo femenino de la experiencia sexual. El actual enfoque, claramente orientado hacia el hombre, evidencia una expresión sexual sensualista y superficial que, de manera efectiva, anula las cualidades intrínsecas de la mujer, lo cual da lugar a que tomen arraigo en ambos sexos la insatisfacción y la disfunción sexual. Y son precisamente las cualidades receptivas femeninas (no distorsionadas por la mala información) las que son absolutamente esenciales para que la mujer —y también para el hombre— alcance el estado orgásmico. A la mujer se le pide que esté físicamente más equilibrada y descansada a fin de que pueda absorber la verdadera fuerza masculina, transformarla, y canalizarla hacia arriba a través de sus poderes receptivos femeninos.

En estos momentos, las mujeres inconscientemente, y a veces conscientemente, soportan la expresión sexual de orientación masculina de los hombres. Muchas mujeres reconocen sentir dolor durante y después del acto sexual, aunque lo sufren en silencio para así satisfacer a sus parejas. Muchas otras asumen que el sexo es una experiencia ruda y violenta desprovista de amor y ternura. Recuerdo que una mujer me decía en un taller que no concebía que el sexo pudiera ser considerado tierno. Transigimos con la forma predominante de expresión sexual, por una sencilla razón: porque el amor, en todo lo que alcanza nuestra memoria retrospectiva, siempre ha sido «hecho» de esta manera. Esto, por ahora, se ve absolutamente normal y, además, parece ser que ignoramos que existen otras alternativas.

Aunque parezca que el modelo convencional de hacer el amor es más satisfactorio para los hombres que para las mujeres, de hecho el acto sexual podría ser para los hombres mucho más completo, profundo, duradero y satisfactorio de lo que es ahora. Hay una razón que avala esto: normalmente se cree que la eyaculación *es* la versión masculina del orgasmo. Sin embargo, la eyaculación no es la equivalente del orgasmo. Existe otro tipo de orgasmo masculino que tiene lugar sin eyaculación y sin segregación de semen; un orgasmo en el que la energía queda retenida en el cuerpo, expandiéndose hacia arriba en vez de ser expulsada hacia fuera.

Las mujeres tienen enormes dificultades para alcanzar cualquier tipo de orgasmo satisfactorio, mientras que los hombres, por ironías de la vida (cosa que no nos sorprende demasiado), se enfrentan con el problema opuesto: que el orgasmo (o, en cualquier caso, la eyaculación) es para ellos incontrolable. Es imposible retrasarlo o evitarlo. Normalmente, tiene lugar casi en el momento de la penetración (o un poco antes) o, como mucho, en unos escasos minutos. El tiempo que media entre la penetración y la eyaculación es demasiado corto como para elevar la temperatura de la mujer a ese punto preciso que le permitiría experimentar el orgasmo.

Una vez que la mujer, ya en un estado más sereno y receptivo, descubre el arte de expresarse dentro del elemento femenino, se dará cuenta, para su sorpresa, que automáticamente reduce la posibilidad de que su hombre eyacule de forma prematura. Por consiguiente, la mujer tiene la facultad de alargar el acto amoroso desde algunos minutos hasta unas cuantas horas. Para ello, la mujer tiene que crear conscientemente un entorno perceptivo, sensitivo e interno. Este entorno cambia por completo la calidad del intercambio y tiene la propiedad añadida de fortalecer la auténtica respuesta masculina. Los penosos problemas sexuales del hombre, como la impotencia y la eyaculación precoz, son también síntomas de la confusión y falta de información que existen en torno al sexo; particularmente en relación con el cuerpo femenino. Cuando la mujer adquiere la capacidad de introducirse en su naturaleza femenina, ejerciendo así sus poderes receptivos, muchas de estas disfunciones e insatisfacciones sexuales sanan.

Al principio, la mayoría de las mujeres sentirán que tienen poca idea de cómo alinearse con su parte femenina o de lo que en verdad significa esto. En realidad, es fácil y absolutamente natural. Cuando conectamos con nuestras cualidades femeninas, podemos ser quienes realmente somos sin que haya en esto un asomo de artificiosidad o teatralidad, simplemente es un estar abiertas a recibir amor. La relajación, el candor, la gracia y la amorosa espontaneidad constituyen el núcleo de la feminidad. Las mujeres de mis talleres suelen describir ese giro hacia ellas mismas como una «llegada a casa»; es decir, a algo que se sabía por intuición. Algunas me hacen partícipe de lo triste que es darse cuenta ahora, después de muchos años de su primera percepción de la verdad, de la insuficiente confianza que tuvieron en ellas mismas para dejarse guiar por su intuición y ponerlo en práctica.

La sabiduría femenina es una joya de la naturaleza depositada en lo más recóndito de la mujer. Las páginas que siguen a continuación intentan ayudarla a descubrir algo que ya poseen: un cristal que espera recibir la luz de la inteligencia interior.

INSPIRACIÓN TÁNTRICA

La energía puede tener dos dimensiones. Una es motivada: ir a alguna parte, una meta en alguna parte; el momento es solo un medio, y la meta se alcanzará en alguna otra parte. Esta es una dimensión de tu energía, esta es la dimensión de la actividad, dirigida a una meta; entonces todo es un medio, algo tiene que hacerse y tú tienes que alcanzar la meta; después te quedarás relajado. Pero para esta clase de energía, la meta nunca llega, porque esta clase de energía transforma cada momento presente en un medio para algo más, en el futuro. La meta siempre permanece en el horizonte. Tú no cesas de correr, pero la distancia no varía.

Existe otra dimensión de la energía: esta dimensión es una celebración no motivada. La meta está aquí y ahora; la meta no está en ninguna otra parte. De hecho, tú eres la meta. De hecho, no hay otro logro que el del momento presente, que es contemplar los lirios. Cuando tú eres la meta, cuando la meta no está en el futuro, cuando no hay nada que lograr, lo que tú más bien haces es celebrarlo, y entonces ya la has alcanzado, ya está aquí. Esto es la relajación, energía no motivada.

OSHO,
Tantra: la comprensión suprema. Editorial Gulaab

PREPARACIÓN
PARA EL ESTADO DE CONCIENCIA Y SENSIBILIDAD
POSTURA PARA EL DESCANSO Y LA RELAJACIÓN

He aquí la postura horizontal ideal para la relajación: la cabeza, el cuello y la espina dorsal deben formar una línea recta; no tienen que estar desalineados ni siquiera unos pocos milímetros y, por supuesto, la cabeza nunca estará ladeada hacia un lado. Las piernas tienen que estar estiradas y un poco separadas, mientras que los tobillos no deben estar cruzados uno sobre otro. Coloca una almohada, mullida y estrecha (o una manta doblada), debajo de tus rodillas para darles a las articulaciones un ligero descanso y algo de curvatura. Pon una pequeña almohada, lisa y dura (o una toalla doblada), debajo de tu cabeza. Antes de colocarla en su sitio, lleva tu barbilla hasta tu pecho para enderezar el cuello. La almohada tiene que soportar toda la longitud de tu espina dorsal para que, de este modo, tu cuello no quede demasiado curvado. Si la barbilla queda casi apuntando hacia arriba y no inclinada hacia el pecho, utiliza una almohada ligeramente más gruesa (o dale a la toalla otro doblez) para elevar la cabeza unos cuantos centímetros más; esto le daría continuidad a la espalda y reduciría la curva del cuello. Coloca las manos abiertas, con las palmas hacia abajo, en la zona de las ingles, a ambos lados de tu hueso púbico. Con los ojos cerrados y sin perder la conciencia de tu cuerpo, descansa tranquilamente durante veinte minutos.

MEDITACIÓN TÁNTRICA
CRECIMIENTO EN CONSCIENCIA

Puedes darle más profundidad a este ejercicio si, permaneciendo tendida y manteniendo la postura que acabamos de describir, cierras los ojos y te imaginas a ti misma mirando a tu propio cuerpo. Imagina que tus ojos pueden mirar dentro de ti y hacia abajo, que pueden llegar incluso hasta los genitales. Respira lenta y profundamente en tu vientre, como si la respiración diera masajes a tus partes internas y tocara tus genitales. Procura que tu atención no se desvíe de tu cuerpo ni de sus sensaciones. Aparta con determinación cualquier pensamiento que te pudiera distraer. Deja que se marche flotando y regrese a tu cuerpo. Adéntrate en tu cuerpo de forma que sientas un descanso profundo en su interior, que tengas la sensación de estar sumergida en ti misma. Viaja con tu consciencia a cualquier sitio de tu cuerpo en el que estén presentes buenas y cálidas vibraciones; disuélvete en ellas.

En un momento dado, una vez que tengas arraigada la práctica de introducirte en tus sentidos, desaparecerá la sensación de tus límites físicos; puede que entonces te sientas tan ligera como una pluma, te veas bañada por una luz dorada o te creas que flotas suspendida por tu consciencia. Eres, pero no eres. De esta forma, puedes crecer en consciencia hasta que estén embebidas todas tus células. En el instante en que la consciencia toca las células, estas se vuelven diferentes. Cambia la propia calidad de las células.

Puedes hacer que la alarma de un reloj te indique el final del tiempo que querrías dedicar a la experiencia; o, si lo prefieres, puedes dejar encargado de esto a tu reloj interno, el cual, después de un cierto tiempo, te hará volver espontáneamente a tu consciencia normal (junto con la impresión de haber perdido la noción del tiempo). Después de una experiencia como ésta, es probable que te sientas renovada y rejuvenecida, como si hubieses bebido directamente de la fuente de la vida. Es también conveniente practicar esta meditación por la noche, antes de iniciar el sueño, o bien a cualquier hora del día, es decir, siempre que necesites recargarte de energía.

2

El orgasmo es una experiencia espiritual

PROBABLEMENTE, LA MAYORÍA de nosotros nunca nos hemos parado a pensar de dónde proviene la palabra «orgasmo» y qué es lo que actualmente implica. *Orgasmo* procede del latín *orgia*[1], vocablo utilizado para designar una ceremonia religiosa pagana en la que los asistentes caían en éxtasis; tan profundo era el éxtasis, que sus cuerpos bullían de energía divina y sus mentes se perdían en un estado de dicha en el que se paraba el tiempo. En la palabra «orgasmo» vemos cómo nuestros orígenes se reflejan en el lenguaje; en efecto, esta palabra nos recuerda que, en tiempos remotos, los humanos se reunían en grandes grupos para realizar rituales con el deliberado propósito de llegar al éxtasis. Conseguir el estado de *orgía* era una forma de alabar y expresarle gratitud a la Madre Tierra, encomiando la maravilla de su creación. Con sencillos pasos de baile, cantando al compás de un rítmico batir de tambores y alargando la celebración varios días, la gente casi se llegaba a embriagar de divinidad, accediendo de forma gloriosa a sublimes estados de sensualidad y sensibilidad. Los participantes volvían de las ceremonias rejuvenecidos y embargados de amor y entusiasmo por la vida.

En la actualidad, hay pocas oportunidades para poder expresarse de este modo. Ha habido un cambio de preferencias: el cuerpo físico ha perdido importancia a favor de la mente. Ahora, en vez de compartir la energía bailando y cantando junta, la gente prefiere reunirse en grandes o pequeños grupos para intercambiar ideas, charlar, discutir o criticar. Nos hemos desconectado de nuestra sensibilidad corporal y somos, además, tibios en nuestras reacciones físicas; como resultado de esto, presentamos dificultades para alcanzar el orgasmo durante el acto sexual. En este marco restrictivo, el sexo pierde sus naturales poderes sanadores y regenerativos. El hombre y la mujer han perdido de vista a esa edificante conexión espiritual a la que una vez, a través del cuerpo físico, tuvieron acceso.

Para que los seres humanos puedan verdaderamente empezar a afectar o cambiar su entorno social, tendrían que recurrir a una sustancial y drástica reevaluación y revolución en materia de sexo. La represión y supresión de una sexualidad normal y sana, prevalecientes en los últimos milenios de nuestra civilización, han tenido un efecto contaminador sobre esa bonita, amorosa y natural expresión que es el sexo. En estos momentos podríamos decir, sin temor a equivocarnos, que la mayor parte de la violencia y el desconcierto que aquejan a nuestra sociedad tienen su origen en el sexo; o más concretamente, en la falta de una sexualidad nutritiva, satisfactoria y edificante. Es como si nuestra sociedad se hubiese vuelto sexualmente enfermiza. El sexo en sí no es insano, pero la mente —la psicología de los humanos en torno al sexo— está tan contaminada que raya en la toxicidad. Los abusos sexuales de todo tipo que, con harta frecuencia, ocurren por doquier, es una palmaria y dolorosa evidencia de la zozobra sexual por la que está pasando nuestra sociedad. Una errónea información generalizada está provocando que la energía sexual sea inconscientemente reprimida y que la creatividad disminuya. La predominante falta de conocimiento sobre la naturaleza de la interacción energética entre el hombre y la mujer significa que el sexo contemporáneo raramente logra una total expresión de su potencial espiritualmente regenerativo. Aunque, a primera vista, la perversión sexual, el abuso sexual, la agresión y la guerra parezcan que no están directamente relacionados con la falta de una experiencia sexual nutriente y satisfactoria, el rechazo de una expresión perteneciente a nuestra inherente naturaleza contribuye a todos estos lamentables resultados.

A través del desconocimiento de la significación del sexo para algo más que no sea la reproducción, la mujer puede verse obligada a aceptar una vida sexual impuesta, abusiva y exenta de amor. Si desea sinceramente tener hijos, y crear y sostener una familia, se dedicará de todo corazón a este objetivo, aunque, como persona, le falten unas experiencias orgásmicas regenerativas y gratificantes. Esta falta de satisfacción sexual hay que hacerla también extensiva a los hombres, muchos de los cuales, aun después de tener toda una vida llena de experiencias sexuales, todavía creen que la eyaculación y el orgasmo son una misma cosa (y no lo son, como ya hemos dicho antes).

La biología, esa ciencia que nos sirve para preservar la vida aquí en la Tierra, es, sin ninguna duda, fundamental para el sexo. Sin el sexo biológico la vida, tal como nosotros la concebimos, desaparecería. Casi todas las formas de existencia, tanto animal como vegetal, combinan los elementos masculino y femenino para crear nueva vida. Unas veces sí y otras no, estos dos elementos forman entidades separadas. Unas veces si y otras no, estas entidades se unen físicamente. Sea cual fuere la forma, el milagro de la fecundación ocurre; el sexo se pone en funcionamiento para crear nueva vida, prolongando así la existencia colectiva de todas las especies. El sexo participa totalmente en todas las formas y niveles de la vida, y lo hace a través de un proceso extraordinariamente fiel que asegura la perpetuidad de las especies.

Aunque parezca un tópico, el nacimiento humano será siempre el más portentoso de los milagros. El candor, la integridad y la delicada perfección de una translúcida nueva vida toca y caldea el corazón en la más encantadora de las formas. Aun así, la capacidad para reproducir otro ser humano representa solo nuestra básica expresión biológica del sexo. Es lo que se conoce por nuestra naturaleza animal, la cual depende de un movimiento descendente de energía. El semen se libera mediante la eyaculación (con o sin orgasmo femenino). A esto le sigue la fusión y fecundación del óvulo femenino. Y se inicia otra vida; una vida independiente de las dos que la han producido.

Pero la sexualidad humana es algo más que la capacidad física para procrear. La naturaleza no nos proporcionó el cautivador misterio del sexo solo para una eyaculación rápida del hombre y una prolongada gestación de la mujer. En los humanos se advierte una dimensión más sublime del sexo; en la unión entre un hombre y una mujer hay algo más de lo que se ve a simple vista.

El movimiento ascendente de la energía sexual

Los humanos estamos hechos para experimentar durante la unión sexual estados alterados de consciencia; estados que generan una maravillosa experiencia de unión con la totalidad de la existencia. Esta orgásmica propiedad nos distingue de nuestros amigos del reino animal (con la excepción de los delfines, de los que se piensa que experimentan estados energéticos superiores durante el juego sexual). Nuestros cuerpos se forman con la capacidad innata de expandirse energéticamente desde el centro sexual. Si se utiliza debidamente, esta expansión da lugar a estados alterados de consciencia: valles de extática relajación y picos de orgásmica expresión.

Son muy pocos los que en Occidente estudian los efectos de la energía sexual de movimiento ascendente, por lo que esta es relativamente desconocida en esta parte del mundo. Sin embargo, si miramos hacia Oriente encontramos, concretamente en China, una cultura muy anterior en la que los médicos recomendaban estas prácticas energéticas por motivos de buena salud y longevidad. Una religión muy antigua de la India cultivaba también esta energía ascendente en espiral y reconocía en ella el aspecto espiritual del sexo: la sagrada sexualidad*. Cuando se canaliza la energía de esta forma ascendente como expresión de una clase de sexualidad más alta y generativa, el sexo protege al cuerpo y se experimenta como una fuerza rejuvenecedora y vivificante del ser humano.

La intención y la función de la expresión sexual generativa son, más o menos, opuestas a la intención y a la función de su colega biológica. No hay una exigencia biológica para eyacular semen que coincida con la ovulación. No se produce, por tanto, ninguna nueva vida; en vez de esto, la energía queda retenida y permanece dentro de los propios participantes renovando unas vidas que ya existen. Los amantes se sienten enriquecidos, estimulados, amados y dichosos.

Durante el juego sexual generativo, y motivado por el equilibrio y la alineación de los genitales masculino y femenino, se produce un movimiento espontáneo hacia dentro y hacia arriba. La energía se mueve de acuerdo con una polaridad innata; aspecto éste que se analizará con detenimiento en el capítulo 4. La unión de los genitales genera una energía que se desplaza hacia arriba, a través de unos canales internos, hasta llegar y retornar, finalmente, a las glándulas endocrinas «maestras» del cerebro: la fuente primordial de toda la información hormonal.

---

* En China (taoísmo), hace tres mil años; en India (tantra), hace de cinco mil a diez mil años. *(N. de la A).*

Estas glándulas, particularmente la pituitaria y la pineal, producen de por sí nuestra expresión sexual[2].(A altos niveles de purificación hormonal, el cuerpo emite incluso aromáticos olores). La glándula pituitaria está ubicada entre las cejas, encima de la cavidad nasal. Es la glándula endocrina maestra de control que regula el crecimiento, la función gonadal, los adrenales y el tiroides. Se dice que esta glándula rige el cerebro anterior, la visión y el ojo derecho; en ella se asienta, asimismo, el cariño, la compasión, el conocimiento, el amor a la humanidad y la devoción. También tiene que ver con la inteligencia y la memoria conceptual; facultades estas que utilizamos para leer, pensar y estudiar. Cercana a ella se encuentra la glándula pineal, la cual se localiza hacia la parte de la coronilla, encima del mesencéfalo; sus funciones están relacionadas con la sensibilidad y el ciclo sexual. La glándula pineal gobierna el cerebelo, el oído, los ritmos del cuerpo y el equilibrio, así como la percepción de la luz a través de los ojos y la piel.

Dadas todas estas funciones, que damos por sentadas, está claro que la alimentación y el sostenimiento de estas glándulas maestras, por medio de nuestra energía sexual —nuestra fuerza vital—, nos reportará sustanciales ventajas.

Cuando la energía se eleva en espiral, produce una vitalidad que irradia de todo el ser. Uno se siente celularmente empapado de satisfacción, amor y paz. El sexo experimentado de esta forma es fortalecedor. No se libera energía, se produce, lo cual vigoriza el sistema inmunológico y propicia toda clase de creatividad. En vez de simplemente duplicarla, la persona puede alargar su vida produciendo esta energía generativa; algo que es posible a través de la expresión de reproducción de movimiento descendente. La naturaleza nos otorga el sexo para que tengamos la oportunidad de traspasar nuestros límites físicos, para que brillemos como filamentos de vibrante luz y amor. La práctica del sexo generativo mantiene a la persona joven, aventurera y dispuesta a encararse a todo lo que la vida le depare.

Si nos paramos a pensar, parece increíble que el ámbito espiritual del orgasmo —el don más placentero que poseen los seres humanos— permanezca sin investigar en una época en la que la humanidad, mediante una tecnología cada vez más avanzada, ha hecho grandes progresos en el campo de la exploración espacial. Pese a todos nuestros conocimientos tecnológicos, y trabados por la ignorancia y la complacencia, nos vemos de un lado a otro dando traspiés en el campo de lo sexual. Por el simple hecho de ser mujer u hombre, asumimos que ya sabemos todo lo que hay que saber acerca del acto sexual.

¿Por qué entonces la mujer sabe tan poco sobre su cuerpo y su potencial sexual? Quizá existió una época en la que, con el fin de convertirla en una esclava todavía más sumisa a los apetitos eróticos del hombre, este conocimiento le fuera deliberadamente negado. Sin embargo, a las mujeres no les causa sorpresa que los hombres modernos sepan todavía menos que ellas acerca del cuerpo de las mujeres; o incluso, si me apuras un poco, acerca de su propio y varonil cuerpo. Desde la antigüedad, a las mujeres se las ha venido identificando con el conocimiento intuitivo, lo que comúnmente se llama «intuición femenina»; es como si la verdad residiera dentro de sus cuerpos, algo que no pasa con los hombres. Mirando (y sintiendo) dentro de ellas, las mujeres necesitan tomar la delantera en cuanto a hacerle un hueco no solo a la sexualidad generativa, sino también al amor que le sigue.

Sin la cooperación de la mujer, es casi imposible encontrar la divinidad del acto sexual. El trato insensible y abusivo que, durante generaciones, han sufrido las mujeres por parte de los hombres, ha conducido a situaciones en las que, en un mayor o menor grado, las primeras se han visto obligadas a soportar un sexo desprovisto de todo vestigio de amor y ternura. Si antes de que esté realmente preparada para la penetración, un hombre entra repetidas veces en el cuerpo de una mujer, lo natural es que ésta sienta un cierto rechazo hacia el sexo. E incluso pueden aparecer síntomas de aborrecimiento. Con el tiempo, muchas mujeres se cierran definitivamente al sexo, huyendo de él siempre que les sea posible. Cuando no pueden evitarlo, entonces se someten y soportan de manera magistral los minutos que preceden a la eyaculación. En cuanto se resignan a la falta de satisfacción en lo sexual y, a sabiendas de que eso implicaría que todo terminase antes, las mujeres pueden incluso llegar a desear una eyaculación precoz.

El hombre ha perdido la habilidad de «hablarle» de manera significativa al cuerpo femenino; la habilidad de subir por él en espiral de tal forma que su dueña anhele con todo su ser la penetración. Está tan acostumbrado a que sea la mujer la que ceda y se someta que o no sabe lo que es, o se ha olvidado de la magia y del gusto de una expresión sexual de colaboración; del baile de la sexualidad masculina y femenina en perfecta compenetración, en la que la mujer participa con esplendidez, transformando la experiencia en una danza sinuosa, retorcida y dinámica entre dos cuerpos. Por sí misma, tal experiencia puede darle al hombre una impresión de su valía como representante masculino de la especie; algo que muchos hombres experimentarían por primera vez en su vida.

La mujer es el entorno del sexo

Hasta que no sepa un poco más de sí mismo, es imposible que el hombre avance en el conocimiento del cuerpo de la mujer. Mediante una aportación constructiva, la mujer puede aprender a transformar la calidad de su experiencia sexual, aunque le falte la colaboración consciente de su hombre. La influencia de la mujer en el ámbito sexual es tal, que es capaz de alterar drásticamente la experiencia *si* sabe cómo hacerlo. Esto le da capacidad para tener una vida sexual satisfactoria para el resto de su vida, así como para encontrar la clase de amor que busca sin necesidad de cambiar de compañero.

Debido a que la mayoría de las veces el cuerpo femenino es juzgado por los demás por su forma, sus proporciones y sus curvas, la mujer tiene una visión a vista de pájaro de sí misma. Está acostumbrada a verse a sí misma desde la distancia, desde fuera; rara es la ocasión que ella se ve verdaderamente desde dentro. Cuando una mujer aprende a mantener una relación amorosa con su propio cuerpo, a unirse a éste desde dentro, a tener despiertos todos sus sentidos, transpira una impresionante cualidad femenina que transforma la atmósfera que la rodea.

Lamentablemente, la mayoría de las mujeres modernas no tienen información de ningún tipo sobre cómo llevar a cabo la anterior transformación. Ya sea por desilusión, ya sea por frustración, muchas mujeres hacen hoy en día una dejación completa del sexo; y lo hacen en la confianza de que el amor por sus hijos o por su trabajo le compensen de la pérdida. Con este comportamiento, las mujeres se hacen un flaco favor, puesto que se niegan a sí mismas una parte esencial de su naturaleza femenina. La resignación comienza a arraigarse con firmeza en su ánimo. No es raro que la mujer sienta el deseo de tener nietos (de otro ciclo de reproducción), ya que, de este modo, sentiría otra vez dentro de sí una ebullición de amor.

En un mundo ideal, las abuelas instruirían a sus nietos hablándoles, con toda franqueza, de sus experiencias sexuales más aleccionadoras; los guiaría sobre el mejor camino a seguir, y los animaría a dar y recibir amor. Pero tal como están las cosas en nuestra cultura, nuestras madres, abuelas y bisabuelas no han tenido, al igual que nosotras, ninguna clase de acceso a formas superiores de expresión sexual. En el campo de la sexualidad, no tienen nada que transmitir que sea valioso e instructivo para otras generaciones.

Esto no quiere decir que no exista un conocimiento de lo sexual que sea valioso e instructivo para transmitir. Si nos fijamos en las antiguas culturas tradicionales de Oriente, nos daremos cuenta enseguida de que tienen un conducto abierto al conocimiento sexual. Esencial para este conocimiento es la creencia de que la mujer es el entorno, el contenedor, el receptáculo del sexo. Su vagina es el espacio en el que el hombre *entra* físicamente. Y como contraste, la mujer *recibe* físicamente al hombre dentro de ella misma. Estas dos funciones —entrar y recibir— son muy diferentes. El hombre es el huésped y la mujer, la anfitriona.

Debido a la configuración interna de la vagina, la mujer es capaz de ejercer una poderosa influencia durante el acto sexual. Este mando que —como el entorno del sexo— la mujer tiene en materia sexual, se puede ilustrar mejor con un sencillo símil. Si entras en una habitación y ves que está atestada de muebles, que hay conectada una televisión a todo volumen y que un teléfono suena insistentemente, lo más probable es que este ambiente te cause una impresión negativa. Con toda seguridad, pensarías que es un lugar delirante, congestionado, caótico y un tanto abrumador. Te sentirías embargado por la presión y la tensión, y tu inmediato impulso sería, seguramente, salir de nuevo al aire libre lo antes posible. Por el contrario, si entras en una sala que da la sensación de espaciosa vaciedad, acentuada ésta por unos pocos muebles esenciales, en la que el sonido de una flauta llena el aire de una reposada sensualidad, lo más natural es que un espacio de estas características transpire paz y tranquilidad. En vez de producirte tensión, te produciría una sensación de paz interior, de expansión, de estar en casa. La atmósfera acogedora, la ausencia de presiones externas y el espacio abierto te provocarían una relajación interna. Cuando la armonía y la serenidad descendieran sobre ti, posiblemente respirarías hondo para que se posesionaran por completo de tu cuerpo.

Ahora, considera el episodio de la penetración masculina en el cuerpo de la mujer. Al igual que la atmósfera de una habitación produce un notable efecto sobre la psique humana, el ambiente dentro del cuerpo femenino puede tener, y de hecho tiene, un efecto transformador sobre el hombre. Es un elemento extremadamente influyente. La mujer influye totalmente en el hombre, y aun así éste ignora el alcance de esta influencia. Mediante la creación intencionada de un ambiente interno sereno y receptivo, la mujer puede prolongar el acto sexual. Puede ayudar al hombre a demorar, incluso a evitar, la eyaculación.

La auténtica pena, sin embargo, es que la mujer está tan ajena de su verdadera capacidad como lo está el hombre. No sabiendo cómo aprovecharla, ella también fracasa en cuanto a experimentar su poder intrínseco, por lo que se dejan inexplorados los estratos más profundos de su sexualidad femenina. El conocimiento de la naturaleza real de la expresión sexual femenina puede hacer que la mujer se reencuentre con el poder que le han otorgado los dioses y las diosas. Cuando la mujer participa en el coito dentro de su elemento femenino, la consecuencia natural no puede ser otra que la satisfacción sexual y el amor. Toda mujer posee un don natural para transformar el juego sexual en una experiencia trascendental totalmente satisfactoria y espiritual. Todo lo que las mujeres necesitan es una información útil sobre cómo realizar dicha transformación.

INSPIRACIÓN TÁNTRICA

El orgasmo es un estado en el que tu cuerpo no se siente como materia; vibra como la energía, como la electricidad. Vibra de manera tan profunda, en sus mismos cimientos, que te olvidas completamente de que es una cosa material. Se convierte en un fenómeno eléctrico; es un fenómeno eléctrico.

Ahora, los físicos dicen que no hay materia, que toda la materia es solo una apariencia; muy en lo hondo, lo que existe es electricidad, no materia. En el orgasmo, llegas a este profundo estrato de tu cuerpo en el que la materia deja de existir, solo hay ondas de energía; te conviertes en una energía danzante, vibrante. No más fronteras para ti; palpitación, pero no más materia. Y tu amante también palpita.

Y si, con el tiempo, ellos se aman y se entregan uno al otro, se entregan también a este momento de palpitación, de vibración, de ser energía, y no sienten miedo... Porque es algo parecido a la muerte, cuando el cuerpo pierde sus fronteras, cuando el cuerpo se evapora en sustancia y solo queda energía, un ritmo muy sutil, pero te encuentras a ti mismo como si ya no fueses tú. Solo en amor profundo puede uno entrar en él. El amor es como la muerte: mueres en lo concerniente a tu imagen material, mueres en cuanto a que tú piensas que eres un cuerpo; mueres como un cuerpo y te desarrollas como energía, como energía vital.

Y cuando la esposa y el marido, o los amantes, o los compañeros, empiezan a vibrar con idéntico ritmo, los latidos de sus corazones y de sus cuerpos se unen, se convierten en armonía; entonces se produce el orgasmo, dejan de ser dos. Es el símbolo del yin y el yang: el yin entrando en el yang y el yang entrando en el yin; el hombre entrando en la mujer y la mujer entrando en el hombre.

Ahora forman un círculo, y vibran juntos, palpitan juntos. Sus corazones no están ya separados, sus latidos no están ya separados; se han convertido en una melodía, en una armonía. Es la música más grande posible; todas las otras músicas son nimiedades comparadas con ella, simples susurros comparadas con ella.

OSHO,

Tantra: la comprensión suprema, Editorial Gulaab

PREPARACIÓN PARA EL ESTADO DE CONCIENCIA Y SENSIBILIDAD

DESARROLLO DE UNA VISIÓN SUAVE

Para ayudar a que tu energía (que normalmente se mueve hacia fuera) retorne a tu propio corazón, sería conveniente que aprendieras lo que se llama «visión suave». Con la visión suave inviertes el proceso visual normal y te imaginas que, en vez de mirar hacia fuera a través de tus ojos, lo que haces es recibir algo en tu interior a través de ellos.

Para comenzar, puedes quedarte de pie, sentarte o tenderte, adoptando la postura descrita al final del capítulo 1. Cierra los ojos y trae el estado de conciencia a tu cuerpo; para ello, escoge un lugar —como el vientre, el corazón o el plexo solar— en el que te sientas como en «casa». Debe ser un lugar que te conecte fácilmente con tu mundo interior y que tu cuerpo actúe de ancla para tu estado de conciencia. Es un lugar de descanso, un recurso interno, alrededor del cual te colocas para experimentar y crear desde ahí el momento presente. En el caso de que todo tu cuerpo te parezca tu propia casa y no haya un área específica que acapare tu atención, un generalizado estado de conciencia corporal también sería aceptable.

Si tienes la sensación de estar arraigado en tu cuerpo, conectado contigo mismo desde el interior, abre entonces los ojos con extrema lentitud, milímetro a milímetro, y permite que todo lo que caiga dentro de tu campo de visión *entre* en ti *a través* de tus ojos. Puede ser una flor, una vela, una planta, una pintura, una vista de la habitación, una pared, un techo; simplemente imagínate que cualquier cosa que aparece delante de ti —la textura, la luz, el color— está *entrando* en ti, penetrándote a través de tus ojos. La mirada se hace pasiva; es como si la visión se invirtiera. Tus ojos están recibiendo energía, no la están —como al parecer pasa en la vista normal— dispersando.

Mientras practicas esta forma de ver, la clave está en prestarle atención a tu cuerpo, así como en permanecer arraigado a la casa corporal que has identificado. La intención es que, una vez tengas los ojos abiertos, no pierdas la conexión contigo mismo. Perder la conexión con el cuerpo, cuando los ojos están abiertos, es algo que sucede con frecuencia en los primeros intentos. En cuanto notes que estás ausente de tu cuerpo, que te dedicas más a mirar hacia fuera que a dirigir tu conciencia hacia tu mundo interior, cierra los ojos inmediatamente y conéctate de nuevo interiormente durante varios segundos. Cuando estés otra vez asentado y arraigado, abre los ojos muy lentamente. Hasta que consigas la estabilización, continúa con este método de abrir los ojos cuando estés conectado al cuerpo y de cerrarlos cuando pierdas la conexión con él. Al principio necesitarás algo de práctica, si bien después de un cierto tiempo te será mucho más fácil. Puedes también practicar la visión suave en medio de la naturaleza —ante una cascada, enfrente de un árbol, contemplando una puesta de sol, mirando la Luna...— y tendrás experiencias memorables de paz y de amor.

MEDITACIÓN TÁNTRICA

MEDITACIÓN EN LUZ

Cuando te sientas confortable con la visión suave, puedes hacer de ella una meditación especial con tan solo usar el poder de la luz. La meditación en luz es una de las meditaciones más antiguas. Hay que darle a la luz todo el protagonismo, porque la meditación en luz hace que algo que ha permanecido dormido en tu interior comience a abrir sus pétalos. A través del tiempo y de la sabiduría colectiva de aquellos que buscan la trascendencia sirviéndose del cuerpo, este proceso ha llegado a asociarse, por su sensibilidad a la luz, con la glándula pituitaria. Esta glándula está situada en el lugar que los yoguis llaman el tercer ojo.

Concédete media hora, o más, para realizar esta experiencia. Crea un ambiente armónico y siéntate enfrente de una vela encendida. Utiliza la visión suave para que la llama entre en ti. Cuando los ojos necesiten descansar o pierdas la conexión con tu cuerpo, cierra los ojos y continúa visualizando a la luz penetrando en ti a través de tus ojos. Abre y cierra alternativamente los ojos para mayor comodidad.

Haz que la luz se convierta en tu meditación; siempre que tengas tiempo, cierra tus ojos y visualiza la luz. Siempre que veas la luz, sintoniza con ella, sé consciente de ella, ríndele culto, sé agradecido con ella.

3

Orgasmo frente a orgásmico

CUANDO SE TRATA DEL ORGASMO femenino, no es fácil la generalización; es muy posible que haya tantas clases de orgasmos como mujeres los experimentan. Aun así, y con objeto de comprender la naturaleza de la energía femenina, es conveniente analizar el orgasmo desde distintos ángulos.

En líneas generales, el orgasmo se puede dividir en dos tipos, que son el orgasmo de pico y el orgasmo de valle. Como es natural, hay toda una gama de experiencias entre el pico y el valle, pero lo que distingue un tipo de otro es la propia base en la que cada uno de ellos se asienta. En efecto, el orgasmo de pico tiene como base un progresivo aumento del *excitement**, mientras que el de valle tiene su consumación en un estado de relajamiento.

Orgasmos de pico y de valle

Analicemos con todo detalle las diferencias existentes entre estos dos tipos de orgasmos. Sin ahondar mucho, se aprecia que el enfoque

---

* Aunque el vocablo «excitamiento» no figura como entrada en el diccionario de la RAE, lo utilizaremos en esta obra con el único propósito de mantener la distinción que la autora hace entre los términos ingleses *excitement* y *excitation,* que resultan sinónimos en castellano. Véase su explicación en el capítulo 7, pág. 118. *(N. del T).*

y la actitud de uno y del otro son diferentes. En primer lugar, tendemos intencionadamente a buscar y «a ir» por el orgasmo de pico, a alcanzar a toda costa un clímax. El logro de un orgasmo de pico se convierte en una actividad lineal orientada a una meta, encerrando, además, una intención mental para pasar de un estado a otro. Asumimos que necesitamos *hacer* todo lo que consideremos necesario para llegar a nuestro destino final: el pico. Una experiencia de valle es más bien una invitación sin expectativa o demanda de orgasmo. Algo que puede, o no, suceder. No se tiene en cuenta para nada el resultado final; se apetece más bien la dicha del momento —el estar aquí y ahora en el cuerpo—, lo cual permite que el viaje se lleve a cabo sin una dirección predeterminada. En lugar de perseguir un orgasmo, hay una sincera conformidad con lo que está sucediendo, momento a momento, en el cuerpo, lo cual crea la necesaria sensibilidad para que se produzca una orgásmica experiencia de valle.

Para llegar a un orgasmo de pico, normalmente hay que realizar un considerable esfuerzo físico. El propósito es intensificar la estimulación con el fin de imprimirles a unas sensaciones, deliciosamente excitantes, un glorioso *crescendo*. Esto entraña unos movimientos mecánicos y repetidos de la pelvis que ganan velocidad cuando se acerca el final. Esta actividad es necesaria a fin de intensificar la energía hasta el paroxismo; si bien, al mismo tiempo, también acumula una gran cantidad de tensión, lo que da lugar a que se comprima la energía en los genitales. A diferencia de toda esta frenética actividad a la que estamos acostumbrados, para hacer que florezca una experiencia de valle necesitamos *estar* más y *hacer* menos; esto es, procurar que todo se desarrolle con mucha lentitud y de la manera más lánguida, fácil y perezosa posible. Evitamos adrede cualquier esfuerzo, movimiento o postura que pudiese producir tensiones indebidas. La penetración de la vagina por el pene es deliberadamente lenta, como también lo es cualquier movimiento de pelvis. Esta relajación entre los genitales estimula la irradiación y la expansión de la energía en otras partes del cuerpo.

Por regla general, en el orgasmo de pico el termómetro sube hasta altas cotas, mientras que en el de valle se actúa con mucha más frialdad. En éste, se puede disfrutar de agradables momentos de excitación, pero deben ser seguidos por unos minutos de relajación; nunca serán avivados ni inflamados para crear un clímax de excitamiento. Mediante una ralentización que nos conduce a una actitud de «no hacer», y llevando el estado de conciencia a movimientos internos de energía, despertamos una sensibilidad interna que tiene poco que ver con el excitamiento o la estimulación. Esta sensibilidad revela un estrato de excitación magnética en el cuerpo que es fría, celular y extática. Realmente, en el orgasmo relajado ni siquiera es necesario un aumento del excitamiento.

Otro aspecto que diferencia el orgasmo de pico del orgasmo de valle es la duración de la experiencia. Se estima que, en el mejor de los casos, el orgasmo de pico viene a durar unos diez segundos. Podemos decir, por tanto, que en la experiencia de pico el comienzo y la terminación están muy bien definidos. Esto le da más bien el carácter de un acontecimiento: «tuvimos un orgasmo», o «no lo tuvimos», como también puede ser suceder. Por el contrario, el orgasmo de valle es un proceso más duradero; una experiencia en la que no cuenta el tiempo y que no tiene un comienzo y un final específicos. Puede durar unos instantes o varias horas; el espacio de tiempo es irrelevante, pero la experiencia es la misma. En el orgasmo de valle, una extática paz desciende sobre nosotros; esta paz nos rodea, nos acoge, nos calma y quedamos inmersos en ella. Nos «convertimos en orgásmicos». Se trata de un dilatado estado de consciencia, no un acontecimiento momentáneo medible en segundos como es el orgasmo.

Cuando nos fundimos totalmente con las sutilezas del cuerpo físico, la experiencia sexual se convierte en algo extáticamente incorpóreo. Aunque esto parezca una paradoja o una contradicción, es así como realmente funciona. La energía entra, se expande y se proyecta a raudales hacia arriba. En vez de ser descargada o liberada desde el cuerpo, la energía se congrega dentro del organismo y genera vitalidad y creatividad. El sexo experimentado de esta forma, incrementa y fortalece la fuerza vital, ya que hormonas beneficiosas liberadas durante el acto sexual son expedidas hacia el cerebro, en donde nutren las glándulas maestras pituitaria y pineal que (como ya mencionamos en el capítulo 2) allí se encuentran; esto causa un impacto positivo sobre los buenos espíritus, la salud y la longevidad. El sexo, en verdad, alarga la vida.

La energía de un orgasmo de pico suele funcionar de manera opuesta. En la experiencia de pico, la energía se mueve hacia abajo y hacia fuera de acuerdo con las exigencias de la procreación. A la intensidad del excitamiento, le sigue una placentera descarga de energía que se libera hacia abajo y hacia fuera del cuerpo. Prueba de esta descarga, es el hecho de que con frecuencia, después de la eyaculación, el hombre sufre una marcada pérdida de energía. Muchas mujeres reconocen que ellas también pierden grandes cantidades de energía en el orgasmo; o sea, igual que el hombre, pero sin la secreción de semen. De repente, se evaporan todas las ganas de hacer el amor; la pareja se encuentra falta de energía o de arrestos para continuar. Como consecuencia de esta descarga de energía que se produce en el orgasmo, la mujer puede sentirse a menudo abandonada, sola, triste o deprimida.

Mas o menos, el orgasmo de pico se siente como una experiencia genital local, y ello porque a la energía sexual no se le da la oportunidad a que se expanda, a que toque otras partes del cuerpo. De hecho, no puede expandirse, porque el propio esfuerzo de alcanzar el orgasmo crea tensión y, por ende, una barrera para la irradiación de la energía. La energía potencialmente beneficiosa se pierde en la liberación, por lo que no está disponible para desempeñar sus funciones de sanación y nutrición.

Existen técnicas especiales para multiplicar deliberadamente el número de orgasmos de la mujer. Sincronizando la respiración, el movimiento y la relajación, se puede conseguir que la energía traspase las

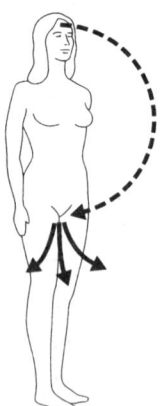 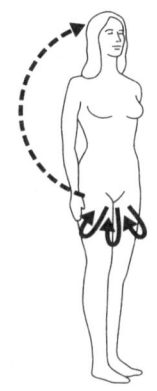 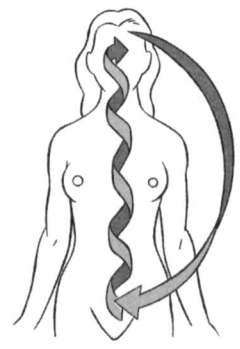

FIGURA 3.1. Fase biológica o reproductora de la energía sexual.

FIGURA 3.2. Fase espiritual o generativa de la energía sexual.

FIGURA 3.3. Círculo completo de la energía sexual, presentando cómo ésta se reencauza en espiral a través de los centros de energía.

barreras automáticas y se creen estados energéticos expandidos. Para alcanzar estos estados, generalmente se requieren una pericia sustancial y una concentración extrema; sin embargo, es muy raro que se consigan orgasmos de pico expandidos a partir de un estado de relajación.

Apertura a un nuevo método

Para hacer la experiencia sexual más completa y gratificante, la mujer debería inclinarse por el método orgásmico —esto es, por el orgasmo como un prolongado estado de «estar» en el intercambio sexual— y no buscar simplemente el orgasmo de pico. Este método depende mucho de la disposición que se tenga en cuanto a confiar en la relajación y en la receptividad femenina intrínseca. En vez de intentar que algo suceda, tú simplemente recibe, y *sé*, y absorbe la energía en el centro de tu cuerpo a través de la vagina. Una vez te acostumbres a ello, lo encontrarás muy natural. Están presentes, sin faltar uno, todos los elementos del sexo, si bien la composición es completamente diferente. La mayor diferencia estriba en la actitud y en el estado de conciencia de la mujer dentro de ella misma; en la disposición de ésta para irrumpir en su verdadero espíritu femenino. Esto requiere un profundo conocimiento del propio cuerpo y la entereza para expresar y hacer honor al elemento femenino que reside en ella.

La mayoría de las mujeres asocian el clítoris con el orgasmo; sin embargo, esencialmente, es la vagina la que está más vinculada con los estados orgásmicos. Un mayor entendimiento de todo esto puede llevar a una mujer, mientras explora su potencial orgásmico, a reevaluar sus experiencias sexuales en las que el protagonista es el clítoris. (Los capítulos 6 y 7 están dedicados, respectivamente, a la vagina y al clítoris). Cuando te sugiero este método alternativo al orgasmo, mi única intención es ampliar las posibilidades de una experiencia sexual satisfactoria; *no* estoy intentando, en absoluto, hacerte pensar en una dualidad, ni tampoco inculcarte que hagas una separación entre picos y valles o entre «hacer» y «estar». Por favor, interprétalo de esta forma. En realidad, uno no puede existir sin el otro, de aquí que una separación entre ellos sería falsa. A nuestro alcance están, pues, todas las deliciosas graduaciones de exploración y experiencia que unen estos dos tipos de orgasmos. Lo que pretendo llevar a tu ánimo es la convicción de que es factible elegir.

Sencillamente te invito a que reflexiones sobre tus experiencias a la luz de la nueva información que aquí te ofrezco, y veas de qué modo podrías aprovecharla en beneficio propio. Con este nuevo método, lo que se pretende es llegar a ser orgásmica por medio de la relajación; esto hace que no se busque el orgasmo a través del despliegue de una actividad corporal frenética. Por favor, no seas crítica contigo misma si «fracasas» en la consecución del orgasmo o si alcanzas el orgasmo «indebido». No hay una forma errónea o correcta de abordar el sexo; la que te plazca, es la buena. Si reflexionas un poco, quizá te des cuenta que no has hecho nada para irte hacia dentro durante el acto sexual, para sentirte en tu interior y descubrir qué es lo que te apetece. Quizá te percates de que has trabajado muy duramente —como si fueses a representar una función teatral o aprobar un examen— para *triunfar* en la cuestión sexual. Puede que llegues a la conclusión de que, en esencia, eres feliz con tu vida sexual, si bien la idea de probar un nuevo método le parece atractiva a tu espíritu aventurero. Deseo de todo corazón que cualesquiera que sean los conocimientos que sobre ti misma adquieras en este mirar hacia dentro, te sirvan para cambiar tu modo de enfocar el asunto y, por añadidura, para mejorar tu experiencia sexual.

Relajación y tensión

La pieza básica para cualquier mejora de la experiencia sexual es la relajación; por tanto, relajación y orgasmo *más* satisfactorio van de la mano. Todos los orgasmos, ya sean de pico o de valle, se mejoran mediante la relajación. La relajación (aunque sea breve) de cualquier parte del cuerpo facilita la expansión de la energía; y es precisamente en esta expansión en la que están basados todos los orgasmos y experiencias mejoradas. De manera espontánea, la relajación aumenta el estado de conciencia, la sensibilidad corporal y la apertura psicológica. La relajación produce, además, unas cualidades que son esenciales para la energía femenina. En primer lugar, y por lo que respecta a las mujeres, la relajación es esencial porque las saca de esa clase de expresión activa, hacia fuera y masculina, característica del orgasmo convencional, y las lleva, de manera incuestionable, a un talante receptivo y femenino. Cualquier estado orgásmico u orgasmo que se alcance mediante la relajación, hace que intervengan las genuinas y muy arraigadas energías de la mujer, lo que permite que el orgasmo sea una experiencia totalmente satisfactoria. Este es un punto a tener muy en cuenta cuando te sientas insegura acerca de la diversificación de tu comportamiento sexual o la probatura de un nuevo método.

Es cierto que los orgasmos de pico pueden ser en sí maravillosos, aunque raramente alcanzan hondura. A menudo, ni siquiera nos sentimos afectadas por ellos. Si te ves reacia a probar algo que difiera de lo ya sobradamente conocido, recuerda que en cuestión de sexo hay algo más que las velas que coronan el pastel y que pueden ser apagadas en cualquier momento. Recuerda también que un sinnúmero de mujeres declaran tener problemas con el orgasmo convencional de pico, es decir, con eso de que le apaguen delicadamente las velas. Incluso con la mejor de las intenciones, no siempre es posible acumular la suficiente carga sexual como para producir un memorable o prolongado clímax. En nuestro afán de «llegar ahí», nuestros movimientos se hacen cada vez más rápidos y vivos, más inconscientes y violentos, decreciendo nuestra sensibilidad con cada uno de ellos.

Las tensiones físicas propias del método orientado a la consecución del orgasmo de pico se agravan por preocupaciones mentales y emocionales que se presentan aun antes del comienzo del juego sexual. Las tensiones aumentan con cualquier clase de presión y, desgraciadamente, la mayoría de las mujeres se sienten obligadas a sentir un orgasmo para así complacer al hombre. Le halaga tanto al hombre que la mujer tenga un orgasmo, que se llena de orgullo si es capaz de producírselo. Y no solo por el gusto de haberle proporcionado placer a su mujer, sino, sobre todo, por una cuestión de amor propio masculino. Cuando el hombre comprueba que su mujer alcanza el orgasmo, ve en ello la confirmación de que es un buen amante. Esta es una cuestión que la mujer debe tener en cuenta y que tocaremos con más amplitud en uno de los capítulos venideros. Es bueno saber que muchos hombres anhelan (incluso en alto grado) la emoción que rodea al orgasmo de una mujer; si ella, por supuesto, tiene la suerte de sentir uno.

Recuerdo que en una ocasión, en uno de nuestros talleres y después de varios días de experimentación, una mujer anunció llena de alegría que había terminado con los orgasmos convencionales. Añadiendo que, en realidad, no le aportaban nada; de hecho, notaba que se sentía mucho mejor sin ellos. (No sé las veces que he escuchado a mujeres decir palabras parecidas a estas). Para su sorpresa, el amante de esta mujer se sintió ofendido por estas palabras y se encerró en un hosco mutismo. Lamentablemente, acogió la observación experimental de ella como un insulto personal, interpretándola, así de entrada, en el sentido de que él no era un buen amante y, por tanto, no era capaz de satisfacerla. También temía la posibilidad de que, en adelante, ella no estuviese dispuesta a practicar el sexo de la forma acostumbrada, que era la de intentar alcanzar orgasmos de pico. Pensaba que tendría que sacrificar su manera habitual de hacer el amor.

Cómo vencer la resistencia del amante

Estate preparada para recibir, de vez en cuando, pequeñas manifestaciones de protesta por parte de tu amante; no dejes, sin embargo, que estas protestas te hagan desistir de tus propósitos. No le des demasiada seriedad al hecho de probar nuevos comportamientos sexuales; desarrolla un sentido del humor. Asume el papel de una verdadera pionera; no te empeñes en sentar cátedra en cuestiones como estas. (Esta última es una actitud que suelen adoptar las mujeres cuando se aventuran en campos sexuales inexplorados). No te quedes atrapada diciéndole a tu compañero qué es lo que tiene que hacer y cómo tiene que hacerlo. Debido a la naturaleza receptiva de la mujer, el campo tántrico del amor está más cercano a ella; de aquí que se adentre en él con una mayor naturalidad que el hombre. Al hombre le queda la ardua tarea de neutralizar una sexualidad propia fuertemente orientada al excitamiento. El hombre necesita comprensión y, si me apuras, compasión; en vez de criticarlo, la mujer puede hacerle de puente para que, cada vez que se tercie, pueda pasarse al nuevo método o volver al antiguo. Para que el hombre se haga tántrico necesita, como la mujer, proyectarse hacia su interior; de este modo podrá ponerse en contacto con su natural fuerza de respuesta masculina y dejar de depender de las usuales estrategias de su género. Dale al hombre margen para que experimente. Trabajad en cooperación con la realidad —esto es, teniendo en cuenta el condicionamiento sexual masculino—

y sin querer alcanzar el ideal a toda costa, ya que ello solo causaría tensión y convertiría la aventura en lucha. A muchos hombres, por supuesto, les encanta que sea la mujer la que asuma el liderazgo en materia de sexo. Si este es el caso, tu hombre recibiría tu nuevo interés con alivio y no lo percibirá como una amenaza a su ego. Como es lógico, hay más posibilidades de llegar a un entendimiento mutuo si hacéis la exploración juntos que por separado; o sea, cada uno buscando su propio camino.

No obstante, la mujer puede ensayar, sin contar previamente con la aquiescencia de su pareja, muchas de las sugerencias que se dan en este libro (lo único que puede pasar es que él encuentre la experiencia de hacer el amor con ella aún más agradable). De hecho, el cambio en el estilo de hacer el amor es cosa de uno; no tiene por qué ser responsabilidad de ambos miembros de la pareja. Tú, como persona individual, a lo único que estás obligada es a estar más atenta y a ser más receptiva y abierta; así que no tienes que estar demasiado supeditada a las pretensiones de tu compañero o a lo que él espera de ti. De otro modo, estarías dando vueltas en redondo y nunca saldrías de la trampa en la que te encuentras.

Por ejemplo: puede que te encuentres ante una situación en la que tu hombre quiera tener un orgasmo. ¿Qué es lo que haces? Quizá te pongas de su parte y te digas a ti misma: «¡Qué demonios, yo también lo tendré!» Pero esto no es un compromiso personal, esto es poner en manos de otra persona la responsabilidad de tu propia transformación. Y esto nunca funciona a nuestra entera satisfacción. En su lugar, puedes decidir que no llegarás al orgasmo; que te relajarás y disfrutarás estando con él durante su experiencia, pero no obligándote a llegar al clímax solo porque él lo haga. Y si otra vez decides llegar al orgasmo, entonces aplícate a ello de la forma más fácil y con el más mínimo esfuerzo. Ten un espíritu experimentador y date la oportunidad de probar cosas diferentes. Resístete a los métodos de sobra conocidos y empleados. Experimenta por el gusto de experimentar y fíjate en los resultados.

Podría suceder que durante un período de tiempo, mientras hace el amor, un hombre insista en tener el orgasmo. Pero en este nuevo contexto ello puede suceder después de una hora de estar saboreando las delicias del amor, lo que cambia sustancialmente el panorama. ¿Y por qué no ha tener su orgasmo? Con el tiempo, él puede llegar a pensar que la eyaculación no tiene tanta importancia y que es muy feliz de cómo se están desarrollando las cosas; puede que llegue a sentirse totalmente realizado en lo sexual y notarse con energía después de la experiencia. Mediante la experimentación y la observación de los resultados, el sexo comienza a ganar significación y se convierte en algo más que en un simple «pasarlo bien». Normalmente, evaluamos la excelencia del acto sexual con estas preguntas: «¿Lo hemos pasado bien?» «¿Nos hemos divertido?» Pero, mucho más importante que decirnos si pasamos, o no, un buen rato, es fijarnos en lo que sucede *después* de la experiencia.

Observad «el después»

Somos propensos a pasar por alto lo que experimentamos después del encuentro sexual. Raras veces nos paramos a pensar cómo nos sentimos o qué sucede entre nosotros. Por mi parte, procuro recalcarles a las parejas que «"el después" es el verdadero profesor», no el compañero ni una misma. Si os fijáis en vuestros respectivos estados poscoitales, ambos obtendréis ideas acerca de la verdadera bondad del sexo y de vuestras motivaciones. Si después de hacer el amor, unas veces sentís una sensación de distanciamiento y en otras una sensación de acercamiento, ¿qué es lo que esto refleja? Revisad el proceso que seguís para hacer el amor y veréis cómo éste os informa. Con el tiempo, y a medida que vayáis conociendo más y mejor vuestra experiencia, obtendréis una visión totalmente nueva de lo que es el sexo. Para esto, tenéis que haceros preguntas como estas: «¿Cómo puede el sexo extender sus beneficios a todos los momentos de mi vida dentro y fuera de la cama?» «¿Cómo puedo obtener lo mejor del sexo simplemente "siendo" y no "haciendo"?»

Recuerdo que hace poco recibí un correo electrónico de una pareja de Australia que puede servir para relajar a las mujeres y estimular a los hombres. Después de que encontraran un fragmento de mi primer libro «colgado» en Internet, el componente masculino de la pareja me escribió lo siguiente:

> Imprimimos esa parte de su libro y nos la llevamos con nosotros en nuestras vacaciones de enero. La simple noción de abandonar una intimidad orientada a una meta ha sido, para nosotros, una revelación que ha aumentado considerablemente la sensibilidad

espiritual de nuestros contactos sexuales, como asimismo el puro placer y la belleza de disfrutar cada momento por lo que es en sí; la belleza de las sensaciones de cada roce y de cada caricia; la sensación, momento a momento, de cada beso; la ternura del instante en que los cuerpos se encuentran. El hecho de estar preparados para olvidarnos de las metas y para dejar que cada momento nos lleve al próximo, llena de placer cada segundo y elimina cualquier presión para actuar. Llevamos casados casi veinticinco años y siempre le hemos dado importancia al aspecto espiritual; no obstante, es fácil dejarse atrapar por la concepción occidental de perseguir una meta en casi todo lo que hacemos. Además, la mayor parte de la literatura de Occidente que leemos sobre sexo está orientada a la consecución de una meta. Cordiales saludos.

Para que tu hombre pueda hacer lo mismo, ábrete sin reserva alguna a este nuevo método alternativo de hacer el amor. Ten en cuenta, de todos modos, que tiene que transcurrir un cierto tiempo antes de que se le tome gusto al asunto. No cedas a las peticiones de seguir la forma convencional, aquella en que la expresión sexual está dominada por el hombre. La mujer que se precie no debe ceder ni un ápice en esto. Además, tanto si se cede como si se desiste, los que pierden son el hombre y la mujer; no hay un verdadero ganador.

El orgasmo es un don divino; un sorbo del más dulce de los néctares. No es nada que se tenga que pedir, esperar o perseguir. Si existe demasiada tensión provocada por expectativas sexuales, lo más probable es que el fracaso genere aflicción o frustración. No hay por qué alcanzar el orgasmo cada vez que se hace el amor. Una actitud acomodaticia, desinteresada y sin expectativas crea el ambiente necesario para que germine la experiencia orgásmica. Así que empieza a cambiar las ideas que tengas sobre el orgasmo. En cuanto te pongas a hacer el amor, haz algo inusual: olvídate del orgasmo. Evita buscar sensaciones que puedan ser el comienzo de un clímax. Procura no pensar en el orgasmo desde el momento en que tu hombre te penetra. Sé lo más acogedora y receptiva que puedas a la penetración, prestando atención a las sensaciones de tu vagina.

Observa en tu interior el minucioso fenómeno celular que acontece en tu cuerpo en un momento dado. Toda vez que el tiempo está constituido por millones de momentos mágicos concatenados entre sí, los detalles cambian constantemente, lo cual se puede convertir en una fuente constante de placer.

El hecho de vivir estos cambios internos le dan a la experiencia sexual un carácter orgánico. El orgasmo no es necesariamente una tremenda explosión; una erupción volcánica. Puede ser también un frío, apacible, calmoso y relajante valle en el que el cuerpo flota como la luz, como una pluma, disolviéndose en una inconsciencia empapada de amor. Puede ser la vivencia de la eternidad, algo que trasciende al tiempo, algo suspendido en el espacio por el aliento, algo en posesión del pulso de la vida. Y también sucede, como si de un milagro se tratara, que desde las profundidades de esta relajación emerge un pico de energía, pero sin esfuerzo alguno. Desde las profundidades surge, lenta y firmemente, una fuerza sutil que se enzarza en una danza sexual, coreografiada por una energía divina que pasa a través de los cuerpos.

Inspiración tántrica

La relajación es un estado. Tú no puedes forzarla. Simplemente te desprendes de todas las negatividades, de todos los obstáculos y, ahí la tienes, aflorando por sí sola como la espuma. ¿Qué es la relajación? Es un estado en que la energía no va a ninguna parte, ni al pasado ni al futuro; simplemente está contigo. Te encuentras envuelto en el silencioso estanque de tu propia energía, a su calor. *Este* momento lo es todo. No hay otro momento. El tiempo se para; ahí está la relajación. Si el tiempo estuviese allí, no habría relajación. Simplemente, el reloj se para; no existe el tiempo. Este momento lo es todo. La relajación significa que este momento es más que suficiente, más de lo que se puede pedir o esperar. Nada que pedir, más que suficiente, más de lo que puedes desear; entonces es cuando la energía no se mueve a ninguna parte. Se convierte en un plácido estanque. Te disuelves en tu propia energía. Este momento es la relajación. La relajación no es ni del cuerpo ni de la mente, la relajación es del total.

Osho,
Tantra: la comprensión suprema, Editorial Gulaab

EJERCICIO DE CONCIENCIA Y SENSIBILIDAD
EJERCICIO DE PAREJA
PARA ARMONIZAR LAS ENERGÍAS

Puedes utilizar un ejercicio de estas características para compenetrarte con tu pareja. Destina una media hora para llevarlo a cabo. Puede realizarse tal como lo describimos aquí, como una pura práctica, o como una forma de juego preliminar que conduce seguidamente a la experiencia sexual. El ejercicio de armonización termina con la pareja de pie —que es una de las mejores formas de comenzar a hacer el amor—, abrazándose y besándose, y acercándose poco a poco a la cama.

Prepara para ti y para tu compañero una atmósfera que invite a la meditación. Coloca dos cojines, uno enfrente del otro, algo distanciados entre sí. (Si fuese necesario utiliza sillas). Sentaos erguidos y, si es posible, con las piernas cruzadas; la espina dorsal debe estar confortablemente recta. Tu espina dorsal estará mejor asentada si te sientas directamente sobre los huesos de las nalgas (los isquiones); así que échate un poco hacia delante y separa ligeramente la parte carnosa de ambos glúteos. Esto creará un ligero arco en la parte inferior de la espalda que hará que puedas mantener mejor la postura de estar sentada en el suelo con las piernas cruzadas.

Sentaos uno frente al otro, de noche y solo iluminados por la luz de una vela o de la luna. Cogeos de las manos cruzando antes los antebrazos. Utilizad la visión suave tal como se describe al final del capítulo 2. Miraos a los ojos durante unos diez minutos; si vuestros cuerpos comienzan a mecerse, dejadlos que lo hagan. Podéis empezar a parpadear; pero, aun así, no dejéis de miraos a los ojos. Suceda lo que suceda, no os soltéis de las manos. Al cabo de diez minutos, cerrad los ojos y dejad que continúe el balanceo otros diez minutos.

Poneos de pie y, cogidos de la mano, balanceaos juntos durante diez minutos más. Podéis tener los ojos cerrados o abiertos, lo que os sea más cómodo. Terminad con un cálido abrazo. Este intercambio mezclará de manera efectiva vuestras energías.

4

El origen de los estados orgásmicos

Hay muchas razones por las que a menudo el intercambio sexual no le produce un orgasmo a la mujer. Una de estas razones es la de que el acto sexual es demasiado corto, y lo es debido a la eyaculación prematura crónica de los hombres. Unos pocos minutos de relación sexual no son ni remotamente suficientes para activar las energías orgásmicas de la mujer. La razón más importante es, sin embargo, *el desconocimiento que se tiene del origen real del orgasmo femenino*. Necesitamos información concreta sobre la energía, delicadamente diseñada, que existe en el cuerpo de la mujer. En teoría, el orgasmo debería ser un asunto relativamente poco laborioso. El éxtasis es nuestro estado natural: todos nacemos extáticos, aunque a lo largo de la niñez los condicionamientos sociales lamentablemente hacen que perdamos poco a poco la facultad de llegar al éxtasis. De todos modos, estamos hechos para el éxtasis y, por tanto, podemos recobrar la mencionada facultad.

Fuerzas equivalentes y opuestas

Con algo de ligereza, asumimos que el cuerpo energético del hombre es, en efecto, idéntico al de la mujer. En realidad, el cuerpo de la mujer es completamente diferente al del hombre; si bien todavía no se conoce con exactitud el grado de esta diferencia. Las diferencias entre ambos sexos se suelen dar por sentadas, aunque nadie se molesta en averiguar las causas más remotas de las mismas.

Si nos fijamos en las diferencias más notorias entre el cuerpo femenino y el masculino —los órganos sexuales y las funciones reproductoras a ellos asociadas—, ¿qué es lo que podemos ver? Vemos la facultad netamente masculina de producir y descargar unas semillas que contienen la mitad de un proyecto de vida. Vemos la facultad netamente femenina de recibir, absorber y proporcionar la otra mitad del proyecto, y de transformarlo dentro de ella en vida. Las leyes de la reproducción nos demuestran que la fuerza masculina y la femenina son equivalentes y guardan un perfecto equilibrio: ninguna es más fuerte o más débil que la otra; cada una desempeña una función vital. El hombre no se puede reproducir en este planeta sin la participación de la mujer, y la mujer, por su parte, no puede crear vida sin el concurso del hombre. En cuanto a expresión, estas dos fuerzas similares son absolutamente opuestas, si bien, al mismo tiempo, totalmente complementarias. Hay una fuerza activa y otra fuerza receptora que están equilibradas entre sí.

El cuerpo de la mujer es igual al del hombre, aunque al mismo tiempo, en lo que concierne a la energía, son opuestos. Por consiguiente, en sexo, lo que (en apariencia) es bueno para el hombre, no tiene *necesariamente* que ser energéticamente apropiado para la mujer. Al ser idéntica y opuesta al hombre, la mujer complementa al hombre en toda su integridad. Este fenómeno de igualdad y oposición constituye la base del gran poder de atracción del sexo. Cualquiera que sea nuestra edad, nos sentimos continuamente atraídos por el sexo opuesto; y, al parecer, no hay visos de que nos deje en paz; por lo menos durante una larga temporada. En realidad, el sexo está llamando a nuestra puerta para ofrecernos una fórmula secreta que nos permita obtener paz y amor a través de unos elementos femeninos y masculinos debidamente utilizados. Encontrándonos, uniéndonos y fundiéndonos con la fuerza opuesta, nos completamos, nos hacemos uno. La sensación de separación se evapora para convertirse en una sensación de una inmensa unión con todo lo que es. En nuestra sociedad actual, la mayoría de la gente mantiene una sustancial separación entre sexo y espiritualidad; y hay muchos que incluso los consideran antagónicos entre sí. Pero el deseo de unión (ya sea con el sexo opuesto, ya sea con la existencia misma) es un anhelo espiritual, lo cual explica por qué el sexo y la espiritualidad están, en esencia, tan estrechamente vinculados.

Diferencias energéticas de la mujer comparada con el hombre

Se habla poco de las diferentes cualidades energéticas entre la mujer y el hombre, y mucho de las diferencias constitucionales y sentimentales que entre ellos existen. Una educación básica debería incluir un estudio de cómo se manifiestan nuestras diferentes energías en nuestras físicas diferencias, como asimismo qué importancia tienen estas en las relaciones sexuales. La naturaleza ha dotado intencionadamente a los genitales masculino y femenino con propiedades complementarias, o polaridades de energía, con miras a que pudiesen compenetrarse e interactuar entre sí.

El elemento femenino es receptivo, mientras que el elemento masculino es activo*. Estas propiedades, esencialmente opuestas, pueden expresarse también con otros nombres, tales como yin y yang, Luna y Sol, noche y día, pasividad y dinamismo. El encuentro de lo femenino y lo masculino es un hallazgo de polos opuestos; y este encuentro hace posible que se establezca entre ellos una corriente de energía. En el ámbito de la energía sutil, este diseño complementario produce, con relativa facilidad, un estado orgásmico. En virtud de *no ser las mismas*, estas fuerzas idénticas, aunque opuestas, crean una vibrante unidad. Solo cuando estas dos mitades se encuentran, es cuando se completa la unidad sexual. Imaginaos una cerradura y su llave. Una cerradura sin llave es prácticamente inútil. Juntas, mediante el acoplamiento de una con la otra, desempeñan una función esencial. Aun cuando el diseño de cada parte sea totalmente diferente, si el ajuste es verdadero, la unidad gira y se abre una puerta secreta que da paso al paraíso de una experiencia sexual hasta ahora desconocida.

Además de la existencia de esta polaridad, debemos saber que, de hecho, la mujer es mitad hombre y el hombre mitad mujer. Es este fenómeno interno lo que forma la base de la meditación. La utilización del imán como símil nos ayudará a comprender mejor nuestra estructura interna. Si bien el cuerpo humano no es completamente idéntico a un imán, sí tiene la suficiente semejanza como para que este símil nos

---

* Por favor, toma nota de la importante diferencia que existe entre acción y actividad, tal como la explica Osho en el capítulo 9. La acción proviene de una mente silenciosa; es una respuesta genuina a una situación presente. La actividad es, sin embargo, una manifestación irrelevante de inquietud procedente del pasado.

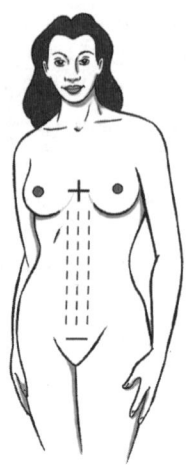

FIGURA 4.1. Los polos positivo y negativo, localizados en los pechos y en la vagina, respectivamente, trazan el llamado eje de magnetismo.

ayude a percibir la energía del cuerpo de una manera diferente. Desde siempre, a uno de los polos del imán se le asigna el carácter de «positivo» y al otro el de «negativo». En conjunto, la mujer es negativa y receptiva, aunque dentro de sí lleva el polo similar y opuesto de la experiencia. De acuerdo con su naturaleza receptiva, la vagina, que es la que recibe físicamente al hombre, es el polo negativo. El polo opuesto, el polo masculino, está situado en los pechos y en el corazón. Todos los atributos y las cualidades de lo masculino —el dinamismo, la actividad, el Sol, el yang...— se aplican al polo positivo; esto es, a los pechos y al corazón de la mujer. Desde aquí ella se abre, se irradia, se expande, se expresa y comparte y establece contacto con el mundo. Sin embargo, es a través de la vagina como ella da serenamente la bienvenida, recibe dulcemente, absorbe y se relaja. La mujer, como aspecto pasivo, es la representante del polo negativo, aunque dentro de ella lleva también el positivo.

Además, entre los polos opuestos se establece una corriente de energía. Esta corriente canalizada, que corre entre el polo inferior y el polo superior del cuerpo femenino, podría muy bien llamarse energía electromagnética; en tantra, sin embargo, se la conoce por «eje de magnetismo». Entre lo positivo y lo negativo se establece un movimiento en espiral de energía sutil electromagnética, que es la causa de la experiencia orgásmica. La causa fundamental de la experiencia orgásmica está *dentro* de cada individuo, no fuera.

El orgasmo es un fenómeno autoextático

Esto significa que, esencialmente, el orgasmo es un fenómeno autoextático que se produce por la interacción de polaridades iguales y opuestas. Externamente, la mujer personifica el principio femenino pasivo, aunque internamente su parte masculina lo equilibre. En la mujer, el polo femenino externo provoca la activación del polo masculino interno, abriéndose así un canal para que fluya la energía electromagnética orgásmica.

No deja de ser interesante saber que el contacto genital del pene en la vagina no es absolutamente esencial para la experiencia orgásmica. El ser humano es autoextático; esto quiere decir que, si se da el entorno adecuado, todo el mundo es capaz de sumirse por sí mismo en un estado de éxtasis. Cualquiera puede ser bendecido con la dicha de una experiencia extática *sin* que exista una relación sexual.

Si esto es así, no hay otra persona involucrada en tu éxtasis. Puede ser desencadenado por tu pareja al hacer el amor, pero la experiencia interna, el éxtasis y la dicha son tuyas. La otra persona puede, o no, tener una experiencia similar; todo depende de su grado de presencia y sensibilidad. Por ejemplo: una mujer puede tener una experiencia sexual extática, incluso si el hombre la tiene penetrada (sin erección) y está profundamente dormido. Aunque en sexo estemos compenetrados con nuestra pareja y tengamos en marcha el mecanismo de la energía orgásmica, el estado de éxtasis se vive en última instancia de una manera individual. No siempre se experimenta recíprocamente del mismo modo y al mismo tiempo.

La dicha solo requiere tres elementos esenciales: intemporalidad, ausencia de egoísmo y naturalidad [1]. La belleza y la elegancia del sexo estriba en que sea la propia situación sexual la que, con naturalidad, haga posible la presencia de estos tres elementos esenciales. Dando marcha atrás y recuperando, en lo sexual, a nuestras inocentes, naturales y desprendidas identidades, entramos en un ámbito donde el tiempo se difumina y la dicha desciende.

Una mujer comparte su experiencia: «Observando los cuerpos dentro del espacio de la energía, tuve una formidable experiencia relacionada con el campo energético que se extiende más allá de los cuerpos. Lo extraño del caso fue que todo eso sucedía mientras mi compañero,

FIGURA 4.2. Polaridades opuestas femenina y masculina, con ejes de magnetismo y potencial flujo circular de energía (en postura *yab yum*).

sumido en una total desesperación, no sentía nada en absoluto. ¿Es esto posible? Esto me recuerda otras experiencias similares que tuve antes; en ellas, estando yo echada encima de un hombre, todavía penetrada y sin moverme, toda dichosa y gozosa, de pronto él empezaba a roncar ruidosamente; estaba claro que el hombre no estaba allí en absoluto (conscientemente al menos). Entonces yo siempre pensaba que debía estar imaginándome la dicha y la energía, e inmediatamente cortaba».

Encuentro de dos imanes por sus extremos opuestos

Si bien las mujeres somos esencialmente autoextáticas, podemos buscar la compañía del hombre para reactivar y darle vida a nuestro opuesto interno; para hacernos ver a nosotras mismas nuestra fuente interna de éxtasis. Hay que decir que el cuerpo del hombre, igual y opuesto, tiene los polos magnéticos invertidos. El polo positivo, de acuerdo con el diseño físico para la penetración de la vagina, es el pene, mientras que el polo negativo lo forman el corazón y el pecho. Como en la mujer, entre estos dos polos existe una corriente electromagnética, un flujo extático de energía. Con respecto al de la mujer, el «imán» masculino presenta una posición inversa. Cuando un hombre se «enfrenta» a una mujer, sus respectivos imanes internos coinciden en sus extremos de signos *opuestos;* esto es, la negativa vagina con el positivo pene y los positivos senos con el negativo pecho. Es por esto por lo que algunas personas, como no sea con su amante, rehúyen los abrazos apretados; y aun así, he visto cómo muchas parejas al abrazarse apartaban sus pelvis para no llegar a un contacto pleno de sus cuerpos. Es simplemente el producto de un hábito de toda la vida. Evitamos el contacto entre genitales y entre senos y pechos porque existe una poderosa polaridad; esto hace que no sea apropiado un acercamiento total cuando abrazamos a amigos o extraños.

Cuando dos polos opuestos se enfrentan y se aproximan entre sí, ambos imanes ejercerán una tremenda y recíproca fuerza de atracción. (Si, por otro lado, enfrentásemos imanes de polos similares, se repelerían y apartarían mutuamente). Cuando dos imanes se encuentran en sus polos opuestos, se amplifica en sumo grado el campo magnético. De hecho, el campo magnético es entonces mucho más amplio y más intenso que la suma de sus dos partes.

La fuerza de atracción se origina por la circulación de la energía electromagnética creada entre los dos imanes; en esta circulación y en ambos extremos, el signo más fluye hacia el signo menos (del hombre a la mujer) y el signo menos hacia el signo más (de la mujer al hombre). La mujer hace circular de nuevo la energía recibida en la vagina, canalizándola hacia arriba e irradiándola hacia fuera, hacia el hombre, a través de sus senos; es un fluir de lo positivo a lo negativo. El hombre irradia energía hacia la mujer a través del pene y, en justa correspondencia, la recibe de ésta a través de su corazón (el de él). Hay, como se ve, un círculo de reciprocidad, una fuerza circular de energía.

Procurad que el contacto físico sea poroso

Los componentes de la pareja pueden sentir el poder y la atracción de este fenómeno cuando se encuentran uno frente al otro; incluso aunque haya una distancia entre ellos de uno o dos metros. Hay parejas, sin embargo, cuyos componentes sienten con más facilidad la energía circular estando separados que estando en contacto físico. En efecto, a medida que se va produciendo el acercamiento físico, entran en juego ciertos elementos perturbadores; quizá sea el temor de estar enteramente entregados o de no ser totalmente aceptados, o quizá sea que el contacto físico es tan compacto que atenúa las sutiles sensaciones que ocurren en el campo de energía existente entre los dos cuerpos. Por esta razón, siempre es recomendable el contacto «poroso» cuando los cuerpos estén derechos y pegados uno al otro en un ceñido abrazo. Los cuerpos tienen que tocarse entre sí con extrema delicadeza; si no es así, es fácil que las sensaciones más tenues pasen inadvertidas. Si durante el abrazo, el hombre te aprieta más de la cuenta, no podrás estar en sus brazos por mucho tiempo. Al poco rato, sentirás un vivo deseo de apartarte y recobrar tu propio espacio; y ello porque un abrazo de este tipo es excesivamente físico, demasiado fuerte, y la sensación de ser abrazada, después de la alegría inicial del saludo y los besos, no es agradable que digamos. Debe haber una clase de porosidad que sirva para que el otro respete la energía de tu cuerpo, la cual, como sabemos, se extiende más allá de tus límites físicos. En el encuentro poroso, un abrazo puede durar varias horas, durante el cual las energías de los cuerpos se van fundiendo entre sí cada vez más. Lo normal es que durante el contacto físico no pensemos en la energía corporal de la otra persona; sin embargo, todos tenemos una, aunque algunos tengamos más conciencia de ella o seamos más sensibles a ella que otros.

Cuando nos hacemos más sensibles, tanto en relación con nosotros mismos como en relación con nuestra pareja, comenzamos a percibir la verdadera comunión que existe entre el hombre y la mujer. El hombre se da a la mujer como fuerza positiva y la mujer recibe al hombre como fuerza negativa. En esta acción receptiva, ella primero se vigoriza y luego devuelve este vigor dándose al hombre, quien, de este modo, recibe lo que él mismo ha dado. Al dar, el hombre recibe, y al recibir la mujer da. Cuando sabe cómo hablarle al cuerpo de una mujer a través de la polaridad, el amor que el hombre da retorna a él a través de la mujer. Hay constancia de que un auténtico círculo de luz puede empezar a girar entre los miembros de la pareja, e incluso ellos mismos pueden comenzar a irradiar luz. Esta imagen es interesante para tenerla como modelo; no obstante, para alcanzar un nivel de esta altura se requiere mucha preparación y una cariñosa paciencia.

El círculo de la energía amorosa

El círculo de la energía es una imagen que puede ayudarte. Con práctica y a su debido tiempo, este círculo puede llegar a ser una realidad, pero nunca hay que ver en él una meta. Cuando un hombre es capaz de experimentar a su mujer como su igual y su antítesis, se crea en ella un amor, que devuelve al hombre a través de los senos y el corazón. Se completa entonces la segunda parte del círculo magnético. Puede decirse que los imanes internos y externos están de acuerdo. Esto se desarrolla por sí mismo si el hombre y la mujer colocan los elementos básicos en correcta alineación. Cuando los ejes de magnetismo se encuentran en sus extremos opuestos, fluye la energía circular.

Es más probable que se forme espontáneamente este círculo si el hombre y la mujer están enamorados. Si no lo están, será un encuentro de los centros sexuales, o sea, un polo positivo con uno negativo. Habrá un intercambio de energía, pero será de energía lineal, no circular. Esta es la razón por la que el sexo sin amor nunca es muy satisfactorio.

La feminidad que surge a través de un estado de conciencia interno posee un magnetismo mágico. El enfoque interno, el goce de descansar dentro de la mujer, compele al hombre, quien, en todos los sentidos, es igual y opuesto. Un hombre puede sentirse irremisible e irresistiblemente atraído por una determinada mujer que está al otro lado de la habitación. De pronto, se crea un espacio, un vacío, un receptáculo en el que su energía puede fluir sin esfuerzo alguno. El hombre siente una gran tranquilidad y satisfacción cuando su energía es recibida, absorbida, y luego le es devuelta. La mujer, al ser amada, se convierte en amor cuando el centro corazón se hace más y más vibrante. Los estados orgásmicos comienzan a formarse cuando te relajas en cooperación electromagnética dentro y entre un cuerpo femenino y otro masculino.

Los siete chakras

Los dos polos, el positivo y el negativo, también encajan en el sistema esotérico de los siete centros de energía (chakras) presentes en el cuerpo humano. Estos centros de energía están conectados con otros cinco, que son los que nos unen a la consciencia universal, a la energía de la creación. El primer centro de energía se halla en la región perineal/genital del cuerpo. El segundo, a veces llamado el *hara*, está unos centímetros más abajo del ombligo. El tercero se ubica en el plexo solar. El cuarto se encuentra en el corazón. El quinto, en la garganta. El sexto es el «tercer ojo», localizado entre las cejas. Mientras que el séptimo se halla en lo alto de la cabeza y se llama chakra de la corona.

En el cuerpo femenino, el primer chakra es negativo (vagina), el segundo positivo, el tercero negativo, el cuarto positivo (senos), el quinto negativo, el sexto positivo y el séptimo negativo. En el cuerpo masculino la secuencia es la contraria, por lo que comienza con un primer chakra positivo (pene), al que le sigue una sucesión alternativa de signos, siendo el cuarto chakra negativo (corazón).

El poder sanador del magnetismo

Básicamente, los imanes crean un orden a su alrededor alineando aquellos objetos que se encuentran dentro de su campo de acción. Sin duda alguna recordarás que entre los primeros experimentos científicos que se hacen en las escuelas, hay uno cuya finalidad es precisamente demostrar esto. Si se desparraman limaduras de hierro sobre una hoja de papel y se coloca un imán debajo de ella, vemos cómo se manifiesta alrededor del imán un campo de acción cuando las partículas, con un cierto orden, se alinean con la corriente de energía magnética entre el polo positivo y el negativo. Si colocamos ahora bajo el papel dos imanes separados con sus polos opuestos enfrentados entre sí, podremos ver el campo magnético en el círculo de limaduras de hierro que se forma entre los propios imanes. Además, el campo magnético general que rodea a los dos imanes es infinitamente más grande que el campo que se forma alrededor de un solo imán.

Las plantas y los animales reaccionan a cualquier corriente magnética de energía, inducida por un imán, que pase a través de ellos. Debido a sus propiedades sanadoras, cada vez es más aceptado el uso de imanes con fines terapéuticos [2]. Se pueden usar, por ejemplo, como plantillas para los pies, como pulseras o como riñoneras. La sanación se produce porque los imanes hacen que la corriente magnética de energía atraviese el cuerpo. Por ejemplo, unas primeras radiografías de una sangre enferma mostrarán una estructura celular caótica y aleatoria; sin embargo, unas segundas radiografías, hechas después de una semana de tratamiento magnético, revelarán la aparición de unos indicios de ordenamiento entre las células y el tejido corporal. Una semana más tarde, el tejido mostrará el desarrollo en la estructura celular de un orden y una alineación crecientes. El sujeto normalmente siente que sus síntomas se alivian y que su bienestar se incrementa.

A pesar de todo este conocimiento de las energías magnéticas, el imán que llevamos dentro los humanos está todavía sin investigar y apenas desarrollado. Situación ésta lamentable, ya que la causa de la experiencia orgásmica es precisamente la misma corriente magnética que hay entre los aspectos femenino y masculino de nuestro ser. A medida que estos polos son gradualmente llevados a la acción y restablecidos, la energía fluye orgánicamente entre lo positivo y lo negativo, entrando así el cuerpo en un estado raro de vibración. El realineamiento en nuestro cuerpo de estos polos magnéticos es, en sí mismo, un proceso de sanación; proceso que comienza cuando se empieza a respetar la polaridad femenina interna. En vez de considerar exhaustivamente la idea masculina de cómo es la mujer, nuestra sanación proviene del hecho de ser una verdadera mujer, es decir, de meternos nosotras mismas en el elemento femenino de receptividad y absorción; en resumen: estar más y hacer menos. Con este «estar» descubrimos qué es lo que pasa en el cuerpo cuando nos concentramos en la vagina y en los senos. En el sexo convencional, tanto la vagina como los senos están muy mal utilizados, y esto está afectando a la capacidad orgásmica de la mujer. La concesión de una atención adecuada a los senos y a la vagina será el tema a tratar de los dos próximos capítulos.

INSPIRACIÓN TÁNTRICA

¿Cómo manejarlo [el éxtasis]? De este interrogante nace toda la ciencia del tantra. ¿Cómo alcanzarlo? Se puede alcanzar. No puede alcanzarse *con* la persona amada fuera; tampoco puede alcanzarse *sin* la persona amada fuera. Recuerda esto también, porque la primera mirada procede de la persona amada que está fuera. Es solo una mirada rápida, pero con ella viene una visión nueva que, muy en lo profundo de tu interior, contiene ambas energías presentes: la masculina y la femenina.

> El hombre es bisexual; todo hombre y toda mujer. La mitad de ti es hombre y la mitad de ti es mujer. Si eres mujer, entonces la parte femenina está encima y la parte masculina está oculta detrás, y viceversa. Una vez que te das cuenta de esto, comienza entonces un nuevo trabajo: tu mujer interna y tu hombre interno pueden tener un encuentro, y ese encuentro puede permanecer absoluto. No hay necesidad de volver de la cima. Pero la primera visión viene del exterior.
> De ahí que el tantra utilice la mujer externa, el hombre externo, como parte del trabajo interno. Una vez que te percatas de que tienes una mujer dentro de ti o un hombre dentro de ti, entonces el trabajo adquiere una cualidad totalmente nueva, comienza a moverse en una nueva dimensión. Ahora el encuentro tiene que ocurrir dentro, tienes que permitirles a tu mujer y hombre internos que se encuentren.
>
> OSHO,
El libro de la sabiduría,
Gaia Ediciones

EJERCICIOS DE CONCIENCIA Y SENSIBILIDAD
EJERCICIO DE PAREJA PARA DESPERTAR LA POLARIDAD

Este ejercicio puede realizarse como un ejercicio cualquiera o como preparatorio para el acto sexual. Os llevará, por lo menos, treinta minutos.

Sentaos uno frente al otro, sobre sendos cojines, situados a una distancia tal que no permita el contacto físico. (Si estar sentados en el suelo con las piernas cruzadas es demasiado incómodo para vosotros, sentaos entonces erguidos dándoos las caras en sillas de respaldar recto). Cerrad los ojos. Sintonizar interiormente con vuestros polos positivos: la mujer sintoniza con los senos y el hombre con el pene.

Al cabo de un rato, imagínate, mujer, que tus senos irradian energía, luz y calor hacia el pecho y el corazón del hombre. Tu compañero, a su vez, tiene que imaginarse que está recibiendo amor en su corazón y que, al mismo tiempo, está canalizando energía hacia fuera a través de su pene, irradiando calor, luz y amor. Imagínate que recibes toda esta energía y la absorbes en la vagina. Podéis facilitar este ejercicio imaginativo relacionándolo con vuestras respectivas respiraciones; esto es, haciendo coincidir las irradiaciones hacia fuera con vuestras espiraciones (mujer: senos; hombre: pene) y las absorciones con vuestras inspiraciones (mujer: vagina; hombre: corazón). Podéis, asimismo, sincronizar ambas respiraciones.

Transcurridos unos instantes, comenzad a miraros a los ojos con una visión receptiva y suave. Procurad que la energía siga moviéndose en círculo, como antes. Después de cinco o diez minutos, tú, mujer, puedes acercarte a tu hombre y sentarte en su regazo con tus piernas colocadas alrededor de su cintura. (Esta postura se llama *yab yum*; puede hacerse más cómoda si la mujer se sienta sobre un cojín). Esta colocación de la pareja aproxima los genitales y establece una correspondencia entre los senos y el pecho. Seguid trabajando con la imaginación y sincronizad vuestras respectivas respiraciones de esta manera: cuando el hombre inspire a través de su corazón, la mujer espira a través de sus senos, y cuando la mujer inspire a través de su vagina, el hombre espira a través de su pene. Esta práctica intensificará la sensación de la existencia de una fuerza circular entre los cuerpos. Si no sientes esto inmediatamente, sí lo harás al cabo de un cierto tiempo, ya que la energía sigue a la imaginación.

Si, tras un cierto tiempo, no podéis soportar la postura *yab yum*, lo que podéis hacer es poneos de pie; en el caso de que esta postura no sea posible en ningún momento, podéis realizar entonces todo el ejercicio de pie sin que éste pierda un ápice de su efectividad. La postura erecta hace más activo y fluido el movimiento entre los cuerpos.

De forma espontánea te puede surgir el deseo de ser penetrada; en este caso, si tu hombre está dispuesto, seguid adelante y consumad el acto sexual. Si no queréis esto, y os surge el deseo de consumación, lo que tenéis que hacer es separaos muy, muy lentamente, sin dejar de miraos a los ojos. Podéis terminar con una inclinación de cabeza y con las palmas de las manos juntas, en actitud de oración. Otra forma de terminar es tumbados en el suelo, o en la cama, con las frentes unidas y sin otros puntos de contacto que no sean las manos, como máximo;

en esta postura, descansad dentro de vosotros durante varios minutos sin dejar de tener conciencia de las corrientes internas del cuerpo (el eje magnético).

MEDITACIÓN TÁNTRICA
LA PAZ INVADE LAS AXILAS

Tiéndete durante veinte minutos, o más, y adopta la postura relajada que se indica al final del capítulo 1. Cierra los ojos y emplaza tu estado de conciencia dentro de tu cuerpo. Comienza justo entre las dos axilas y, prestando la máxima atención, «llena de una gran paz el espacio que media entre ellas»[3]. Olvídate de todo tu cuerpo, piensa solo en la zona del corazón que hay entre las dos axilas y el pecho, e inúndala de una gran paz. Cuando el cuerpo está más relajado, automáticamente la paz toma posesión de tu corazón y lo hace más silencioso y armonioso. Realizado con frecuencia, este ejercicio llevará la paz a tu interior y hará que te sientas más independiente. Además, serás más propensa a dar, ya que tendrás tanta paz que querrás compartirla. Retornarás a un origen que hay dentro de ti y que siempre está ahí.

5

Los senos: la clave del orgasmo

LOS SENOS TIENEN la facultad de transportar a la mujer hasta lo más profundo de las experiencias orgásmicas. Los senos son esenciales para que la mujer experimente el éxtasis sexual; no son meros apéndices para la lactancia ni son ajenos al sistema de energía femenino.

Es cierto que, para la mayoría de nosotros, los senos no están directamente relacionados con el orgasmo femenino; aunque, en verdad, muchas mujeres tienen conciencia de una interna conexión con la vagina que es totalmente sensacional. Este vínculo entre los senos y la vagina se produce a través del eje de magnetismo (tal como quedó explicado en el capítulo precedente), la causa fundamental de los estados orgásmicos.

Los episodios orgásmicos tienen lugar cuando los elementos esenciales se alinean por sí mismos. El tantra está basado en la ciencia del cuerpo y también en sus centros de energías provistos de polaridades electromagnéticas. En el aspecto psicológico, la persona requiere una cierta inocencia. Los estados exacerbados no suceden por casualidad, aunque haya personas que, una vez en la vida y sin saber siquiera cómo, puedan caer en uno de estos estados. Si la mujer posee información sobre el papel que representan los senos en el orgasmo, podrá ejercer un mayor dominio sobre sus experiencias orgásmicas. Podría comenzar a crear conscientemente esas experiencias, en vez de dejarlo todo en manos del azar o de las acciones del hombre.

La energía que emana de un polo positivo

Habida cuenta de que, por regla general, *la energía solo puede producirse en un polo positivo* y no en uno negativo, la importancia de los senos en el orgasmo femenino es enorme [1]. Esto significa que la energía es despertada o activada en el polo positivo *antes* de que fluya hacia el negativo. En el cuerpo femenino, la energía sexual fluye *de* los senos *a* la vagina. Cuando los senos palpitan de vida, el espontáneo desbordamiento de energía da lugar a una resonancia vibratoria en la vagina: el polo opuesto. Solo si vibra la vagina en esta respuesta magnética, se puede decir que está verdaderamente dispuesta para el maravilloso acto de la penetración; que está verdaderamente sensitiva y perceptiva. En este estado, la mujer dará un sincero *sí*, mostrará un profundo deseo de hacer el amor; un deseo no solo para ceder y entregarse, sino también para participar plenamente en calidad de igual y opuesta. Esto lo cambia todo, es como si se elevara el sexo a una octava más alta.

En el sexo convencional, la ruta que se toma es muy diferente, ya que se considera a la vagina como puerta de acceso y se aborda directamente (esto se analizará con más amplitud en el capítulo 6). Aunque la vagina sea el punto de entrada físico, para penetrar energéticamente a la mujer hay que darle prioridad a los senos e incorporarlos de manera consciente al intercambio sexual. Con harta frecuencia, tanto las mujeres como los hombres se olvidan de los senos; son los grandes ignorados en cuanto a su verdadero papel en la acción de acceder a la energía sexual femenina. Si encontramos a un hombre que sea aficionado a los senos, seguramente los utilizará para su propia estimulación, para ponerse a tono o para satisfacer alguna fantasía personal; en cualesquiera de los casos, los trataría de manera poco delicada. Un comportamiento de este tipo podría incluso enfriar a la mujer, toda vez que le provocaría el repliegue de toda la energía de su cuerpo y la sumiría en una inapetencia sexual. Independientemente de su apariencia externa o del interés personal que el hombre manifieste en ellos, lo cierto es que los senos son elementos clave para la satisfacción sexual de la mujer a través del orgasmo.

Es de lamentar que, por mil y una razones, haya muchas mujeres que se sienten acomplejadas por sus senos; entre estas razones, podemos citar las siguientes: el tamaño, la forma, la flacidez, el relleno, la simetría o la textura, a las que hay que añadir todas las posibles variaciones de pezones. Este descontento sobre sus senos, además de crearle tensión, aparta a la mujer de las delicadas sensaciones internas que puede encontrar en los mismos. Las lesiones anímicas, las aflicciones y los traumas infantiles también pueden crear escudos energéticos delante del polo positivo. Hasta que la mujer no aprenda cómo acceder al poder que existe en sus senos, estas tensiones y sentimientos reprimidos harán, en principio, más difícil que sienta algo en ellos.

En cuanto la mujer permita que entre en juego este fenómeno magnético, es cuando verdaderamente empezará a disfrutar del sexo; a veces, por primera vez. Pero no con el sentimiento de que tiene que cumplir con un deber y que, como tal, tiene que aceptarlo y soportarlo, sino más bien con una alegría que la hace florecer en un danzante ser sexual. Desde el momento en que a los senos se les da relevancia en el marco sexual, los orgasmos se producirán con más facilidad. Si se hace intervenir a los senos con prodigalidad en las relaciones sexuales, quedará garantizada toda una serie de diferentes y deliciosos orgasmos. Naturalmente, en esto tiene también su parte el hombre —la forma que tenga de acariciar los senos, por ejemplo—, pero solo hasta un cierto punto. En su consideración más profunda, se trata del interés de la mujer en ella misma como una expresión de lo femenino.

Se te anima, pues, a que comiences a sentir y a notar tus senos desde dentro. No te pares a pensar cómo se ven desde fuera, concentra tu atención en los propios senos. *Es mejor mantener la atención en ambos senos a la vez.* Evita centrarte durante mucho tiempo en un solo seno. Extiende tu estado de conciencia sobre ambos y siéntelos, ámalos y acéptalos tal como son. Los pensamientos negativos te separan de sus cualidades femeninas. Cuando dirijas tu atención hacia los senos, no lo hagas con vehemencia, sino más bien con aplomo y relajación; con la sensación de que te estás derritiendo en tus senos, fundiéndote con ellos, formando unidad con ellos. Dales un masaje, sujétalos y siéntelos desde dentro a cualquier hora del día: cuando trabajes en el ordenador, estés cocinando, arregles el jardín o hagas cualquier otra cosa. Siempre que recuerdes, procura sentir tus senos *desde dentro*, pero especialmente cuando estés haciendo el amor. Tendrás que recordar esto una y otra vez, ya que tu atención tiene la tendencia a desviarse hacia otras cosas. Los senos son la puerta de entrada de la mujer y necesitan, por tanto, atraer sobre ellos toda la atención que puedan, tanto fuera como dentro de la cama.

Aun cuando la mayoría de las mujeres se dan cuenta de que los senos están relacionados con el placer sexual, muy pocas captan de verdad lo esenciales que son y lo íntimamente ligados que están con el desarrollo óptimo del acto sexual y del orgasmo. Tal como se ha dicho antes, los nuevos conocimientos sobre los senos colocan a la mujer en una mejor posición para orquestar los acontecimientos en su provecho, para hacer que las cosas fluyan de acuerdo con su naturaleza femenina. Un sorprendente número de mujeres me dicen que ellas siempre han sabido, intuitivamente, que no había que forzar el orgasmo, así como la participación que tenían los senos en el mismo. Debido a las exigencias del sexo convencional, estas mujeres desoyeron sus voces íntimas y no confiaron ni en ellas mismas ni en sus cuerpos. He visto delante de mí cómo los ojos de algunas de ellas se inundaban de lágrimas al percatarse de esta terrible realidad: que a lo largo de veinte o treinta años han estado actuando en abierta oposición a su propia esencia. Lamentan la pérdida de tanto tiempo, las oportunidades desperdiciadas, los malentendidos y, por supuesto, la infelicidad que todo esto trajo consigo.

Por fortuna, en lo que atañe al cuerpo, *nunca es demasiado tarde* para cambiar nuestro modo de ver y hacer las cosas. El cuerpo acoge gozoso todo el respeto que se le da, y en agradecimiento reacciona de las formas más bonitas e inesperadas. El cuerpo es sensitivo por naturaleza (a pesar de la manera tan dura e inconsiderada con el que lo tratamos) y es impresionable en extremo a las muestras de *conciencia*. Por muestras de conciencia entendemos toda acción encaminada a sentir el cuerpo desde dentro; a meternos en su interior y sentirnos a nosotros mismos en un plano celular.

Algunas mujeres dicen que les es muy fácil notar las energías y las sensaciones que se producen en la zona del corazón, pero no las de los senos; y, ante esto, se preguntan si es conveniente ir directamente al corazón. Aun cuando el centro corazón es fácilmente asequible, yo, sin embargo, les recomiendo que sintonicen con sus senos y que poco a poco despierten la energía vital de estos. No hacer caso de los senos e ir directamente al corazón podría ser la estrategia más fácil, pero sería un rechazo de la esencial naturaleza femenina. Los senos dan acceso a unas energías delicadas y exquisitas, y envuelve a la mujer con la fragancia de la feminidad. El centro corazón se activa a través de los pechos. En cierto sentido, la mujer no tiene por qué preocuparse directamente del centro corazón. El corazón se abre cuando los pechos cobran vida, y por medio de esta expansión de energía la mujer se hace cada vez más amorosa, femenina, agraciada y elegante.

Cuando por primera vez comiences a sentir los senos de una manera diferente, es posible que te sientas triste o que algunas lágrimas aparezcan en tus ojos. Esto no es en modo alguno inusual; al contrario, es una buena señal. De hecho, es una indicación de que tu polo positivo está comenzando a desprenderse y a liberarse de antiguos sentimientos no expresados producidos por traumas anímicos y que, energéticamente, se han ido acumulando alrededor del centro corazón. Si la mujer empieza a incrementar la energía positiva de sus senos, se liberan las tensiones, y el cuerpo, a través de su intrínseca capacidad de sanación, se purifica automáticamente. Dentro de este marco purificador, la pena y las lágrimas tienen que ser bien acogidas, no rehuidas. Si les das rienda suelta, pueden dar lugar a una profunda sanación de antiguos conflictos no resueltos. Con cada capa de tensión que se desprenda de los senos y del corazón, se producirá un manifiesto incremento en la sensibilidad y receptividad de los pechos. Algunas mujeres alegan sentir algo parecido a como si tuviesen una chapa de metal cruzada en el corazón. Desde el punto de vista energético, tal escudo existe, pero desaparece enseguida cuando el entorno es favorable. Las pasadas tensiones pueden presentarse en cualquier momento buscando su liberación —antes, durante o después del acto sexual—, así que mantente abierta a ti misma el mayor tiempo posible.

Los pezones, elementos estremadamente vivos y sensibles, son los dos puntos prominentes del polo positivo. Los pezones tienen la propiedad de emitir e irradiar energía, lo que los equipara con la cabeza del pene masculino. Cuando estés sintiendo en conjunto el interior de tus senos, procura siempre que los pezones sean el centro de tu atención. En lo que a tu consciencia se refiere, deben estar en primer plano. Son deliciosa y extraordinariamente sensitivos, por lo que hay que tratarlos con amor y respeto.

Los pezones, como si de botones se trataran, pueden retorcerse y aplastarse con una cierta rudeza. Esto puede producir una alta excitación en la mujer, sobre todo cuando es joven. Cuando las mujeres ganan en años (y cuento con el testimonio de muchas de ellas), es corriente que rechacen cualquier tipo de toque en sus senos, particularmente en los pezones. Esos mismos senos y pezones, que antaño estaban vivos y esplendorosamente receptivos, que les encantaban ser tocados y acariciados, están ahora, con el paso del tiempo, hipersensibles y sobrecargados, o apagados. Una cierta forma de repulsión toma arraigo, y ello porque no se les da a los senos el lugar que les corresponde en la tarea de despertar la energía sexual femenina. Con el tiempo, la reacción instintiva de la mujer es darse la vuelta cuando las manos del hombre llegan a las proximidades de los senos.

El tocamiento de los senos

Hasta cierto punto, es natural que la creación de nuevas experiencias requiera el concurso del hombre; así que anima a tu hombre a que toque tus pechos de la manera que a ti te agrada. Enséñale cómo tratar a tus senos con amor y respeto. Debido a reacciones o rechazos anteriores, bien por tu parte o por parte de otra mujer, algunos hombres lo piensan dos veces antes de tocar los senos. Esto hace que realmente sea necesario enseñarle con exactitud, tal como se indica en el ejercicio de pareja al final de este capítulo, *cómo* debe tocarte los senos de la manera que *a ti te gusta* que te los toquen. Paso éste, bonito e íntimo, que tienes que dar para asumir la responsabilidad de tu propia expresión sexual. Muéstrale a tu hombre cómo debe tocar o chupar tus pezones, y cómo debe acariciar tus senos, bien por separados o a la vez. El hombre no siempre puede disponer de ambas manos cuando hace el amor; por consiguiente, si ves que solo te puede tocar un seno cada vez, tócate tú misma el otro para darte una sensación de equilibrio.

Procura siempre que tu hombre te toque de forma que *provoque la expansión de tu energía corporal*. Esta sensación te servirá de guía para evaluar la naturaleza del toque; busca una expansión de la energía más que excitamiento o estimulación. Evita todo tipo de choque que dé lugar a la contracción, a la retirada o al cierre de tu energía corporal. Los toques acariciadores, y tan suaves como una pluma, tienen la virtud de producir sensaciones chispeantes, mientras que un toque impetuoso puede disminuir y apagar las agradables sensaciones que estamos experimentando.

Mientras haces el amor, tócate los senos lo más posible; hazlo siempre que lo creas conveniente o cuando desees acrecentar la conexión con tu experiencia interna. Acaríciate los senos de la manera más simple y de la forma que más te haga disfrutar. He aquí la gran ventaja de tocarte *tú* misma: que puedes hacerlo de la forma que a *ti* te gusta; algo que produce un cierto relajamiento.

Abarcar los senos con las manos ahuecadas es una forma simple y cariñosa de tocarlos. Puedes también cruzar los brazos y abarcar cada seno con la mano opuesta (el seno derecho con la mano izquierda y el seno izquierdo con la mano derecha). Mantén las manos y los dedos relajados y abiertos, y adáptalos a la forma del seno. No fuerces su posición natural y evita aplastarlos demasiado. La palma de tu mano toca indefectiblemente el pezón, lo cual es buena cosa porque intensifica el sentir del mismo. Acariciar suavemente los pechos es algo muy agradable. Especialmente erógenos son los laterales de los senos, por lo que es recomendable acariciar la zona que se extiende desde las axilas y los costados de la caja toráxica hasta los pezones. Hacer vibrar ligeramente tus senos con las manos ahuecadas, también funciona de maravilla. Siempre que lo desees, acaricia o aprieta suavemente los pezones, ¡pero solo lo suficiente para que se produzcan buenas sensaciones! Un poco de saliva aumenta la sensibilidad de los pezones. Si te tocas repetidas veces y de un modo adecuado, notarás que tus senos y tu corazón se despiertan, que se llenan de energía, que crean una agradable respuesta en la vagina.

El hecho de tocarse una misma tiene otra ventaja completamente ajena a las sensaciones. Cuando nos toca otra persona, es fácil que el temor a que el toque pueda ser desconsiderado o doloroso nos ponga inconscientemente en guardia. Se trata de un acto reflejo producido por recuerdos de haber sufrido con anterioridad toques de esta clase. Este temor, esta tensión, esta crispación, bloquea la capacidad de recibir las placenteras sensaciones de la mano acariciadora, de absorber el calor, la energía y el amor. Si se toca una misma, no existe la posibilidad de que ocurra esta repulsa.

Quizá sientas un poco de vergüenza o reparo tocarte delante de tu amante. No lo lamentes; los senos han sido hasta el momento de la competencia del hombre y ya es hora de que haya un cambio. Con toda seguridad, los resultados te dirán que valió la pena correr el riesgo. Ármate de valor y comienza a expresarte de un modo diferente. *Arriésgate cada vez que hagas el amor y serás recompensada con amor.* Cada acto sexual es una oportunidad para experimentar e investigar, para poner a prueba cosas y ver hasta dónde te lleva tu curiosidad. Lo mejor es *no* dejar para *otra ocasión* lo de ser aventurera. Si lo vas aplazando indefinidamente, pronto te darás cuenta que los días se han convertido en años. Si quieres salir —cosa que es posible— de una rutina sexual, como la de hoy en día claramente orientada al hombre, no te queda otro remedio que correr riesgos. No te sientas intimidada por el hombre, por lo que él piense o por lo que a él le guste. La mujer ha estado demasiado tiempo complaciendo al hombre en asuntos de sexo y dejando a un lado su expresión femenina. Ya va siendo hora de que, en materia de sexo, la mujer mire al hombre de igual a igual, y que comience a complacer su cuerpo y a cooperar con los mecanismos internos de éste. Feliz debe ser el hombre cuya vida se vea alegrada por el espíritu aventurero de su mujer.

Los senos y el excitamiento

Una cierta clase de caricias o estimulación de los senos por parte del hombre, podría producir un repentino aumento de excitamiento o un deseo de tener un orgasmo de pico. Quizá sientas esto como una ineludible necesidad, como un irresistible impulso que te obliga a doblegarte al deseo y a satisfacerlo por encima de todo. Los toques que provoquen este efecto deberían evitarse o, como mínimo, modificarse un poco; una forma sería dispensarlos con más suavidad o con menos empeño. Unos tocamientos relajados, agradables y cariñosos suscitarán en la mujer una profunda respuesta magnética y no la sumirán en un estado que desee con ardor el excitamiento y el orgasmo convencional.

En muchas ocasiones, un apretón, un chupetón o una fuerte estimulación de los pezones puede tener un intenso efecto afrodisíaco. Aunque también puede producir un efecto diametralmente opuesto; esto es, enfriar a la mujer hasta el punto de que no le apetezca seguir adelante con el acto sexual. Como reaccione la mujer dependerá de su propia naturaleza, de su edad y de la forma que haya sido tratada en el pasado por los hombres. Toda experiencia desagradable deja una huella celular; una memoria en las células del cuerpo que crea una sutil barrera o capa protectora.

(Volveremos a ocuparnos de esto en el capítulo 6, cuando hablemos de la vagina). Algo que funciona a las mil maravillas es la conjunción consciente de la mano del hombre con los senos sin aplastarlos ni apretarlos; es decir, no haciendo nada especial que no sea sentirlos, aquilatar su energía y amarlos. Evita la estimulación excesiva de los pezones, sobre todo en los prolegómenos del acto sexual. *Lo apropiado es tocar y apretar los pezones con más firmeza cuando el excitamiento sea completo y el acto sexual esté bastante avanzado.* Cuando la energía fluye libremente, la presión de los pezones da pie a que ocurran cosas deliciosas.

Una patente y rotunda evidencia de lo crucial que son los senos es que la estimulación cariñosa de los mismos facilita e incrementa la lubricación de la vagina. A casi todas las mujeres les pasa esto. A través del vínculo magnético y del desbordamiento de energía, las glándulas lubricadoras de la vagina responden con una abundante segregación. De hecho, hay mucha más lubricación cuando los senos son tocados con ternura, que cuando la vagina o el clítoris son tocados directamente en el juego preliminar que precede a la penetración.

Hay mujeres a las que se les ha extirpado un seno por razones médicas, que alegan que el polo positivo continúa activo *aun a falta de un seno*. Llegado el momento, sobre la vagina se derrama y se extiende la misma cantidad de sustancia lubricante. Esta notable reacción da fe de la integridad del cuerpo. El seno es algo más que una concreción de carne mórbida, contiene también una dimensión energética que permanece activa incluso cuando está físicamente ausente.

Una mujer con un seno extirpado nos narra su experiencia: «Cuando toco mi seno derecho, dándole unas rápidas y delicadas palmaditas, mi vagina reacciona; esto es, palpita y vibra. Al mismo tiempo, una maravillosa y placentera corriente de energía sexual —en forma de onda y que va desde la matriz hasta la vulva y el clítoris— fluye a través de mi vagina. Incluso puedo sentir mi pezón y sus conexiones con la vagina. Pero la realidad es otra: en ese lado derecho no hay seno alguno, solo hay una cicatriz de treinta centímetros de largo.

»¡Soy feliz! Es todo tan bonito. Con un toque consciente y cariñoso, y sosteniendo mi seno derecho "en el aire" como si estuviese allí, los resultados son fantásticos. Hay veces en que las sensaciones y las repercusiones vaginales son más fuertes que si me toco el seno izquierdo. No deja de ser bastante interesante que esto, mayormente, me ocurra cuando el sexo se lleva a cabo con sentimiento y fervor. En cambio, con el "sexo salvaje" me pasa lo siguiente: el toque de mi cicatriz sigue siendo estimulante y a menudo repercute en mi clítoris, pero definitivamente el estímulo es mucho menor que el del seno izquierdo. Mi compañero es muy sensitivo, incluso siente la vibración del pezón del seno extirpado. El toque energético me produce una profunda apertura vaginal y crea en mi corazón el deseo de unas intensas caricias.

»Desde que ampliamos nuestros conocimientos en el campo de la sexualidad, nuestro común comportamiento erótico se ha decantado claramente hacia el corazón, lo cual está creando en nuestras relaciones un ambiente divino, amoroso y de mutuo apoyo. En cierta ocasión, después de una profunda unión de nuestros corazones, mi amante me dijo: "Al principio estaba bastante afectado. Me desconcertaba la circunstancia de que tuvieses solo un seno, sobre todo porque me atraían los pechos grandes. Pero ahora que el corazón está presente y podemos sentirlo entre nosotros, todo marcha perfectamente." A veces me entran muchas dudas, y pienso: "Esto no puede ser posible, ¡si solo es una cicatriz! Estás loca, ¡son imaginaciones tuyas!" Y luego observo que al aparecer los pensamientos negativos, desaparecen de golpe las sensaciones placenteras. Así que me esfuerzo por sentir en el interior de mi cuerpo, dentro de mi vagina; y desde el momento en que acepto mi situación y mi amante me toca *ambos* pechos con un poco más de rapidez, de nuevo siento una fuerte palpitación en la vagina. ¡Y ahí están!, ¡ahí están de nuevo mis dos senos! Una vez, estando tendida al sol, desnuda, después de una profunda penetración por parte de mi amante, pude sentir perfectamente mi seno derecho cuando me lo toqué energéticamente; cuando me lo toqué "en el aire", por así decirlo. Como soy escéptica, inmediatamente empecé a imaginarme que era acariciada. Entonces también pude sentir algo, pero la sensación fue mucho menor en comparación con el tocamiento energético hecho por una mano consciente y amorosa.

»Me diagnosticaron cáncer de mama en 1993. Mi vida había estado regida por el temor y el abuso, por muchos años de consumo de drogas, por un corazón hermético y duro, y por el deseo de morir. Por medio del estado de conciencia, y con la ayuda de incontables talleres, meditaciones y grupos terapéuticos, mi vida se ha transformado en un disfrute consciente, en un profundo amor por el universo, por la existencia; y todo esto con pinceladas de jolgorio y alegría infantiles. Mi deseo de unión, de un amor verdadero, y de una paz interior confiada, abierta y fluida, se han hecho realidad».

Interferencia deliberada con los senos

Está muy de moda que las mujeres se modifiquen el perfil natural de sus senos; tanto es así, que en muchos países se considera normal tener los pechos operados, y es rara la mujer que no se los haya agrandados. A medida que el taladrado del cuerpo *(piercing)* gana popularidad en todo el mundo, se ven mujeres que se perforan los pezones y los labios, tanto de la boca como de la vulva. Parece ser que a medida que aumenta de generación en generación la confusión sexual, estas ornamentaciones corporales son adoptadas por gente cada vez más joven.

Habida cuenta del papel crucial que tienen los senos en la circulación de la energía sexual femenina, la cirugía estética de los pechos ha levantado una cierta polémica. Afortunadamente, según informaciones de experiencias personales que nos han llegado, está claro que las operaciones no destruyen en esencia la energía intrínseca de los pechos. Es verdad también que el deseo de la mujer de estar orgullosa de sus senos, muy bien pudiera ser un reflejo de su intuición de que sus pechos tienen un papel dinámico y creativo en el juego sexual, y, por consiguiente, en su vida. La buena disposición de la mujer a enseñar sus pechos al hombre es la consecuencia natural; así, los medios de comunicación y el mundo de la moda exponen profusamente pechos femeninos de todas clases y tamaños. Incluso se podría decir que es una buena cosa que, a través de esos medios publicitarios e informativos, los hombres tengan más oportunidades de apreciar los senos en su justo valor. La disposición de la mujer a mostrar su radiante polo positivo no deja de ser loable, pero lamentablemente la proyección no es la correcta. Con esto, lo que hace es proyectarse hacia fuera, hacia el hombre, y no hacia dentro, hacia ella misma. La cirugía de aumento de pecho hace que la mujer se fije exclusivamente en el *aspecto exterior* de su cuerpo, en su apariencia externa, y no en cómo ella se siente interiormente. Si esto pasa, no es entonces fácil darse la vuelta para mirarse dentro de una misma y tener acceso a las sensaciones internas de los tejidos de un palpitante seno.

Algunas mujeres se reducen los senos porque son tan grandes que constituyen una incómoda carga, tanto desde el punto de vista físico como del psicológico. En estas circunstancias, a la reducción de los pechos se le puede dar el carácter de una intervención médica que puede reportar beneficios psicológicos. También se puede argüir que el aumento del tamaño de los senos le da desenvoltura a la mujer, así como más confianza en sí misma y en sus poderes de atracción; en otras palabras, que beneficia a la mujer como tal. El relleno que se añade a los senos puede darle algo que ella desea: atraer la atención del hombre; sin embargo, en un ámbito más íntimo, puede deberse a que inconscientemente comienza a proteger sus pechos porque se los siente delicados. Esto quizá dé lugar a que ya no esté tan dispuesta a dejar que el hombre se los toque. Algunos hombres me han comentado que se dieron cuenta de esto y que, dadas las circunstancias, procuraban no tocar los senos de su compañera. Los pechos operados pueden llegar a ser incómodos, pues las cicatrices son sensibles y algunas nunca se cierran como es debido. Se sabe que, en viajes aéreos, algunas prótesis mamarias han explosionado en pleno vuelo. Todos estos trastornos pueden fácilmente afectar a la expansión de la energía desde el polo positivo.

La mujer podría llegar a cuestionarse si el hecho de encandilar sexualmente al hombre con unos senos perfectos, le reportaría a la larga algún bien a su potencial orgásmico. Cuando la mujer siente admiración por sus propios senos y hace que el hombre sienta lo mismo, los senos responden a la atención positiva. Muchas mujeres alegan que notaron un incremento en el tamaño de sus pechos después de que comenzaran a hacer el amor de acuerdo con las polaridades masculina y femenina; esto es, llevando a los pechos a su debida alineación magnética. Toda operación innecesaria de los senos es una molestia que interfiere en el delicado sistema magnético que la naturaleza le ha dado a la mujer.

Una joven y muy bella mujer que conocí en uno de mis talleres, me dijo que se había agrandado los senos dos años antes, añadiendo estos comentarios: «Tú sabes que era una de esas cosas que creía que tenía que hacer; pero una vez que la hice, me di cuenta de que no debí hacerla». Estuvo pensando en operarse de nuevo para volver a su situación primitiva; pero, después de informarse acerca de la importancia del polo positivo, decidió que, de momento, aceptaría sus pechos tal como estaban para no interferir una segunda vez. Le agradó mucho, y se tranquilizó bastante, cuando comenzó a hacer el amor según los principios tántricos y comprobó que aumentaba el flujo desde sus senos a la vagina.

INSPIRACIÓN TÁNTRICA

Esto de concentrarse en los senos, fundiéndose con ellos, dará una nueva sensación a la mujer meditadora, una nueva sensación sobre su propio cuerpo; porque ahora, desde el centro, ella puede sentir todo su cuerpo vibrando. Solo con acariciar amorosamente los pechos de una mujer, ésta puede llegar a sentir un intenso orgasmo, puesto que el polo negativo seguirá respondiendo de forma automática.

Si comienzas por los pechos y meditas sobre los pezones, no sigas la ruta que hayas leído en los libros, porque esa es la pensada para los hombres. Sencillamente, no sigas ningún esquema, deja que la energía se mueva por sí sola. Sucederá de este modo: primero, tendrás solo una vaga sensación de que tus senos se están llenando de energía, que están irradiando energía, que se están calentando; luego, de que tu vagina está respondiendo inmediatamente. Y solo después de que tu vagina responda y vibre, comenzará a funcionar el *kundalini* para ti, para las mujeres. Y la ruta será diferente y también será diferente la forma en que surja el *kundalini*. En el hombre surge muy activamente, con energía. Es por esto por lo que lo llaman la serpiente emergente. Muy enérgicamente, repentinamente, de un tirón, la serpiente se desenrosca. Y se siente en muchos puntos. Estos puntos se llaman chakras. Dondequiera que encuentra resistencia, la serpiente se abre paso por sí misma. Es exactamente igual que el pene penetrando en la vagina; el pasillo es similar para el hombre. Cuando la energía emerge, es como si el pene se estuviese moviendo dentro.

Esta no será la sensación de la mujer. La sensación será totalmente la contraria. Cuando la mujer siente que el pene ha penetrado en la vagina, la sensación será de fusión, de recepción, de la vagina cediendo, vibrando muy, muy delicadamente de forma muy receptiva, amando, recibiendo [...]; lo mismo será el fenómeno en el interior. Cuando la energía emerja, será una emersión receptiva, pasiva, como si se estuviese abriendo un pasillo; no será una serpiente emergiendo, sino una puerta abriéndose, y un pasillo abriéndose, y algo cediendo. Será pasiva y negativa. Con los hombres algo entra; con las mujeres algo se abre, no entra. Todo será justo lo contrario. Debe ser así. No puede ser idéntico. La cosa esencial será la misma.

OSHO,
El libro de los secretos,
Gaia Ediciones

PREPARACIÓN
PARA EL ESTADO DE CONCIENCIA Y SENSIBILIDAD
AUTOMASAJE DE LOS SENOS

Los masajes regulares de los senos son idóneos para reforzar los sentimientos de fuerza vital (también llamados *chi, energía* o *prana*) que están presentes en ellos. Notarás que se hacen más sensitivos y receptivos. Comprobarás que, cada vez que se pone tu estado de conciencia en tus senos, te es más fácil obtener un sentimiento desde el interior de ellos. El automasaje también contribuye a que conozcas tus propios senos, a aceptarlos y a amarlos. Si te parece bien, utiliza loción corporal o aceite de masaje. El masaje hay que darlo siempre hacia arriba o con movimientos circulares: el pecho derecho en sentido de las agujas del reloj y el izquierdo en sentido contrario. Levanta el tejido del seno hacia arriba todo lo que puedas, e incluye el pecho y el cuello.

Este ejercicio es también un modo natural de controlar cualquier cambio que ocurra en el tejido de los pechos. Si observas algo anómalo que te produzca dolor o picazón, algo que no puedas achacar al comienzo de la menstruación o que no desaparezca al poco tiempo, consulta enseguida a un doctor. No tiene por qué ser motivo de gran alarma, pero lo mejor es que en cuanto detectes la anomalía la valore un profesional de la medicina.

Además de a los pechos, también sería bueno que le dieses un masaje más intenso al tórax. Valiéndote de tu dedo pulgar, o los dos primeros dedos juntos, aplica pequeños movimientos circulares con la suficiente fuerza para que, a través de la piel, llegue a los huesos. Comienza por el esternón, desplazando los dedos hacia arriba y hacia abajo dos o tres veces. En la parte central del esternón, a la altura de los pezones de unos senos erguidos, se encuentra el «centro del amor»: un importante punto energético que se asienta sobre la glándula timo. Si se aplica masaje a este centro, se estimula el sistema inmunológico, siendo asimismo una puerta de entrada al corazón. A cada lado del esternón, se aprecian una serie de huecos entre las costillas, que reciben el nombre de espacios intercostales. Pues bien, si se le da masaje a estos puntos, se estimula el crecimiento de los senos y también se relajan las tensiones físicas y emocionales. Para el masaje de los espacios intercostales se utilizarán los dedos y la técnica de movimientos circulares anteriormente descrita. Sería bueno hacer extensivo el masaje a las propias costillas; para esto, el movimiento circular se aplicaría sobre los huesos y entre ellos; puedes trazar el recorrido de las costillas deslizando tus dedos por detrás de los senos hasta la zona de las axilas. También puedes alcanzar ciertas partes de las costillas colocando cuatro de tus dedos debajo y detrás del músculo pectoral (el músculo que forma el frente de la axila y que se extiende por el pecho). Esta secuencia de masajes puedes utilizarla únicamente como tal, como juego preliminar antes de hacer el amor, o como preludio de la meditación tántrica sobre senos que se explica a continuación.

EJERCICIO DE ACCIÓN MUTUA DE LA PAREJA
MASAJE DE SENOS Y PENE

Con este ejercicio, y tras una comunicación mutua sobre qué es lo que hace retozar a vuestros respectivos cuerpos, podéis mostraros y enseñaros cómo os gustaría que os tocasen. Procurad tocaros con ardor y amor; evitad cualquier tipo de caricias que sean intencionadamente excitantes y que, por tanto, produzcan otros efectos. En principio, lo que se pretende es que la energía corporal se expanda y fluya, no que las caricias hagan que el cuerpo entre en un estado de excitamiento. Reserva unos cuarenta minutos, o más, para este masaje mutuo; el tiempo estará en función de si queréis, o no después hacer el amor, si bien es muy probable que suceda lo primero.

Viértete en las manos varias gotas de aceite sin perfumar (aceite de almendra o de oliva, por ejemplo) y comienza a tocarte y a darte masaje en tus propios senos, mostrándole así a tu compañero cuál es la presión que les gusta y cuál es la que no les gusta tanto. Enséñale cómo prefieres que te toque los pezones, o acaso que no te los toque por preferir que solamente te los sostenga con la palma de la mano. Mantén esta sesión demostrativa durante unos minutos, dándole explicaciones a la par que la desarrollas; a continuación, vierte unas cuantas gotas en las manos de tu hombre para que sea él el que siga dándote el masaje de la forma que más te agrade.

Túmbate, o siéntate, y absorbe durante quince o veinte minutos las caricias que están dispensando a tus senos. En general, cuanto más ligero sea el tocamiento, mayor es la calidad sensitiva; las caricias de pluma hacen maravillas. Terminada esta fase, tu hombre, a su vez, debe enseñarte cómo tienes que tocarle el pene y los testículos, así como permitirte que te hagas cargo de su masaje.

La finalidad de este intercambio de caricias es avivar sentimientos de vida y de estados de conciencia, y no la de alcanzar estados de claro excitamiento en los que nos vemos desbordados por el deseo. Si lo estimáis apropiado, después de que la mujer esté entre quince y treinta minutos acariciando el pene con sus manos, podéis continuar con una penetración muy lenta. A partir de aquí, todos los movimientos que sigan deben caracterizarse por su parsimonia y morosidad

MEDITACIÓN TÁNTRICA
MEDITACIÓN SOBRE LOS SENOS

Después de reservar veinte minutos para este ejercicio, tiéndete sola y adopta la postura ideal para meditar que se recomienda en el capítulo 1. La meditación sobre los senos se puede realizar todos los días, ya que es un buen instrumento para darle vida a tus pechos y para facilitar la apertura de tu polo positivo. Si tienes un amante, puedes utilizarlo como parte del juego preliminar o preparación para hacer el amor; y puedes llevarla a cabo bien por ti misma, o bien con tu compañero tendido en la cama, a tu lado.

Si lo deseas, envuelve cada uno de tus pechos con una de tus manos ligeramente ahuecadas. Por el hecho de tocarlos, aumentarán las sensaciones dentro de los senos y será también más fácil llevar a ellos el estado de conciencia. Si en cualquier momento se te cansan los codos, cambia la posición de tus manos; puedes colocarlas sobre las ingles o bien estirar los brazos a ambos lados de tu cuerpo. Cierra los ojos y lleva el estado de conciencia dentro de tu cuerpo; procura sentir tus senos y, en particular, tus pezones. «Toma conciencia de cómo las sublimes cualidades de la creatividad se extienden por tus senos y asumen delicadas configuraciones»[2]. Introdúcete en tus senos; déjalos que se conviertan en todo tu ser. Fúndete con ellos, fusiónate con ellos. Todo el cuerpo tiene que estar ahora subordinado a tus senos; el cuerpo queda relegado a un segundo plano a medida que colocas a tus pechos en primer plano. Tu vigor interno está puesto en los senos; relájate totalmente en ellos, muévete dentro de ellos. Realiza esto durante veinte minutos y, a continuación, descansa unos minutos. La verdadera creatividad femenina hace acto de presencia cuando los pechos se hacen activos.

6

La vagina es secundaria con respecto a los senos

LA VAGINA REPRESENTA un papel secundario en el orgasmo de la mujer; ahora bien, este papel secundario es con respecto a los senos, no con respecto al clítoris (tema éste que trataremos en el próximo capítulo). Los pechos forman el polo positivo del cuerpo de la mujer y la vagina el polo negativo. La energía procedente de los pechos inunda y enciende internamente a la vagina, lo cual suscita un rotundo *sí* para la penetración del hombre. Para éste, los senos suponen un rodeo en su camino hacia la vagina; un viaje previo por el sistema de energía femenino antes de abordar la puerta física de entrada. En vez de una penetración forzada o rápida sin llamar lo suficiente a la puerta, el hombre hace un alto en el umbral en espera de una invitación más perentoria por parte de la mujer, la cual se produce a través de sus senos. Cuando la vagina de la mujer vibra como respuesta magnética a las caricias de sus senos, se da cuenta enseguida de que está dispuesta para el coito; sabe sin el menor atisbo de duda que está sexualmente preparada. Se produce un involuntario acercamiento hacia el hombre, una aparente atracción magnética hacia su cuerpo, un anhelo de intimidad, de penetración, un profundo deseo de unión. Esta actitud no es una decisión de la mente o una sumisión a los caprichos o deseos de alguien. Es un suceso energético completamente espontáneo: un «sí» absoluto al hombre que parte de las profundidades. Para el hombre, la diferencia es electrizante e inmediatamente perceptible. Esta acogedora, sentida y decidida respuesta eleva el sexo a una dimensión más alta; y es en esta dimensión donde se convierte en una celebración electromagnética que te deja radiante y satisfecha de amor.

La energía fluye del hombre a la mujer

Además de ser acogedora, suave, serena y sensitiva, la vagina presenta como propiedades intrínsecas la pasividad y la receptividad. La vagina no es un órgano externo como el pene, es una inversión; un canal que proporciona corriente al cuerpo, un hueco delicado y muscular. No está diseñada para entrar en acción directa, sino para ejercer influencia sobre el pene mediante la calidad de la energía existente en sus tejidos.

La correspondencia física del pene para su adaptación a la vagina no es accidental. Su forma anatómica es así *porque la energía fluye del hombre a la mujer*, nunca en sentido contrario*. La dirección que toma la corriente es, pues, del pene a la vagina, o sea, del signo positivo al negativo. Mediante el equilibrio de la polaridad se abre una puerta; hueco que aprovecha la energía para fluir hacia arriba a través de nuestros canales energéticos internos.

Por consiguiente, el pene hay que considerarlo un conducto tanto para la energía vital como para el semen. De igual modo, la energía actúa de receptáculo de esta fuerza vital y también del semen, tan necesario para la reproducción. La mujer, como fuerza receptiva femenina, posee la capacidad de arrastrar la energía masculina hacia arriba a través de su vagina; es como si la elevara a una frecuencia más alta. La vagina se funde alrededor del pene y bebe la energía que irradia de él. Cuando en la penetración se unen el pene y la vagina, forman una unidad completa, una fuerza dinámica y una fuerza pasiva, un circuito electromagnético vivo.

No obstante esto, las mujeres manifiestan que la vagina raras veces participa en los episodios en que sienten un verdadero placer sexual. La sola presencia del pene es casi siempre insuficiente para crear cualquier tipo de experiencia sublimada. Muy pocas mujeres dan noticias de un

---

* En estados muy avanzados del amor tántrico en los que se alcanza un alto grado de equilibrio entre los polos masculino y femenino, la energía puede mantenerse yendo y viniendo entre los dos polos de tal forma, que la mujer alternará entre fases activas y pasivas de expresión sexual, mientras que el hombre lo hará en las correspondientes fases opuestas, esto es, pasivas y activas. *(N. de la A)*.

tipo de orgasmo vaginal en el que la vagina alcance un grado extraordinariamente elevado de sensibilidad, en el que el pene produzca una experiencia de placer que sea infinitamente prolongada, totalmente extática. La vagina necesita que se la incorpore al juego sexual; así hará la función que le corresponde en el acceso al placer y en el florecimiento de los estados orgásmicos. Por así decirlo, hasta que no ocurre la penetración, el hombre va de un lado para otro como media unidad, como medio circuito; y la mujer, por su parte, forma la otra mitad de ese mismo circuito. Ya va siendo hora de que empecemos a preguntarnos de qué manera pueden estas dos mitades encontrarse para que le saquen el máximo partido al circuito incorporado de energía.

Es aquí, en el campo de la interacción genital, donde quizá exista la mayor confusión en materia de sexo. ¿De qué forma se relacionaría mejor la vagina con el pene? ¿Cómo deberían comportarse ambos cuando se juntan? ¿Qué es lo que les apetecería, si no ponemos en ellos nuestras expectativas personales? Normalmente, ni siquiera se nos pasa por la imaginación plantearnos este tipo de preguntas, y ello porque nuestro pasado sexual nos ha demostrado que todo el sexo consiste en los movimientos hacia delante y hacia atrás del pene en la vagina. Creemos que sin estas acciones de frotación entre ellos, el sexo no es factible; y así las cosas, cuesta trabajo imaginarse que puedan realmente existir otros placeres.

Lo cierto es que la vagina, como polo pasivo, debe estar perfectamente preparada para recibir el máximo impacto de energía masculina. Cuando la vagina está tanto física como energéticamente abierta, el hombre es del todo capaz de fluir *hacia dentro y a través* de la mujer, y lo hace siguiendo la dirección de la corriente de energía; esto es, del polo positivo al negativo.

Las consecuencias vaginales del sexo convencional

Al no disponer de otras opciones de expresión sexual, nos aferramos a un solo estilo de hacer el amor, lo cual conlleva muchas consecuencias adversas. El mayor inconveniente lo sufre la mujer, ya que, a la larga, sus tejidos vaginales resultan seriamente deteriorados, lo que da lugar a una disminución gradual de sus cualidades receptivas. En primer lugar, el hombre penetra a la mujer mucho antes de que la temperatura sexual de ésta sea lo suficientemente alta como para invitarle a entrar.

Por regla general, el hombre quiere entrar en cuanto tiene una erección, por lo que esta penetración forzada en vez de hacer a la vagina acogedora y receptiva, la hace reacia y la pone a la defensiva.

En segundo lugar, tras la entrada del hombre, se produce una serie de fricciones del pene contra las sensitivas y suaves paredes vaginales, que causan otro efecto negativo: la vagina pasa de ser un canal altamente perceptivo y receptivo, a ser un canal endurecido y protegido. Esto da lugar a que, con el tiempo, el grado de sensibilidad dentro de la propia cavidad vaginal sea cada vez menor. Cuando la vagina se endurece de esta forma, su percepción magnética de la entrada de la otra mitad del circuito —la del hombre— queda reducida de manera drástica. Prácticamente, los receptivos y absorbentes tejidos se recubren de una gruesa piel. Las tensiones existentes en la vagina, susceptibles de aflorar en cualquier instante de la excitación sexual, forman una pantalla artificial de carga positiva, casi de carácter masculino, que dificulta que la mujer absorba la energía del hombre.

En tercer lugar, los movimientos mecánicos de la pelvis propios del sexo convencional, contribuyen, aún más, a incrementar la creciente insensibilidad del interior de la vagina. El movimiento de la pelvis llevado a un extremo, podría hacer que la mujer utilizara su vagina de un modo activo y no pasivo. El movimiento convierte a la vagina en un órgano activo, hacedor y de salida. Además, el canal vaginal queda físicamente disminuido y se hace más estrecho, lo cual perturba a las sutiles energías receptivas del entorno vaginal. Utilizamos y unimos el pene y la vagina para tener una agradable frotación, porque no tenemos ni idea de cómo se comunican e intercambian energía a través de sus polaridades magnéticas. Cuando la vagina se vuelve tímida debido a las visitas forzadas, cuando el roce la endurece y el movimiento la tensa, toda su necesaria función de complemento pasivo al dinamismo del hombre se oscurece.

Es importante tener presente que a la par que la vagina pierde sensibilidad, el pene *también* se hace cada vez menos perceptivo. Con el paso de los años, el órgano masculino alcanza un alto grado de congestión, tensión y sobrecarga; o sea, se vuelve excesivamente positivo. Al igual que la vagina es incapaz de absorber, el pene se ve imposibilitado para cumplir con su misión de transmitir pura energía positiva masculina. Esta distorsión de nuestras polaridades connaturales es la causa raíz de que no tengamos experiencias sexuales profundas y convenientes. No obstante, hay algo bueno: la polaridad no se destruye; permanece oculta detrás de esta pantalla de tensión. La ruta más directa de reivindicar la feminidad (y la masculinidad) y de recobrar nuestra innata sensibilidad es desembarazarnos de los hábitos y patrones sexuales responsables de nuestro alejamiento de la polaridad.

Conserva la vagina como lugar sagrado para el pene

Si en el sexo no interviene el movimiento, la primera observación desconcertante que la mujer puede tener es la de que no siente casi nada cuando el pene está dentro de la vagina. Esto es una prueba clara de que las paredes vaginales se han endurecido no solo debido a una excesiva estimulación, sino también a una práctica agresiva y dura del sexo, así como a la introducción en la cavidad vaginal de dedos y objetos sintéticos. De aquí que sea conveniente recomendar a la mujer que respete y preserve su sensibilidad vaginal y que tenga un cuidado especial con lo que entra en su vagina y con la forma en que lo hace. Lo mejor es considerar la vagina como un lugar sagrado para el pene. Demasiadas visitas e invasiones poco cuidadosas conducen a una pérdida de sensibilidad vaginal; pérdida que se traduce en una menor capacidad para percibir los placeres y deleites vaginales.

De momento, la mayoría de las formas de estimulación directa del canal vaginal suelen incrementar el placer; pero, a la larga, se requerirá una estimulación cada vez mayor para producir los mismos efectos. Un progresivo entumecimiento se instala en el órgano a medida que éste va poco a poco formando una capa protectora y se hace cada vez menos sensible a la estimulación. Con los objetos y los dedos no existe realmente una correspondencia energética como la que hay con el pene durante la penetración. No hay duda de que la estimulación con objetos produce excitamiento y resultados placenteros, pero no tiene punto de comparación con el profundo efecto que produce un pene viviente. La mujer puede resensibilizar su vagina, pero para ello tiene que cambiar su estilo de hacer el amor y aprender a confiar en el poder de la receptividad.

Acceso a las partes más profundas de la vagina. El epicentro femenino

Quizá les interese saber a las mujeres que la zona más significativa de la vagina no es esa parte más ceñida de la entrada —la que presenta anillos musculares y la que es objeto de atención de los hombres cuando buscan estimulación—, sino aquellas otras partes que están más altas, especialmente aquellas que rodean la boca del útero. Es en estas partes donde el polo femenino es más negativo y más receptivo. Son las partes en las que es más probable que la mujer experimente sensaciones totalmente celestiales y tenga acceso a estados alterados de consciencia. Aunque le hayan extirpado el útero y el cérvix (cuello uterino), la mujer podrá experimentar estas sensaciones. Sin embargo, el pene no toca normalmente esta zona alta, porque aquí la vagina es estrecha y tensa; en parte, para protegerse de una penetración rápida y profunda. La mayoría de las mujeres, sea de forma consciente o inconsciente, mantienen la parte superior de la vagina estrechamente cerrada, ya que es doloroso *en sumo grado* si el pene, de un modo agresivo, choca contra el cuello del útero.

Para hacer que el hombre llegue hasta este punto central de la mujer —un lugar que muy bien podría considerarse como el jardín del amor—, ella debe mantener la vagina relajada. Esencial para esto es el requisito previo de un pene amoroso, así como una penetración exageradamente lenta, milímetro a milímetro, del canal vaginal. Una penetración a las profundidades de la vagina nos puede llevar fácilmente varios minutos; aun así, quizá la pareja quiera estar quieta algunos minutos más antes de que surja la necesidad de moverse de nuevo.

Esta penetración profunda hace que el epicentro del polo femenino, la zona que circunda el cérvix, coincida directamente con la cabeza del pene (glande), la cual tiene las propiedades de un imán altamente sensitivo. Si el pene no puede llegar hasta la altura del cuello uterino, hay mujeres que alegan que éste sale al encuentro de la cabeza del pene. Entre el negativo cérvix y la radiante y positiva cabeza del pene, se produce una potente interacción de naturaleza electromagnética; interacción que va acompañada de una descarga catalítica de las tensiones acumuladas en los tejidos y que son las causantes de la insensibilidad. El pene surtirá este efecto en toda la vagina, si bien más particularmente en esta región superior.

Sanación de traumas sexuales por medio de la penetración profunda

Muchas mujeres arrastran en su vida los devastadores y emotivos pesares y tensiones resultantes de una agresión sexual que sufrieron en su infancia. Por regla general, se arman de valor e intentan rehacerse para representar su papel en el juego sexual; a veces como seres profundamente dañados. Las más afortunadas dan con la terapia apropiada para tratar su pasado, para desterrar de su sistema de energía los malos sentimientos. Si bien esto supone un gran paso adelante, lo normal es que todavía quede un remanente de recuerdos alojados en el cuerpo de naturaleza celular, particularmente en la vagina, en el bajo vientre y en los ovarios. En ocasiones, estos recuerdos angustiosos hacen acto de presencia de una manera inconsciente; y es porque la mujer experimenta de nuevo las negativas vibraciones de su pasado que aún siguen activas en su interior, lo cual da lugar a crisis emocionales de infelicidad. (Véase capítulo 10, en el que se hace un análisis más detallado de las emociones).

Todos los sentimientos y antiguos recuerdos, almacenados como tensiones, pueden ser descargados por el pene; el mismo órgano que en principio hizo el daño. La inconsciencia causó el daño; la consciencia puede curarlo. El pene posee la facultad de romper y descargar poco a poco las tensiones y, por consiguiente, de devolverle a los tejidos vaginales su pasada sensibilidad y viveza. De hecho, la mayoría de las mujeres se dan cuenta de que la vagina tiene muchos lugares dolorosos que solo son discernibles y evidentes si este órgano está más relajado o si el pene actúa con amor y lentitud, ya que es en estas ocasiones cuando baja su guardia. El dolor es casi siempre un indicio de tensión; también puede ser el reflejo de un mal recuerdo o de algo que está clavado en nuestro interior. La liberación de antiguas tensiones supone una profunda sanación de la psique femenina. (En este proceso, el pene experimenta también el mismo tipo de sanación). El ejercicio de pareja que aparece al final de este capítulo proporciona detalles prácticos sobre la penetración profunda.

Una mujer comparte su experiencia: «Cuando hacíamos la penetración profunda, notaba en mi matriz una gran liberación de energía. La cosa era muy dolorosa, pero al mismo tiempo algo muy bueno. Era casi insoportable. Ahora comprendo cómo se almacena la energía en nuestro interior. Después, me sentía más ligera y notaba cómo latía mi matriz. Hoy en día, incluso noto más la tensión. Es como si notara esta tensión por primera vez; y cuanto más siento la liberación, más consciente soy de la tensión».

Una mujer comparte su experiencia: «Me refiero a la penetración profunda alrededor del cuello del útero; al principio, sentía maravillosas sensaciones y era dichosa. Me imaginaba que tenía allí un pequeño cofre con un tesoro de oro. Pero esto duró muy poco. Después, apareció una sensación física insoportable justo en el cuello del útero. Teníamos que parar muchas veces, porque no lo podía aguantar; todo el tiempo tenía una descarga eléctrica por todo el cuerpo. Se hizo todavía más insoportable cuando, más tarde, hicimos el amor esa misma noche. Tenía una gran incomodidad; estaba tensa por todas partes. Luego, empecé a tener la impresión de estar en la consulta del doctor, y conecté con el verdadero temor del dolor físico justo en el cuello uterino. Recordé las visitas al ginecólogo, en las que me hurgaba allí para tomar muestras para los análisis, y también la dolorosa inserción de un DIU. Cuando le hablé a mi amante sobre ello, el dolor se calmó. A la mañana siguiente, cuando hicimos el amor, sentí una total relajación, además de silencio, presencia y tranquilidad».

Un hombre (pareja de la mujer anterior) comparte su experiencia: «El acto de hacer el amor fue verdaderamente fuerte debido a las intensas sensaciones de mi compañera. Fíjense lo intensas que serían, que tuve que salirme varias veces. Por último, algo se liberó, y fue muy bonito notar su vagina relajada. De repente, me eché a llorar».

Una mujer comparte su experiencia: «Durante la penetración, he sentido hoy mucho dolor en mi vagina y en mi corazón. Todas las violaciones volvieron. Tuve un fuerte arrebato emocional y me fue difícil aceptar que, sin embargo, sucedió; mi vagina se siente más viva y todavía muy dolorida, y también lo está mi corazón. Ahora mismo, estoy pasando por una fase altamente emotiva. Los calambres y los dolores se alojan en mi vagina, me asaltan vivos recuerdos de diferentes abusos, abortos, esterilización. A menudo, aparecen las lágrimas, así como una profunda desconfianza; y, por primera vez, veo cómo me ha dañado el abuso sexual, cómo me ha hecho vulnerable y cómo ha abierto una brecha en mi corazón. Veo que tengo tendencia a tapar esa vulnerabilidad con bromas y videojuegos».

Una mujer comparte su experiencia: «Cuando me abro, hay una flor en mi vagina, muy adentro, como en el cuello del útero o en sus aledaños. Puedo hablar desde ahí. Es una bienvenida. Es como otro corazón en mi cuerpo. Ya había experimentado esto antes, pero nunca lo valoré».

Una mujer comparte su experiencia: «Siempre que los movimientos son excesivos para mí, digo "para", y mi compañero cesa un rato y luego empieza a moverse de nuevo. Hemos encontrado un método que nos alimenta y nos quita nuestra hambre básica, que satisface las necesidades de nuestros tejidos de intercambio energético (no de fricción), y que nos ha hecho mucho más sensitivos. De vez en cuando practicamos el sexo de fricción por el solo gusto de recordar cómo es; pues bien, en estas ocasiones terminamos ambos tan doloridos e inquietos, que tiene que pasar una semana para que volvamos a la normalidad. ¡Y todo lo que necesitamos para nuestra sanación física es poner simplemente el pene en la vagina! A propósito de esto, diré que la medicina que compré antes de nuestro primer taller para curarme unos hongos recalcitrantes, todavía sigue en el frigorífico, sin utilizar. Desde entonces, mi vagina no ha vuelto a tener hongos».

La sanación es un proceso que sucede por estratos; a veces de forma gradual y otras con mayor rapidez. No esperes resultados inmediatos, ni tampoco un éxtasis de hoy para mañana. La sanación depende en gran medida de lo dispuesta que esté la mujer para relajarse dentro de su misma naturaleza, así como para desprenderse del pasado que arrastra. Cuando afloran viejos sentimientos no es esencial conocer el origen del trauma; si lo conoces, estupendo, pero no tienes por qué rebuscar la causa que hace que manen lágrimas de tus ojos. Lo único que tienes que hacer es sumergirte en el sentimiento y expresarlo. De lo contrario, puedes extraviarte en tus propios pensamientos y perder contacto con los sentimientos que bullan en tu interior. Las mujeres también arrastran un dolor que podríamos llamar colectivo: el dolor por la especie femenina y por las tragedias de la humanidad.

Una vez borrados los viejos recuerdos y desaparecidos los dolores, tendrá que pasar algún tiempo antes de que la polaridad se restaure por completo. Las mujeres sentirán un éxtasis producido por la legítima coincidencia de la luminosa y resplandeciente cabeza fálica con el epicentro de la pasiva y absorbente vagina. En esos momentos, la mujer puede sentir una vibración en el extremo opuesto del eje de magnetismo; esto es, en el corazón y en los senos. Muchas mujeres manifiestan que cuando la energía se desplaza hacia arriba para reforzar la apertura de los senos, es algo así como si el pene realmente penetrara el corazón: el polo positivo femenino. Se trata de una experiencia que envuelve a todo el cuerpo, que se irradia a través de los brazos, las piernas y la cabeza; a veces, la sensación se extiende más allá del cuerpo, lo que da lugar a una impresión incorpórea y flotante. La experiencia de la penetración no se limita a las sensaciones localizadas en la vagina. La vagina es el punto de entrada físico del sistema de energía femenino y, como tal, es solo una parte de la experiencia global.

Los senos impulsan la vagina y expanden la energía

Cuando se enamoran por vez primera, las mujeres aseguran que alcanzan con más facilidad el orgasmo. Esto es verdad porque, en estas circunstancias, el corazón está abierto con naturalidad, mientras que el pecho y los senos están vivos y vibrantes de energía amorosa. La vagina, al otro extremo del eje magnético, comienza automáticamente a palpitar y a responder.

Pasan los años, y los amantes pierden su sensibilidad y viveza iniciales tanto individualmente como entre ellos. Poco a poco, el sexo se hace cada vez más rutinario; cada uno da la cosa por hecha con relación al otro y se olvidan mutuamente de apreciar sus respectivas buenas cualidades. Este proceso va a menudo acompañado por una disminución de energía vibratoria en el llamado centro corazón. A veces, esto se corresponde con ese clásico momento en que se dice que «se ha terminado la luna de miel»; ese momento en que, de repente, parece que algo radiante, aunque invisible, se evapora. La sensación de *estar enamorada* de un hombre queda sustituida por la sensación *de quererlo*. Esto de por sí está bien, pero la vida podría entonces llenarse de hábitos que nos distanciarían del centro corazón y de nuestra pareja. En el caso de la mujer, este distanciamiento podría también afectar a su capacidad orgásmica.

Afortunadamente, el proceso inverso es también posible. Cuando la mujer aborda el acto sexual con sus senos, en su secuencia orgánica, vibra el polo positivo femenino, generándose así estados orgásmicos. El *estar enamorada* se convierte entonces en una diaria realidad.

En resumen: existe un movimiento circular en el sistema de energía femenino que fluye primero hacia abajo y luego hacia arriba. Siguiendo la polaridad, la energía sexual se despierta inicialmente en los senos para después dirigirse a la vagina, desde la cual inicia una subida hasta llegar al corazón. En cuanto se intensifican las caricias de los senos o se tiene una mayor conciencia de ellos, se crea una corriente de energía adicional y se acentúa la experiencia, e incluso puede propiciar la erección masculina. (Para conocer la participación que tiene la mujer en la erección, véase capítulo 8). El sexo que hace caso omiso de las polaridades del cuerpo, se queda en una experiencia lineal que lleva a la frustración y a la infelicidad, y ello porque en la unión se olvida totalmente el innato potencial extático del ser humano.

INSPIRACIÓN TÁNTRICA

Así que relajaos mutuamente y olvidaos de la mente. Disfrutad de la simple presencia del otro, de la unión, y perdeos en ella. No tratéis de hacer algo fuera de ella; no hay nada que hacer. Entonces un día habrá un orgasmo de valle, no uno de pico. Solamente habrá relajamiento; pero esto tiene su propio pico, porque tiene profundidad. Algún día el cuerpo provocará por sí mismo un orgasmo de pico, pero eso también llegará; tú estarás allí.

A veces habrá uno de valle, a veces habrá uno de pico [...] y ese es el ritmo. No puedes tener uno de pico todos los días. Si solo los tienes de pico, entonces el pico no será muy alto. Tienes que ganarte el de pico yendo por el de valle. Así que es mitad y mitad. A veces habrá un orgasmo de valle. Entonces piérdete en la oscuridad del valle, en su frialdad y paz. Es así como ganas el de pico. Un día, las energías están preparadas; ellas mismas van hacia el de pico. Tú no las llevas. ¿Cómo podrías tú hacerlo? ¿Quién eres tú y cómo podrías arreglártelas? Estando en el valle la energía se acumula; el pico nace del valle. Entonces hay un gran orgasmo; todo tu ser se cubre de dicha.

Osho,
El secreto abierto

EJERCICIO DE ESTADO DE CONCIENCIA Y SENSIBILIDAD
DOTANDO A LA VAGINA DE CONSCIENCIA

En posición erguida y perfectamente equilibrada sobre los dos pies, relaja y contrae la base de la pelvis para así dotar de consciencia la cavidad vaginal. Por base de la pelvis entendemos todos los músculos que rodean la vagina y el ano. Estos músculos se extienden en dirección vertical entre el coxis y el hueso púbico, y en dirección horizontal entre los dos huesos de las nalgas (los isquiones). Forman una red de músculos en la que el perineo, situado entre el ano y la vagina, constituye el punto central.

Con tu atención puesta en este punto central, levántalo lentamente y relájalo poco a poco. También puedes fijarte en los músculos vaginales que están en la parte delantera, o en los músculos anales que están en la trasera. Mientras haces esto, es importante que también relajes los músculos del vientre, dado que muchas mujeres tensan inconscientemente los abdominales para dar la impresión de un vientre más plano. Un vientre relajado, y que sobresalga, es una gran ventaja porque mantiene en equilibrio el arco de la espina lumbar. Procura que el estiramiento de la zona lumbar se produzca por la relajación de los músculos abdominales y no por el simple hecho de sacar las nalgas, ya que esto añadiría más tensión. Busca este equilibrio dentro de ti misma, y luego conscientemente dedica unos sesenta segundos a contraer los músculos de la vagina mediante contracciones lentas y rítmicas. Cuando se dice «lentas», es que las contracciones tienen que ser «lentas», aunque esto constituya para ti todo un esfuerzo. Con el tiempo, puedes incrementar el número de contracciones. Cuando termines, tiéndete inmediatamente, con los ojos cerrados, y descansa entre cinco y quince minutos. Mientras descansas, puedes también sintonizarte con el eje de magnetismo que va desde la vagina a los senos, y saborear cualquier propagación de energía y calor que se produzca.

A cualquier hora del día, y estés donde estés y hagas lo que hagas, ten la costumbre de llevar el estado de conciencia a la zona que circunda a la vagina (y el vientre) y relajarla. Tensa, relaja, tensa, relaja...; nadie puede verte y es realmente agradable. Valiéndote de tu estado de conciencia, comienza a enfocar el interior de la vagina para despertar la vida que ya está presente en los tejidos. Notarás una y otra vez que la vagina está tensa (debido a temores y tensiones inconscientes), así que, siempre que recuerdes, practica su relajación. Cuando el canal ascendente está claro y abierto, es muy probable que las contracciones den lugar a unas extáticas sensaciones que palpitan hacia arriba, hacia la parte superior de la espina dorsal.

EJERCICIO DE ACCIÓN MUTUA DE LA PAREJA
LA PENETRACIÓN PROFUNDA Y LA SANACIÓN DE LA VAGINA (Y DEL PENE)

Tú y tu amante deberíais adoptar la penetración profunda como un estilo de hacer el amor; en este caso, tu hombre tendría que centrarse, siempre que fuese posible, en lo más profundo de la vagina. El modo de conseguir esto es pedirle a tu hombre, cuando tenga una erección, que entre en tu vagina con una lentitud extrema y que llegue hasta lo más hondo que sea capaz. Luego, manteneos quietos durante un rato, tal como se ha descrito anteriormente en este mismo capítulo. Antes de que tu hombre te penetre, abre los labios de la vulva; y mientras te penetra, mantén tu vagina dilatada. Si haces esto, harás la penetración más suave y más efectiva.

Por otra parte, no estaría de más que de vez en cuando, durante el acto sexual, te llevases las manos a la entrepierna para abrir tus labios externos. Esto realmente incrementa la sensación de la penetración debido a que se acentúa la correspondencia; es como si fuese un apasionado beso entre el pene y la vagina. Lo único que tienes que hacer es colocar tus manos a ambos lados de la vulva (para ello, tu hombre, sin perder la penetración, tendrá que elevar un poco su cuerpo) y con los dedos separar sus labios externos, haciendo así expedito el camino como si fueses a tirar, para abrirlos, de los pliegues de los tejidos de la entrada de la vagina (labios internos), o extraer algún pelo púbico que se hubiese alojado allí. Puedes mantener tus manos durante un rato en esta posición de apertura de labios; una vez retiradas de la zona de la pelvis, tu hombre podrá hacer más profunda su penetración en unos pocos centímetros (algo que tiene más valor de lo que parece). Dado que tu hombre tiene que separarse unos instantes, este procedimiento podría parecer un tanto molesto; no obstante, vale la pena por las mayores sensaciones de placer que proporciona la profundidad.

Es probable que con la penetración extremadamente lenta, aparezcan algunos focos de dolor cuando el pene se mueva en el interior de la vagina o incluso estando quieto. Recuerda que el dolor, cualquiera que sea el lugar donde aparezca, es indicativo de algún trauma interno; y este dolor puede presentarse en cualquier punto de la vagina, incluso en la misma entrada. Debemos buscar a propósito estos puntos dolorosos con el pene y ponerlos en correspondencia con la cabeza magnética del pene. Como ya se ha dicho antes, el pene seguirá produciendo impacto aun cuando la penetración no alcance toda la profundidad de la vagina.

Pídele a tu compañero que se quede quieto cuando la cabeza de su pene entre en contacto con cualquier punto de la vagina en el que sientas dolor. Viaja internamente con tu estado de conciencia hasta ese sitio y siéntelo desde el interior. Es esencial que el pene tenga un contacto «poroso» con tu vagina, lo cual significa que su cabeza no debe empujar con fuerza cualquier área dolorida. Más bien, una vez que has identificado la molestia —el punto en el que le dices a tu compañero que se quede quieto—, él debería retroceder un pelo, o sea, uno o dos milímetros. Este minúsculo espacio permite un intercambio de energía; si no existiera, entonces la presión del pene haría más compactas las tensiones en lugar de aflojarlas.

Puedes mirar a los ojos a tu compañero con visión suave o puedes cerrar tus propios ojos, lo que encuentres más apropiado en cada momento. Cuando te concentres en ti misma, comprueba lo que sientes y permite que suceda lo que tenga que suceder; ya sean sentimientos de tristeza, perceptibles temblores o un alud de risa incontrolada (algo que muy bien podría acontecer). La penetración profunda solo puede durar unos pocos minutos; a veces, el pene se relaja después de hacer su trabajo, y si vosotros dos permanecéis relajados y permitís que se quede en la vagina descansando, os puede sorprender con una nueva erección.

POSTURAS POSIBLES PARA LA PENETRACIÓN PROFUNDA

Hay varias posturas que son idóneas para la penetración profunda. Puedes probarlas todas. Estas posturas permiten que el pene se encaje en la vagina desde diferentes ángulos, lo cual es una oportunidad para explorar todos los rincones de la misma. Es más práctico que la mujer se coloque bajo su pelvis una almohada doblada o un pequeño cojín cuadrado (tal como se muestra en las figuras 6.1, 6.2 y 6.3); de este modo, elevará su pelvis e incrementará la profundidad y el ángulo de penetración.

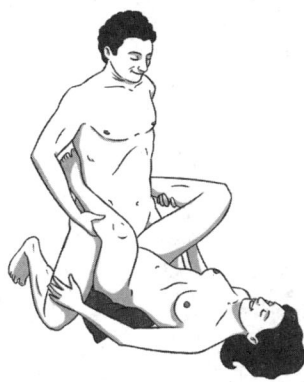

FIGURA 6.1. Postura intermedia. El hombre arrodillado. (Una almohada eleva la pelvis de la mujer).

FIGURA 6.2. Postura intermedia. El hombre con rodillas y manos apoyadas en el suelo. (Una almohada eleva la pelvis de la mujer).

Figura 6.3. Postura intermedia. El hombre medio arrodillado y echado hacia delante. (Una almohada eleva la pelvis de la mujer).

Figura 6.4. Postura de entrada por detrás.

Figura 6.5. Postura de entrada por detrás con el hombre echado encima de la mujer.

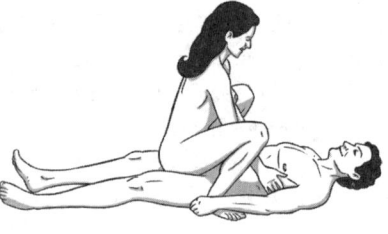

Figura 6.6. La mujer sentada encima del hombre.

Figura 6.7. La mujer de rodillas encima del hombre.

7

El clítoris y el excitamiento

EL CLÍTORIS OCUPA un bonito lugar en el intercambio sexual; pero aunque cuente con la increíble cifra de quince mil fibras nerviosas que conectan con él a través de la pelvis, no es el núcleo de la sexualidad femenina tal como creen hoy la mayoría de las mujeres. Ni siquiera merece un digno segundo puesto, ya que son los senos y la vagina los causantes genuinos del estado orgásmico. Hace ya muchos años que le venimos dando al clítoris un protagonismo excesivo en el orgasmo femenino, y es porque sabemos muy poco del aspecto receptivo de la vagina.

En la actualidad, más del 70 por 100 de las mujeres declaran que la vagina tiene poco que ver con sus orgasmos y con su placer sexual, achacándole todo el mérito al clítoris. Esta realidad pone de manifiesto el hecho de que la penetración del hombre, en lo que a satisfacción sexual se refiere, no es muy importante para la mayoría de las mujeres. Esto también implica que el hombre ha perdido la facultad de comunicarse significativamente con la mujer a través de su pene. En vez de colocar a la mujer en estados sublimes, lo que normalmente hace la penetración es dejarla fría y seca; algo muy alejado de lo que es una auténtica experiencia orgásmica. Ante esta situación, tanto los hombres como las mujeres han recurrido a la estimulación directa del clítoris con el propósito de producir en estas últimas un orgasmo de pico. La presión y la tensión necesarias para «lograr» un orgasmo (especialmente cuando la mujer se siente obligada a llegar al clímax para complacer al hombre) puede hacer difícil la culminación de la empresa o impedir que se lleve a cabo de una manera satisfactoria. A medida que vayamos sabiendo más acerca de la sexualidad femenina, veremos que el clítoris es para la mujer motivo de un gran divertimento. Al buscar el orgasmo por medio del clítoris, la mujer se distancia de las cualidades femenina y receptiva de su vagina en relación con el pene. Como consecuencia de esto, la realización de experiencias sexuales se hace cada vez más esquiva. Es verdad que el clítoris proporciona experiencias placenteras muy intensas, pero es la vagina la que realmente abraza al pene, la que conduce de un modo más directo a los estados orgásmicos. Para llegar a estos grados tan altos de sensibilidad, la mujer tiene que estar dispuesta a dejar a un lado el clítoris y desarrollar un interés por la vagina, el profundo receptáculo de su feminidad.

Excitación *versus* excitamiento

Es esencial que comprendamos que la estimulación directa del clítoris produce un excitamiento que es más bien una forma de tensión. La tensión causa contracción e impide la propagación de la energía; por consiguiente, no es básica para el diseño orgásmico expansivo. Quizá sería conveniente explicar ahora qué entendemos por *excitación* y qué entendemos por *excitamiento*. La excitación es un estado de ser, de vibración refinada, de delicioso hormigueo y de deleite interno. Si tales sensaciones placenteras son intensificadas o exacerbadas mediante tocamientos seguidos o una efectiva estimulación, es muy posible que la excitación mude su carácter y se transforme en excitamiento, lo cual conlleva la imperiosa necesidad del orgasmo. La excitación es bella, amplia, de aquí y ahora, sin propósito; y basta con el placer que lleva en sí. El excitamiento es más angosto; tiene un propósito y despierta el fuerte deseo de llevar las sensaciones a un inexorable final.

Es aconsejable que la mujer esté presa de la excitación el mayor tiempo posible y evite el excitamiento, sobre todo durante la penetración. El excitamiento de la mujer tiene un peculiar efecto sobre el hombre; tiene, además, funestas consecuencias: la intensidad del excitamiento sexual de la mujer está en proporción directa con la precocidad de la eyaculación del hombre. Si las mujeres se excitan demasiado antes o durante el acto sexual, la probabilidad de eyaculación prematura aumenta. Si una mujer quiere siempre o necesita una gran estimulación durante el juego sexual, es muy probable que su compañero tenga un problema de eyaculación precoz. Cuando el hombre intenta «calentar» a su mujer con mucha estimulación, está poniendo todo de su parte para eyacular pronto. Algunos hombres, totalmente superados por el excitamiento y la anticipación, incluso eyaculan antes de la tan soñada penetración. Otros eyaculan a los pocos segundos. Como bien sabemos, la eyaculación generalmente va seguida de una pérdida de erección, lo que hace que el hombre no pueda permanecer dentro de la mujer el suficiente tiempo como para producir en ella cualquier impacto. (Con una eyaculación rápida, el hombre no siente en toda su magnitud que ha hecho el amor, por lo que comienza a desear sexo de nuevo, fantaseando sobre él, y soñando con el momento en que penetrará otra vez. Como ya hemos dicho, la sola descarga de semen no concede al hombre la satisfacción que se deriva de unos estados orgásmicos más profundos).

Tenemos que decir, pues, que rara es la vez que el hombre permanece dentro de la mujer el tiempo suficiente como para que cada uno de ellos experimente el encauzamiento puro de la energía hacia el interior del cuerpo femenino, y, por supuesto, la delicia que esto conlleva. Si la energía sexual es capaz de moverse de forma circular de acuerdo con la polaridad, es que el pene está finalmente funcionando como conductor de la energía masculina. Sin embargo, debido a su eyaculación prematura, el hombre es incapaz de permanecer presente en la vagina; esto hace que la mujer dependa de su clítoris, y por tanto de su excitamiento, para alcanzar su satisfacción sexual.

Si las dos partes que intervienen en el acto sexual permanecen en un estado de «no excitamiento», podrían demorar la eyaculación durante largo tiempo y prolongar el juego amoroso. Así las cosas, la eyaculación se consideraría entonces una opción, no una necesidad. A fin de reducir la incidencia de eyaculación *antes* de la penetración, la mujer debería mantenerse fría para evitar que el hombre se sobreexcitase; por ejemplo: refrenarse, si ella desea que él la penetre. Al reducir el excitamiento, la mujer hace de una manera natural más potente al hombre y lo coloca en una mejor posición para satisfacerla.

Durante la penetración también debe aplicarse este mismo principio de mantener el ambiente frío; esto es, mantener el nivel de excitamiento bajo para que así el hombre pueda seguir evitando la eyaculación. Si los niveles de excitamiento y de tensión en la vagina son demasiado altos, el hombre eyaculará, especialmente cuando la mujer mueva su pelvis de un modo activo para estimular su clítoris. El pene se contagia al instante de este excitamiento. Debería evitarse cualquier oleada repentina e impetuosa de excitamiento, ya que inevitablemente provocaría la eyaculación del hombre. A menos que posea autoridad, a menos que esté relajado y tenga dominio de sí mismo, al hombre no le queda otra opción que eyacular. En particular, los hombres ponen de manifiesto su incapacidad para evitar la descarga de semen cuando la mujer, con objeto de alcanzar su propio orgasmo, cambia de marcha y trata de intensificar el excitamiento. Un hombre describió esta sensación incontrolable como una cierta clase de sustancia oscura que lo invadió y dominó. Cuando la mujer experimenta un excitamiento progresivo, el propio hombre se sorprende de la rapidez con que sobreviene la eyaculación. El hecho de que el hombre pierda su erección apenas le importa al 70 por 100 de las mujeres, ya que, en cualquier caso, siempre cuentan con el clítoris; pero esta forma convencional de abordar el sexo limita de algún modo la experiencia femenina al no participar en ella el pene y la vagina: los órganos del amor por excelencia.

La inclusiva y polarizada vagina

La vagina es una cavidad electromagnética e *incluida* en ella —no separada de ella— está el clítoris. Un polo (el positivo) se encuentra en el clítoris y el otro polo (el negativo) se halla en la parte más profunda de la vagina; esto es, alrededor del cérvix y de las regiones superiores, tal como quedó explicado en el capítulo 6. Entre los dos polos existe una conexión electromagnética en la que el llamado punto G hace de puente. (Se llama así, punto G, por el ginecólogo Ernst Gräfenberg [1881-1957], quien fue el primero en formular una teoría sobre esta cuestión).

El punto G es una pequeña protuberancia, compuesta de tejidos, que puede sentirse avanzando unos cuantos centímetros dentro de la vagina hasta llegar a su pared frontal; más concretamente, puede decirse que se encuentra casi a la altura del hueso púbico y detrás de él. Es aquí donde la vagina envuelve a la uretra (el conducto que recibe la orina procedente de la vejiga). Esta zona está conectada con los músculos esfínteres de la vejiga, lo cual puede que sea una de las razones de su alta sensibilidad. Otra razón puede atribuirse al hecho de que la zona forma el extremo posterior del clítoris, el cual tiene raíces nerviosas de alcance muy profundo [1].

Por recientes investigaciones, se sabe que los tejidos del punto G contienen una enzima que se encuentra asimismo en la glándula protástica del hombre; esto nos hace pensar que la esponja uretral (punto G) es la versión femenina de esta glándula masculina, siendo también esta última bastante sensible a la presión y al toque. La existencia en este lugar de estos tejidos podría también explicar las secreciones fluidas que muchas mujeres experimentan durante o después de la estimulación del punto G. El punto G secreta abundantes jugos sexuales, por lo que algunos consideran este fenómeno como una eyaculación femenina en toda regla. En algunas mujeres, la eyaculación solo ocurre en presencia de estados sexuales muy intensos, mientras que en otras la eyaculación no suele ir acompañada por ninguna sensación especial.

Toda mujer posee un punto G, de esto no hay duda; la única diferencia estriba en si ella lo siente o no. En lo que concierne a la sexualidad, cada mujer tiene su propio historial compuesto de factores personales —físicos y psicológicos— que pueden influir en su sensibilidad. Sin embargo, ya sabemos que el pene tiene la propiedad de sanar a la vagina de traumas producidos por anteriores agresiones. Esto en realidad significa que, con el paso del tiempo, cualquier mujer puede llegar a experimentar en última instancia los goces que proporciona el punto G. Si bien esto no deja de ser verdad, lo cierto es que está bastante escondido en lo más remoto de la vagina; a pesar de ello, la mayoría de las mujeres pueden sentírselo si se introducen con suavidad el dedo índice en la vagina y exploran la zona posterior al hueso púbico y a la vejiga. Durante el acto sexual, esta zona a veces se dilata, lo cual hace que se pueda sentir con más facilidad. En cualquier caso, no se le debe prestar al punto G una atención especial y por separado; ya que, de lo contrario, perturbaríamos esa conciencia *de conjunto* que la mujer debe tener de su vagina. Todas estas misteriosas partes *juntas* dan lugar a esas increíbles maravillas de los genitales femeninos [2].

Se llega, pues, a la conclusión de que el punto G, al igual que el clítoris y la propia vagina, debe abordarse de una manera pasiva y suave; es decir, no hay que acosarlo ni ir a su caza. Quizá en ciertos ángulos de penetración entre en juego el punto G o el clítoris. Un poco más adelante consideraremos de qué manera pueden las mujeres hacer uso de las posibilidades de su clítoris. Sin embargo, ni el clítoris ni el punto G constituyen el origen real del éxtasis orgásmico de las mujeres.

Integración del clítoris sin perturbar la vagina

Necesitamos, por tanto, reevaluar el clítoris y establecer su participación en el orgasmo profundo y vibrante. Necesitamos, asimismo, apreciar la vagina y darle valor al hecho de la penetración —la conjunción de los polos masculino y femenino—, la cual nos conducirá a más altas experiencias. El verdadero arte de la mujer estriba en integrar el clítoris sin menoscabo de la vagina. Para conseguir esto, casi siempre es mejor no estimular el clítoris antes de la penetración. Como ya se ha dicho, el excitamiento introduce tensión en la vagina. El entorno vaginal se contrae físicamente —algunas mujeres se quejan de un dolor ligero y sordo—, a la par que pierde receptividad y se torna ligeramente positivo, lo cual inhibe la posible corriente electromagnética que pudiera producirse desde el pene a la vagina.

En mis talleres, con cierta frecuencia, suelo preguntarles a las mujeres si creen que si después de un poco de estimulación del clítoris durante el juego preliminar, la vagina es más o menos sensible a la penetración del pene. Una abrumadora mayoría de ellas levantan la mano para decir que, de hecho, notan que su vagina es *menos* sensible si ha precedido un tocamiento del clítoris. Perciben la sensación y el placer de la penetración de una manera mucho más intensa cuando la vagina se encuentra en un estado más cándido y pasivo; es decir, no perturbada por un tocamiento genital previo. (Ten en cuenta que en el sexo tántrico la vagina está ya anegada de energía receptiva originada por la atención amorosa de los senos). Esto demuestra claramente que la estimulación del clítoris crea tensiones que hacen que la penetración sea mucho menos excitante. El clítoris estimulado parece que trastorna la calma de la vagina, creándole una inquietud, un deseo, una especie de hambre de orgasmo que reduce en gran medida la importancia y la intensidad de lo que se experimente en la propia penetración. Y una vez que el pene esté dentro, la tendencia de la mujer excitada es alcanzar el orgasmo (de nuevo por medio del clítoris) en vez de quedarse con la verdadera realidad del pene en la vagina.

Si durante el acto sexual os decidís por darle participación al clítoris, es mucho mejor que lo hagáis cuando esté muy avanzada la cosa; esto es, bastante después de que se haya producido la penetración, que muy bien podría ser una hora o dos después de comenzar a hacer el amor. Este espacio de tiempo, a través del canal de energía que se establece entre los senos y la vagina, le dará a tu cuerpo la oportunidad de abrirse completamente. Si entonces se estimula el clítoris de una manera relajada, tranquila y pasiva —como si fuese una extensión de la propia vagina—, se aumentaría considerablemente el estado de conciencia vaginal, se intensificaría en sumo grado la sensibilidad y se allanaría el camino para la consecución de un estado orgásmico.

El clítoris puede, por tanto, utilizarse de dos maneras opuestas: una, como un «hacer» directo, como una estimulación activa, con lo que se corre el riesgo de excitar demasiado a la mujer y hacerla desear el orgasmo, reduciéndose así su estado de conciencia de la vagina; y otra, como un «no hacer», como una forma pasiva y más suave de estimulación, la cual hace a la mujer más receptiva y abierta e incrementa su estado de conciencia de la vagina. La primera conduce a la mujer a una descarga, mientras que la segunda va más lejos, puesto que la conduce a un éxtasis y al encuentro de su feminidad.

Por consiguiente, en general y hasta cierto punto, no es aconsejable estimular el clítoris. Por sus deliciosas sensaciones, el clítoris es muy tentador; a pesar de ello, no debería ser el fundamento de tus orgasmos o de tus experiencias sexuales, sino más bien servir para tener de vez en cuando un poco de diversión. Habrá ocasiones en que el clítoris, de una manera inesperada y alegre, intervendrá con todo lo demás e intensificará aún más tu experiencia. Pero sin una base orgásmica —la vibración del eje de magnetismo entre los senos y la vagina—, el orgasmo clitorial no es especialmente conmovedor, por lo que puede dejar a la mujer en un estado emocional no deseado.

El clítoris como puente de acceso a la vagina

Sin duda alguna, los orgasmos de pico son extremadamente placenteros, si bien presentan el inconveniente de que nos alejan del estado orgásmico; o sea, de esa expansión relajada (de la misma energía) que se encuentra en el otro extremo del espectro. Sin embargo, algunas mujeres declaran que tras tener un rápido orgasmo de pico mediante la estimulación del clítoris, entran de una manera más relajada en su naturaleza orgásmica. La rápida descarga elimina las tensiones presentes en el organismo, por lo que puede surtir un efecto relajante sobre la mujer. Y la relajación es básica para el orgasmo. Si está relajada, la mujer, además de tener la vagina en mejor disposición, se siente de repente más sensual, más femenina, más receptiva. Así que, en este sentido, la mujer *puede* utilizar el clítoris como puente de acceso a su vagina; no obstante esto, debe tener cuidado, ya que de seguir con este mismo talante durante la penetración puede tener sus riesgos. Como sabemos, el hombre eyacula fácilmente con las arremetidas finales de la excitación femenina; y si esto sucede, se pierde toda posibilidad de acceso a un estado orgásmico más profundo de la mujer.

Algunas mujeres también dicen que un poco de estimulación clitorial puede elevar su temperatura hasta el punto de dar un rotundo «sí» a la penetración. Otras mujeres, según su propia experiencia, indican que es un verdadero alivio dejar a un lado el solo objetivo de lograr a todo trance un orgasmo de pico con el clítoris; aseguran que en un determinado momento del proceso es conveniente decir: «Ya es suficiente, ahora quiero tenerte *dentro* de mí», y propiciar entonces una penetración masculina relajada y tranquila.

Muchas mujeres prefieren la estimulación oral del clítoris a otro tipo de excitación clitorial; esta preferencia se debe a que la estimulación oral es húmeda, sensual y suave, y que además no da lugar a la irritación que produce la dureza del dedo. Incluso la estimulación oral deja de ser apropiada cuando se practica con dureza, con rapidez y con ritmo; y no lo es porque produce demasiada tensión y aviva el deseo de alcanzar el clímax.

La estimulación oral, o cualquier otra estimulación del clítoris, requiere una nueva actitud: debería ser como una corta visita que se hace para decir solo un cariñoso «hola» y luego seguir adelante. El sexo oral se puede utilizar para despertar la energía, pero no para producir un orgasmo en toda regla; se puede utilizar para llegar, sin sobrepasarse, a estados de excitación moderados.

Como sabemos, hay muchas mujeres que ni siquiera se plantean alcanzar un orgasmo con el pene insertado en la vagina. Su clímax es el resultado de una estimulación directa del clítoris, ya sea oral, manual, o ambas cosas a la vez; y esto se consigue con mayor facilidad cuando no hay penetración. O si la hay, el clímax se produce por la presión o frotación de la pelvis del hombre contra el monte de Venus, lo cual estimula el clítoris durante el desarrollo del acto sexual. (La mujer suele pensar: «Por supuesto que una vez que me introduzca el pene, él llegará al orgasmo antes que yo. Pero esto no significa que yo tenga que renunciar a los orgasmos de pico; esto solo significa que tengo que tener un rápido orgasmo antes de que él me penetre, o bien arreglármelas para tener uno después de que él lo haya tenido»). Al margen de todo esto, generalmente se cree que la estimulación del clítoris es esencial para que la mujer alcance el orgasmo.

Pero he aquí una nueva información: una de las mayores diferencias entre el sexo convencional y el sexo tántrico es que en este último las mujeres pueden experimentar estados orgásmicos con el pene insertado en la vagina. De hecho, la penetración es un requisito necesario para que las polaridades funcionen juntas y nos lleven hasta un estado orgásmico. Desperdiciar la energía sexual a través de experiencias momentáneas, por muy placenteras que estas sean, es algo que en definitiva no resulta ni enriquecedor ni estimulante, ni tampoco fortalecedor para la mujer.

Si una mujer siente curiosidad por su clítoris y por explorarlo desde una perspectiva completamente distinta, sería interesante que supiese que el tantra reconoce la existencia de un sutil nervio que conecta el clítoris con la pequeña hondonada que se halla encima del labio superior [3]. Si se controlase esta secreta ruta nerviosa, se podrían aumentar los placeres del acto sexual tanto en el caso de la mujer como en el del hombre. (Véase el ejercicio de estado de conciencia que se incluye al final de este capítulo). Durante el acto sexual se puede activar este sutil canal por medio de la visualización. Por consiguiente, el hombre puede propiciar en gran medida esta activación estimulando un extremo del canal; para ello, solo tiene que morder con cuidado el labio superior de su pareja chupándolo y tirando de él. Al mismo tiempo la mujer puede, si lo desea, morder el labio inferior de su hombre y hacer lo mismo.

Identificación y control del deseo para evitar impulsos irrefrenables

Si haces el amor y quieres controlar tu excitamiento para mantenerte en un grado apropiado de frialdad, es importante que identifiques ese punto preciso en que el deseo dominado se convierte en un irrefrenable impulso por alcanzar el orgasmo. Este punto tiene su importancia porque, si estás interesada en transformar los patrones sexuales convencionales, en él se puede hacer algo creativo. Si en tu interior surge el deseo, el tantra no te dice que luches contra él. Es inútil luchar contra el deseo; pero esto no quiere decir que tengas que convertirte en su víctima o que acabes consintiéndolo. No; para ello, el tantra pone a tu disposición una técnica muy refinada.

«Cuando se presenta el deseo justo al principio —o sea, a la primera mirada o en las primeras tentativas amorosas—, ponte en estado de alerta. Haz acopio de todo tu estado de conciencia, pon a todo tu ser a vigilar el deseo que ha surgido»[4]. No hagas nada, limítate a mirarlo directamente con plena consciencia, y procura relajarte de nuevo. Esto es todo lo que tienes que hacer. La energía se retira a tu interior, brota dentro de ti y se expande impetuosamente por tu cuerpo, lo cual te eleva a otro nivel de experiencia y sensibilidad. El hecho de que el deseo desaparezca sin que medie lucha alguna, te hace sentirte poderosa, llena de una inmensa energía y de un tremendo grado de conciencia.

El problema que tiene el deseo —aunque solo sea el deseo de un placer de cinco segundos— es que una vez que surge no puedes hacer nada sobre él. El deseo tiene que seguir todo su curso, tiene que completar su círculo, y tú te verás en sus garras y arrastrado por él. Solamente al principio puedes hacer algo: abortar inmediatamente todo atisbo de deseo. Si identificas el punto en que surge el deseo, puedes empezar a controlarlo antes de que se transforme en perentorio y optar entonces por el camino de la relajación. La respuesta de acomodarnos a nuestros deseos es una respuesta condicionada, es como si saltara un interruptor que nos hiciera reaccionar automáticamente; aunque, como es natural, apartarnos del camino de la excitación requiere cierta práctica y experiencia. Después de un tiempo de estar apartada del deseo, las intensas sensaciones que experimentas dejarán de traducirse en deseo y ellas mismas se transformarán en expansión y en un incremento de la sensibilidad. Al principio, siempre es bueno contar con un poco de excitamiento para poner el cuerpo a tono, si bien esto conlleva la necesidad de relajarse y de permitir la expansión de esa misma energía a través del organismo. En realidad, el deseo y la «calentura» *no* son requisitos previos para la unión sexual; de hecho, puede suceder mucho cuando dos seres se unen con sus cuerpos relativamente no excitados.

Una mujer comparte su experiencia: «Mi esposo y yo decidimos hacer un experimento con el clítoris sin penetración. Cuando tocó por primera vez mi clítoris, sentí como si apretase un botón. Pero a medida que seguía tocándome y movía el dedo alrededor de mi clítoris, comenzó a dominarme el deseo sexual. Me puse caliente; las lentas y agradables sensaciones previas, y los movimientos de energía, cambiaron de repente. Empecé a restregarme con fuerza contra el cuerpo de mi marido. Los senos se escaparon de mi estado de conciencia. Parecía que no tenían la más mínima importancia. Ahora estaba totalmente concentrada en mi clítoris. Mi vagina cambió de estar relajada y abierta a estar contraída y estrecha. Comencé a sentir un cierto estrés; empecé a sudar. Cada vez me movía con más rapidez. Tuve la impresión de que *tenía* que ir por un orgasmo. Sentía mi cuerpo tenso y mi vagina se contrajo aún más. La contracción subió incluso hasta mi estómago. Comencé a proferir palabras excitantes. Quizá fuese el estrés. Ya no podía sentir realmente mi cuerpo como un cuerpo femenino. La fuerte conexión que podía sentir conmigo misma se había ido. El amor profundo que yo sentía por mi esposo, casi había desaparecido. Al parecer, se había cortado la conexión. La dicha se había esfumado. La situación tenía el cariz de un trabajo estresante; era como una satisfacción que yo quería tener, un claro objetivo a lograr a toda costa. Eso no tenía nada que ver con el amor ni con mi corazón.

»Hubo un punto en que no pude y no quise seguir adelante. Le pedí a mi esposo que quitara su dedo de mi clítoris. Traté de relajar mi cuerpo, mi vagina, con el fin de recobrar el estado de conciencia de mis senos. Cerré mis ojos para restablecer la conexión conmigo misma y, una vez conseguida ésta, con mi esposo. Me di cuenta de lo difícil que era relajar la vagina. Me toqué entonces los senos y también lo hizo mi marido, de una manera agradable y suave. Esto hizo que pudiese relajarme más; pero tardé bastante tiempo para poder relajar mi vagina. Era como si estuviese entumecida. Esta sensación me duró horas. Cuando nos unimos de nuevo por medio de una penetración suave, sentí como si comenzara un proceso de sanación desde mis senos hasta mi vagina; proceso que luego se expandía por el resto del cuerpo. Me sentía muy bien y conectada de nuevo. Mi parte femenina podía comenzar otra vez a vivir.

»En otra ocasión, hicimos este experimento de clítoris con penetración. Mi hombre no tuvo una verdadera erección, pero como él estaba dentro de mí, la cosa resultaba muy agradable. Como consecuencia de la estimulación clitorial, la contracción de la vagina fue tan fuerte (incluso horrorosa, diría yo) que el pene no tuvo opción de permanecer dentro. Parecía como si hubiese sido echado a patadas. Me alegro de haber hecho estos "experimentos", ya que hemos aprendido mucho... Ahora, ya no estoy tan dispuesta a tener de nuevo la experiencia de centrarme tan intensamente en el clítoris; ahora ya sé que me heriría de manera muy profunda; además, es algo que ya no le gusta a mi cuerpo. Anteriormente, no había notado nada de esto. Tenemos muchas alegrías repletas de cariño cada vez que juntamos nuestros cuerpos».

Inspiración tántrica

El excitamiento parece que es equivalente al éxtasis, pero no lo es. El excitamiento es un estado de tensión; su sensación es buena porque lo viejo desaparece y lo nuevo llega. Una brisa nueva, una experiencia nueva; está bien darle la bienvenida con un corazón excitado.

El excitamiento es solo una bienvenida, pero la bienvenida no es toda la historia. Luego tiene que llegar la frialdad, y la frialdad es mucho más profunda, mucho más valiosa de lo que pueda ser cualquier excitamiento. Así que lo de saltar hacia arriba y hacia abajo tiene que parar. Siéntate en silencio; permanece calmado y frío. El éxtasis es frialdad, el excitamiento no lo es.

Si aceptas la frialdad, será entonces esa experiencia más profunda de la frialdad la que te dará la experiencia del éxtasis. Estará llena de vida, pero no será pueril. Estará llena de dicha, pero con profunda satisfacción. La dicha no será de nuevo tristeza, la dicha estará por encima de la tristeza.

OSHO,
The Osho Upanishad

Pero el excitamiento no es dicha, es solo una huida de la miseria. Trata de comprenderlo muy claramente: el excitamiento es solo una huida de la miseria. Solamente proporciona una experiencia falsa de dicha. Porque no eres más desgraciado, piensas que eres dichoso; no ser desgraciado es equivalente a ser dichoso. La dicha es un fenómeno positivo. No ser desgraciado es solo un olvido. La miseria te espera en casa: siempre que vuelvas la encontrarás allí. Cuando el excitamiento desaparece, uno empieza a pensar: «Y ahora, ¿qué sentido tiene este amor?» En Occidente el amor muere con el excitamiento, y esto es una calamidad. De hecho, el amor no había nacido. Era solo el amor del excitamiento, no era el amor verdadero. Era solo una intentona de evadirse de uno mismo. Era una búsqueda de sensaciones. Le va bien la palabra «diversión», ya que era diversión y no intimidad. Cuando el excitamiento desaparece y tú empiezas a sentirte amoroso, el amor puede germinar; ahora ya se han terminado los días febriles. Este es el verdadero comienzo.

OSHO,
Let go! Darshan Diary

EJERCICIO DE ESTADO DE CONCIENCIA Y SENSIBILIDAD
ACTIVACIÓN DEL NERVIO TÁNTRICO SECRETO

Concédete unos veinte o treinta minutos. En principio, se recomienda que este ejercicio se realice sin compañía; de este modo, podrás hacer que la energía se mueva a través del canal. Más tarde, puedes utilizarlo como una especie de juego preliminar, e incluso recurrir a él cuando estés en plena faena amorosa. También puedes ensayarlo con tu compañero, dejando, tal como se ha sugerido anteriormente en este capítulo, que te chupe el labio superior.

Tiéndete de espaldas, o siéntate de forma que tu espina dorsal quede totalmente recta. Visualiza un sutil nervio que vaya desde tu clítoris hasta tu labio superior. Serás capaz de despertarlo y de canalizar conscientemente hacia arriba, a través de él, la energía sexual. Desde el clítoris, este nervio sube por el centro del vientre y del pecho hasta el principio de la garganta, y luego, a través del cuello, hasta el occipucio (el hueco existente en la base del cráneo). A continuación, asciende hasta la coronilla, para bajar después por la frente, el entrecejo, y terminar en el paladar y en la pequeña hendidura externa del labio superior. Es como una serpiente que tuviese una boca en cada uno de sus extremos.

Visualiza este nervio como si fuese un tubo vacío, pero vibrante, con forma de caracola en la zona vaginal/clitorial y una boca en la región del labio superior y paladar. Respira profunda y lentamente al tiempo que aprietas ligeramente la vagina; esto hará que el nervio se despierte. Ten presente que, durante el acto sexual, las contracciones fuertes de la vagina pueden inducir al hombre a la eyaculación; así que tenlo en cuenta si optas por esto. Las contracciones tienen que ser, pues, muy delicadas, casi imperceptibles. Una vez que hayas conectado energéticamente con este canal, éste se activará sin apretamientos vaginales.

EJERCICIO DE ACCIÓN MUTUA DE LA PAREJA
EXPLORACIÓN DE LA EXCITACIÓN, DEL EXCITAMIENTO Y DEL «SÍ» ROTUNDO

Destina unos cuarenta y cinco minutos para este ejercicio. Tiéndete de espaldas junto a tu pareja, pero dejando entre vosotros un espacio cercano al metro. No está permitido el contacto físico. Cada uno tenéis que llevar el estado de conciencia a vuestros respectivos cuerpos y encontrar un lugar de descanso dentro de vosotros mismos.

Cuando os sintáis conectados con vosotros mismos, poneos de lado lentamente para daros la cara y propiciar que vuestros ojos se encuentren para iniciar una visión suave. Después de unos minutos, moveos de forma que estrechéis poco a poco el espacio que os separa. Colocad vuestros manos sobre la zona genital del otro (una o dos manos, lo que os sea más cómodo) de la forma más consciente y cuidadosa posible, y llenadla de vuestra conciencia y amor. Os ayudará mucho en vuestra exploración si, de manera sucinta, os contáis mutuamente lo que vuestros cuerpos experimentan según las distintas clases de tocamientos. (En el capítulo 9 encontraréis más información acerca de cómo compartir el «ahora» durante el acto sexual). Si notas que un cierto toque te excita más de la cuenta, toma nota de ello y comunícaselo a tu pareja; así podréis determinar cómo modificar el toque a fin de que no cree demasiado excitamiento.

Tú, mujer, evita estimular el pene de tu pareja; para ello, procura que tu mano no haga los mismos movimientos que emplean los hombres para masturbarse. En vez de esto, lo que tienes que hacer es envolver el pene con toda tu mano, al principio con flojedad y luego con un poco de mayor firmeza; más tarde, apriétalo con tu mano y suéltalo con cuidado, lentitud y cariño. Esta liberación debe hacerse poco a poco y con apretones sucesivos, moviendo el pene en cada apretón hacia arriba y hacia abajo. De vez en cuando, déjalo quieto, solo envuelto por el calor de tu mano. También, con una cierta firmeza y sin apretar demasiado, puedes sostener con una mano los testículos. Cuando los tengas asidos de este modo, imprímeles con las puntas de tus dedos unos delicados movimientos rotatorios, aunque, eso sí, procurando no aplastarlos ni forzarlos lo más mínimo. Seguidamente, toma los testículos con una mano y el pene con la otra, y déjalos que se fundan con tus manos. Esto llenará el pene de energía. Tu hombre puede apoyar muy ligeramente su mano (ahuecada) sobre tu monte de Venus y acompañar esto con unos golpecitos sobre tu hueso púbico; de vez en cuando, se quedará un rato quieto. Luego, con mucho cuidado, puedes tirar de uno o dos pelos púbicos a fin de causar en su raíz un pequeño tirón sensual. Una vez más, él puede descansar su mano ahuecada sobre tu monte de Venus. Alargad estas prácticas el tiempo que estiméis oportuno. Lo que se pretende es sensibilizar y crear excitación a la par que se soslaya ese excitamiento irresistible que nos conduce al deseo.

8
El papel de la mujer en la erección del hombre

GENERALMENTE CONSIDERAMOS que la erección es necesaria en el sexo y responsabilizamos exclusivamente al hombre de ella. Con erección, es posible el sexo; sin ella, es impracticable, o por lo menos así lo pensamos. Además, para la mujer lo de la erección del hombre es una cuestión delicada, y es para ella una experiencia frustrante si el hombre no responde con una erección a sus amorosas insinuaciones y caricias. Lo normal es que la mujer se tome esto como cosa suya, que intuitivamente sienta que de alguna forma misteriosa ella también tiene participación en el fenómeno de la erección. De todos modos, no está muy claro cómo funciona la erección.

Puesto que no se concibe el sexo sin la existencia de la erección, cuando ésta *está* presente se hace todo lo posible para que no desaparezca. La mujer disipa sus inseguridades procurando que la situación tenga para el hombre un atractivo erótico. Ella aumenta el nivel de excitamiento estimulando a su hombre o excitándose ella misma; esto último origina que indirectamente el hombre también se excite. Como sabemos, el excitamiento en grandes dosis propicia —o mejor, prácticamente garantiza— la eyaculación precoz del hombre. Así que cuando la mujer, por medio de la estimulación, ayuda a mantener la erección del hombre, ella misma se coloca en la cuerda floja. A la mujer le conviene muchísimo prolongar el acto sexual, así como prevenir o demorar la eyaculación del hombre. El cuerpo femenino, por su naturaleza más pasiva, requiere tiempo para elevar su temperatura sexual; de ahí que le vaya bien un largo acto amoroso. Si la mujer recurre al excitamiento y a la estimulación, lo que hace es propiciar una eyaculación precoz y exponerse a sufrir frustraciones. Sin embargo, cuando aprende a mostrarse *tranquila y serena*, es capaz de prolongar la relación sexual y tener, asimismo, una profunda influencia en la erección masculina.

La mujer es igual de responsable de la erección que el hombre

Sabemos que la mujer personifica el elemento receptivo dentro de la dinámica de las relaciones masculinas y femeninas; y esto se hace más patente cuando se trata de la vagina. Debido a las idénticas, aunque opuestas, polaridades de la vagina y el pene, exactamente el 50 por 100 de la respuesta de erección hay que achacárselo al ambiente que rodea al pene; en este caso, la propia vagina. Y realmente cuando uno piensa sobre ello, se da inmediatamente cuenta de que así es como debe ser. En efecto, la erección se produce por una interacción entre el polo masculino, que es la mitad de un circuito, y el polo femenino, que es la otra idéntica y opuesta mitad de ese mismo circuito. Cuando los polos magnéticos coinciden o caen dentro de sus ámbitos de influencia, estos ejercen entre sí una fuerza cuya resultante es la erección. Las cualidades electromagnéticas de los cuerpos masculino y femenino dan lugar a una erección a través de una interacción dinámica. La energía positiva masculina se extiende hacia fuera al ser simultáneamente arrastrada hacia dentro por la energía negativa femenina. Este fenómeno electromagnético establece el grado de feminidad presente, especialmente en la vagina; algo vital para que se produzca una verdadera erección. La trascendencia de esto es enorme; la influencia de la mujer en la erección del hombre es más importante de lo que ella, hasta ahora, se había imaginado.

De este modo, la erección no es simplemente una cuestión de excitarse y de permanecer excitado. Se requiere la presencia del polo opuesto para disparar en el hombre el mecanismo. El excitamiento puede disfrutarse por lo que es —una opción que está a nuestro alcance en cualquier momento—, pero es importante que sepamos que no es la *causa* de la erección masculina. *Debajo* del nivel de excitamiento existen

—como realidad energética del cuerpo físico— las sutiles propiedades electromagnéticas del pene y la vagina. Si no hay excitamiento, es realmente más fácil percibir la interacción de las polaridades opuestas, ya que con el excitamiento las polaridades más delicadas y profundas quedan bastantes difuminadas y oscurecidas. Una erección que tenga su origen en la polaridad, puede mantenerse sin los usuales esfuerzos a lo largo de toda una hora, o más. Una erección de esta clase es una experiencia sexual totalmente distinta tanto para la mujer como para el hombre. Es algo parecido a un terremoto interior que despertara todas y cada una de las células del cuerpo. Es el episodio orgánico más extraordinario; un episodio que está repleto de las deliciosas sensaciones del pene abriéndose paso a través de la vagina, retorciéndose hacia arriba cual serpiente y tocando a la mujer en su núcleo más íntimo.

Penetración sin erección

Puesto que la erección es posible a este delicado y orgánico nivel, podemos comenzar a considerar la penetración (la que normalmente requiere erección) desde una óptica completamente diferente. La penetración «suave» nos ofrece un estilo alternativo e interesante de hacer el amor. Es muy relajante empezar la penetración cuando el pene está todavía flácido. Una vez que sepa cómo, la mujer puede insertar con toda facilidad un pene no erecto en su vagina. El hombre también puede hacerlo, pero sin duda es mucho más atractivo que sea la mujer la que realmente ponga el pene en su vagina; quizá, si fuese necesario, con la ayuda del hombre, quien puede colaborar en la penetración asiendo el pene por su base. Sucede muchas veces que, a estas alturas, el pene ya ha empezado a responder a las amorosas atenciones con una erección en ciernes; esto hace aún más fácil la inserción del miembro viril en la vagina. La penetración suave es una útil técnica que, con un poco de práctica, se puede llegar a efectuar con gran pericia; además, hace factibles muchos lances sexuales que hasta ahora eran irrealizables.

Con esta nueva técnica de colocar el pene sin erección dentro de la vagina, los amantes soslayan la habitual necesidad de excitamiento o estimulación. Esto hace que sea una forma excelente de comenzar el acto sexual, dado que el encuentro de los polos se produce en un estado de relativa tranquilidad; a partir de cero, como si dijéramos. Lo ideal sería, por supuesto, que antes de la penetración suave la mujer hubiese recibido en su vagina una riada, un torrente de energía, procedente de sus senos; sin embargo, esto no es absolutamente esencial. También sería apropiado besar y acariciar brevemente el pene antes de colocarlo en la vagina. Si no hay excitamiento, es probable que haya una carencia de lubricación en la vagina; esto se puede resolver fácilmente con lubricantes artificiales. (Si deseáis más información sobre condones y lubricantes, la encontraréis en el ejercicio de pareja sobre penetración suave que se encuentra al final del capítulo). Lograda la penetración, la mujer puede comenzar a darle protagonismo a sus pechos, palpándolos, sintiéndolos desde dentro, o haciendo que su hombre amorosamente los toque. A partir de aquí, lo único que se puede hacer es esperar a ver qué sucede. En cualquier caso, un pene flácido puede tener deliciosas sensaciones; además, es bueno relajarse con cualesquiera de las radiantes sensaciones que estén presentes, *sin olvidar que el estado de conciencia a este nivel es el que crea un ambiente propicio a la erección*. El hombre también es capaz de tener sensaciones en su pene blando; si no al principio, sí después de hacer varias tentativas para comprobar el estado de conciencia de su pene. En mis talleres, la mayor parte de los hombres sostenían que el pene está mucho más sensible tras una semana de estar más concienciado con el sexo.

En el encuentro sin pretensiones de la vagina y el pene, se produce una cinética natural de lo positivo y de lo negativo que podría ser la causa de una potencial erección. Digo «podría» porque no siempre sucede así; se requiere un poco de tiempo para que el pene y la vagina se acostumbren a comunicarse a este nivel. Aunque tampoco hay que descartar que suceda en el primer intento. En realidad, depende de la sensibilidad de las personas; la sensibilidad cambia en cada momento y de un día para otro. Es más probable que ocurra cuando el hombre y la mujer estén enamorados, intensamente «presentes» y relajados. Lo que sí es cierto es que cuando los amantes consiguen una erección de este modo, no la consiguen por medio de un esfuerzo físico o de una fantasía. Es más bien un producto derivado del amor, del respeto por el cuerpo, de la intimidad y de la ternura física; por tanto, no es algo que deba esperarse que suceda *todas* las veces. En estas condiciones, el pene se expandirá y se enrollará hacia arriba de una manera natural y quizá, al cabo de un rato, se relaje y se desenrolle. La causa de esto no es la ansiedad; si esperáis sin interferir, no es raro que el pene se endurezca de nuevo.

De hecho, comenzar con una penetración suave es un alivio tremendo para el hombre, puesto que puede desembarazarse de la tremenda presión que le supone *tener* que alcanzar una erección para poder hacer el amor. Esta relajación, de por sí, favorece su capacidad de erección.

Sanación de la impotencia y de la pérdida de sensibilidad

Tal como se explicó en el capítulo 6, el sexo convencional hace que se endurezcan las paredes vaginales con la consiguiente pérdida de sensibilidad y receptividad. Por tanto, en las primeras ocasiones puede que la mujer no sienta mucho de las delicadas y divinas sensaciones vaginales que es realmente capaz de sentir. Sin embargo, se sentirá ella misma y sentirá el pene en su vagina *antes* de que el mismo hombre pueda realmente sentir su propio pene. El pene, asimismo, se ha sobrecargado y se ha hecho insensible; los tejidos se han puesto duros, se han tensado y adensado. En este estado de congestión, es muy difícil que el hombre realmente perciba su pene sin moverse; y menos aún que sea un canal por el que su fuerza masculina fluya hacia la mujer. De aquí que esta falta de sensibilidad sea completamente normal. No obstante, cabe señalar un aspecto positivo: que el relajamiento conjunto con los genitales en conexión electromagnética es una poderosa fuerza sanadora. El cuerpo responde muy rápidamente y, dependiendo de la sinceridad y frecuencia de las relaciones sexuales, el pene y la vagina pronto comienzan a sentirse, con erección o sin ella, cada vez más sensibles entre sí. El pene blando en la vagina no deja de ser también un deleite, y todavía más a medida que la sensibilidad se va despertando de nuevo. Los estados orgásmicos pueden producirse tanto con un pene flácido como con un pene erecto.

La impotencia, la incapacidad de erección por parte del hombre, es un monumental problema que afecta en nuestros días a hombres y mujeres. En líneas generales, la impotencia se puede muy bien atribuir a las tensiones, agresiones, presiones, calor y excitamiento que produce el sexo convencional. La dependencia del hombre de la estimulación y de la sensación significa que, con el paso del tiempo, puede finalmente llegar a perder toda su capacidad de respuesta, ya que va perdiendo poco a poco su sensibilidad, tanto con respecto a él como a lo que le rodea (la mujer y el ambiente). Además, con frecuencia los hombres no solo se desentienden de sus verdaderos sentimientos internos, entre los que se encuentran sentimientos de insuficiencia y desesperanza, sino que también hacen todo lo posible por reprimirlos. La represión de los sentimientos lo único que hace es empeorar las cosas. Por encima de la congestión física, están la inquietud emocional y la confusión sexual, elementos todos ellos que coadyuvan a que el hombre pueda perder toda su potencia.

A través de la penetración suave y del retorno gradual de la sensibilidad de los genitales, se puede realmente vencer la impotencia. La sanación del pene, y también de la vagina, es algo que solo puede hacerse en compañía de la otra persona. Cada una de ellas necesita la otra mitad para que surja la energía sanadora. En una atmósfera relajada, el pene (y, por tanto, el hombre que está detrás) es más capaz de percibir y sentir el ambiente que lo rodea, el cual es la causa de su erección. La sanación de la impotencia requiere tiempo y paciencia, pero si se comunican y expresan los sentimientos internos se puede lograr.

Para la mujer, la clave está en desarrollar continuamente un estado de conciencia dentro de su vagina. Cada vez que haces el amor, es una nueva oportunidad para sumergirte en las profundidades de tu vagina y sentirla desde su interior, para comenzar a percibirla de una manera diferente y a tratarla de una manera distinta, para imaginarla como un canal receptivo, así como para ser tú misma absorbente y receptiva. Te costará unos cuantos intentos tener confianza en ti misma, pero el resultado será lo suficientemente estimulante como para animarte a seguir adelante. Es un viaje extático que puede durar toda la vida.

Receptividad y miedo a no sentir nada

Generalmente, las mujeres abrigan el temor de no sentir nada, de aniquilar cualquier sensación interesante de su vagina, si renuncian a los movimientos propios del sexo convencional. Este temor es algo a lo que hay plantarle cara directamente, ya que detrás de la barrera de la incapacidad yace todo un mundo de experiencias femeninas. A través de una acumulación de episodios sexuales fallidos, se han venido instalando en nuestro ánimo toda clase de temores; pero ahora, en este amoroso marco tántrico, la mujer puede recibir al hombre relajada y permitirse ser sanada por él y con él.

Cuanto más presente y consciente esté una mujer en su vagina, probablemente más vigorosa sea la respuesta de erección del hombre. Recuerda también que los senos constituyen la ruta que conduce a la vagina, por lo que no deben ser abandonados ni pasados por alto en beneficio de la vagina. Lo mejor es tener conciencia de ambos lugares a la vez. Si esto te es un poco difícil (lo cual, sin duda, lo será al principio), escoge entonces los senos para centrar en ellos tu estado de conciencia y confía en que la vagina responderá. Si se intensifican repentinamente las sensaciones en los senos de la mujer —por ejemplo, cuando reciben las caricias de ella o de su pareja—, se produce a menudo un aumento paralelo de energía; aumento que se experimenta a través del pene cuando éste se levanta y se introduce más profundamente en la vagina. Incluso sin necesidad de tocamientos físicos, el mismo efecto se consigue con solo centrar el estado de conciencia en los senos. Cuando una mujer incrementa la intensidad de su estado de conciencia o comienza a fundirse con sus senos, y entra realmente en ellos desde el interior, lo que hace es alentar la erección o, llegado el caso, incluso recuperarla.

El hombre, tal como es ahora, es muy dado a apabullarse ante la mujer (la cual ya es de por sí un poco masculina); por consiguiente, en cuanto las proposiciones sexuales de la mujer se asemejen más a unas ávidas demandas que a unas corteses invitaciones, el hombre perderá con suma facilidad su frágil respuesta de erección. El hombre necesita espacio para replegarse en sí mismo a fin de darse verdaderamente cuenta de sus cualidades masculinas. Y la mujer, por su lado, necesita tiempo para relajarse en su elemento a fin de producir en el hombre el efecto alquímico deseado. Puesto que estáis habituados a la acción en cuestiones de sexo, os parecerá en estos momentos extremadamente antinatural eso de concentrarse y relajarse durante el coito; no obstante, con práctica y determinación pronto comenzaréis a marcar la diferencia en lo que a intercambio sexual se refiere.

Se hace énfasis en que la mujer fortalezca los músculos de la vagina, y también en que los contraiga repetidamente durante el acto sexual, para apretar el pene. Si lo hace, normalmente es con la intención de estimular y mantener la erección. Sin embargo, sería sumamente interesante que las mujeres supieran que desde el mismo instante en que contrae intencionadamente sus músculos vaginales, la mayoría de los hombres reconocen que empiezan a notar que su erección pierde consistencia. En cuanto la mujer realiza una acción demostrativa, positiva y de carácter masculino, casi siempre se produce el efecto contrario al deseado. Esto pasa porque se trastorna el flujo de energía entre los polos negativo y positivo; de pronto, falta el componente complementario y la erección, claro está, comienza a fallar. El pene empezará a encogerse, algo que observarán enseguida tanto el hombre como la mujer.

Cuando existe un ambiente vaginal de relajación, se produce un flujo natural y se crea un espacio para el delicado fenómeno orgánico de la erección. Y en esencia, la mujer es el espacio donde todo tiene lugar. Cuando el hombre siente esta corriente magnética emanando de su pene —como si se retirase de él y fuese absorbido por la mujer—, le es más fácil desprenderse de las ideas convencionales que asocian el sexo con el hecho de excitarse y eyacular. Cuando la mujer es más femenina —esto es, reposada y centrada en sí misma, relajada y receptiva de cuerpo, y con su estado de conciencia puesto en sus senos y en la vagina— todo sucede espontáneamente, sin querer: la energía masculina se proyecta hacia fuera en forma de erección, sin que medie un gran esfuerzo o un gran excitamiento. Salta una chispa que cruza el espacio y los cuerpos entran en comunión. A un cierto nivel de sensibilidad, es posible estar acostada y cautivada —durante muchas horas y sin realizar un solo movimiento— por los magnéticos vaivenes del pene serpenteando arriba y abajo de la vagina. Tened presente que hacer el amor con frecuencia posibilita el retorno de la sensibilidad, así como el desarrollo de una ternura electromagnética entre el pene y la vagina.

Un hombre comparte su experiencia: «Hacer el amor forma parte de mi vida diaria y es algo que satisface mis más ansiados deseos. Cada vez más, alcanzo ese increíble estado de vaciedad mental, de amor eterno, de expansión interna sin límites, de gran felicidad. Esto es todavía para mí un milagro que se renueva cada día. Es maravilloso alcanzar este estado en pareja, aunque también lo es si se alcanza solo. Puedo sentir cómo la tranquilidad y profundidad de ese estado se infiltra en mi vida ordinaria de forma muy sutil. Y me doy cuenta de que me he hecho mucho más consciente de aquellos momentos en los que pierdo contacto conmigo mismo. Y puedo volver a encontrarme con entera facilidad. ¿Cómo puede ser la vida tal fácil? Para mí, el solo hecho de estar de esta forma en compañía de mi pareja es como si fuese una profunda meditación. Alimenta todo mi ser de un modo maravilloso. Vuelvo a mis hábitos diarios de otra manera. Me siento mucho más conectado con ese punto de tranquilidad que hay en mí».

Un hombre comparte sus experiencias: «Estoy aprendiendo a tener confianza en mí mismo. Muchas de las cosas de las que hemos hablado, ya las había sentido o hecho en anteriores ocasiones, aunque no las comprendía o no creía en ellas. Solo el estar ahí, de forma natural y en actitud de espera, es ya de por sí muy relajante. Puedo observar lo que sucede entre la otra persona y yo mismo. Normalmente, mientras estoy excitado, no me doy cuenta de todos los tenues movimientos de la energía; el excitamiento es lo que me impide relajarme más y tener confianza en mi energía. He observado que no confío en el excitamiento. Siempre existe el temor de perder la erección. Esto no sucede cuando una erección, por sí misma, proviene de una corriente natural de energía».

Un hombre comparte su experiencia: «Hoy he experimentado las interacciones de las energías masculina y femenina. Siempre me siento responsable de todo lo que ocurre en el acto sexual, si bien al mismo tiempo siempre he tenido la sensación de que esto no es verdad, de que hay alguna otra cosa que también crea la situación. Ahora, cada día crece más mi confianza, mi aceptación y mi relajamiento. Comienzo a sentir lo que en el otro lado le está ocurriendo a mi pareja: que algo en mí activa algo en ella y que esto, a su vez, activa algo en mí, y así sucesivamente. Es el sentimiento de crear algo juntos, lo cual hace que aumente la capacidad de recibir amor».

Un hombre comparte su experiencia: «Al principio surgieron muchos condicionamientos. Tan fuertes eran, que me impedían tener una erección normal. Pero tan pronto como encontré la puerta para salir de mi mente, recobré mi capacidad de erección. El proceso hizo que yo volviese a mi propio ser. Cuanto más me relajo durante el acto de hacer el amor, más siento mi energía sexual. Si observo que estoy fuera de mí en lo que a energía se refiere, y la vuelvo a introducir dentro de mí, la energía se incrementa y se extiende por todo mi cuerpo. La energía que pugna por salir por mi pene, la presión que quiere eyacular..., si esta energía vuelve a mi cuerpo, entonces se extiende por él y me relaja muchísimo. El temor de eyacular antes de tiempo, todas las tensiones acumuladas..., la presión desaparece si puedo hacerme dueño de nuevo de esta energía. Es un alivio para mi cuerpo: me da fluidez, me siento como las olas del mar. Cuanto más me relajo, más se apodera de mí la energía. De repente, llega una ola de sentimiento, de energía, y mueve mi cuerpo; luego se ralentiza y siento una suave energía que fluye de mi centro sexual hacia mi amante. Esto se combina con unas bellas sensaciones en mi vientre. Luego viene otra ola y me llena de entusiasmo. No existe el temor de eyacular, no hay presión; el estado de conciencia no está solamente concentrado en mi pene».

Un hombre comparte su experiencia: «Este método me fortalece una enormidad, me da confianza en mí mismo, me ayuda a aceptarme tal como soy, y me proporciona libertad para expresarme sin tapujos. Me hace sentirme más digno».

Un hombre comparte su experiencia: «Veo que haciendo el amor, y en lo que respecta a la energía, estoy la mayor parte del tiempo fuera de mí mismo. Soy un hacedor. Me agrada dar placer, me satisface. Recuerdo que en los primeros días en que me faltaba el orgasmo, me asaltaba el sentimiento de que el acto sexual había quedado incompleto y me entraban unas ganas enormes de masturbarme. Mientras hago el amor tengo que estar muy al tanto; con esto de que la presión es muy fuerte, llego con toda rapidez al punto de eyaculación. Esto está cambiando ahora. Cuanto más energía me restituyo no eyaculando, más soy yo mismo. Esto me hace más y más sexual. La consideración para con mi amante aumenta; quiero ser con ella cariñoso, delicado, cuidadoso, más sensible. Si me paso al bando de mi mente, destruyo todo esto; pero si le soy fiel a mi energía, todos los sentimientos se incrementan».

Una mujer comparte su experiencia: «Nos conectamos la noche pasada, una vez más, solo para recargar nuestras baterías; y justo cuando estaba a punto de quedarme dormida, B. se "empalmó" y así siguió mientras yo dormía. Me aseguró que estuvo "armado" casi toda la noche, durante el sueño y fuera de él, y que era una experiencia totalmente nueva para él. Como es natural, nos conectamos de nuevo esa misma mañana y, sorprendentemente, seguía estando perfectamente en forma. Era muy bonito verlo y oírlo hablar de ello [...], pero debo confesar que yo estaba un poquito envidiosa. Por no sé qué razón, últimamente tengo dificultades para mantener mi presencia dentro de mi cuerpo. No obstante, estas dos últimas veces estuve más relajada. Estoy húmeda todo el tiempo, incluso cuando no estamos conectados; y disfruto mucho con estar con mi hombre rodeados de esta relajada atmósfera».

INSPIRACIÓN TÁNTRICA

Y mientras haces el amor, olvídate del orgasmo. Más bien, tienes que estar con tu hombre en un estado relajado. Relajaos el uno con el otro. La mente occidental está continuamente pensando en cuándo llega y en qué hacer para darle rapidez y grandeza, esto y lo otro, y no sé cuántas cosas más. El pensar no permite que las energías del cuerpo funcionen. No permite que el cuerpo siga su propio camino; la mente no para de interferir...

Relájate con tu hombre. Si nada ocurre, no hay necesidad de que algo ocurra. Si nada ocurre, eso es entonces lo que está ocurriendo [...] y eso es también muy bonito. El orgasmo no es algo que tenga que suceder todos los días. El sexo debería limitarse a estar juntos, a disolverse el uno en el otro. Entonces, uno puede estar haciendo el amor durante media hora, durante una hora; solo relajándose el uno con el otro. Entonces alcanzarás una absoluta vaciedad de mente, porque no hay necesidad de la mente. El amor es la única cosa que no necesita de la mente; y es en esto donde Occidente se equivoca, ya que hace intervenir a la mente incluso en el amor.

Osho,
El secreto abierto

EJERCICIO DE ACCIÓN MUTUA DE LA PAREJA
PENETRACIÓN SUAVE

Las figuras 8.1, 8.2, 8.3 y 8.4 sugieren posturas idóneas para la penetración suave. La postura inicial más fácil es la 8.1, en la que el hombre se tumba de costado dándole la cara a la mujer; ésta se acuesta de espaldas y acerca su pelvis a la de él lo más que pueda. Ambos abren sus piernas, por lo que sus genitales se colocarán de una manera natural uno frente al otro. Juntad los genitales y enroscad una de vuestras piernas alrededor del otro. Si el hombre se apoya sobre su costado derecho, la mujer coloca su pierna derecha entre las

FIGURA 8.1, Postura de costado (de tijera) idónea para la penetración suave.

FIGURA 8.2. La pareja tumbada hacia un lado.

FIGURA 8.3. La pareja tumbada hacia un lado y besándose.

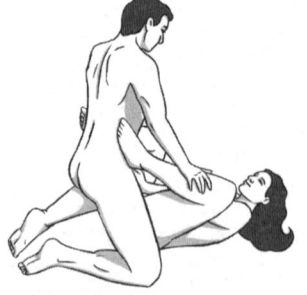

FIGURA 8.4. El hombre en una postura intermedia para la penetración suave.

piernas del hombre; la rodilla de esta pierna quedará doblada y su pie descansará sobre el suelo. Al mismo tiempo, la mujer hará que su pierna izquierda, debidamente doblada, descanse sobre la pelvis masculina. A esta postura se le llama «de tijera» por el modo en que se entrelazan las piernas. La mujer tiene que distanciar su torso del de su compañero (hasta un ángulo mayor de 90 grados) con objeto de que ambas pelvis tengan un mejor acoplamiento, o bien mover su propia pelvis hacia arriba para conseguir un efecto parecido. Ensayad y determinad qué es lo más confortable para vosotros (las posturas de las figuras 8.2 y 8.3 podrían ser unas variantes interesantes después de lograda la penetración).

Una vez que estéis posicionados correctamente, esto es, con vuestras respectivas pelvis cercanas y con la vagina frente al pene, te toca ahora a ti, mujer, llevar la iniciativa. En primer lugar, toma el pene con la mano. Si necesitáis una sustancia lubricante, ahora es un buen momento para aplicarla. Si vais a utilizar un condón, ahora también es la mejor ocasión para colocarlo, cuando el pene está aún flácido. Después de colocado el condón, podéis aplicar el lubricante* y proceder directamente a la penetración, tal como se describe a reglón seguido. Los condones no menguan la sensibilidad electromagnética.

FIGURA 8.5. Colocación de los dedos en el pene para favorecer la penetración suave.

Antes que nada, tómate un tiempo para abrir tus labios púbicos y hacer así más accesible la entrada vaginal. Luego, tienes que poner toda la cabeza del pene (glande) al descubierto; para ello, con sumo cuidado, echarás hacia atrás el prepucio (o sea, la piel móvil que lo re-

---

* Utilizad solo condones con un lubricante farmacéutico y nunca con uno de aceite vegetal. Si no es necesario el condón, pueden servir los aceites de almendra, de sésamo y de oliva. Los aceites y lubricantes no deben contener sustancias aromáticas. *(N. de la A).*

cubre). Después, tendrás que formar sendas pinzas con los dedos índice y medio de ambas manos (las uñas cortas para no arañar la vagina o el pene). Con una de las pinzas (mejor la de la mano izquierda) asirás firmemente la base del pene, mientras que con la otra (la de la mano derecha) sostendrás la parte delantera del mismo, para lo cual colocarás la pinza inmediatamente detrás del borde que rodea la cabeza del pene (véase figura 8.5). Hecho esto, apretarás los dedos de forma que se produzca un agarre suave y arrastrarás el pene hacia tu vagina. Cuando éste llegue a la entrada, comenzarás a introducirlo. Empuja el pene hacia dentro y hacia arriba e introdúcelo un poco en la vagina. Desliza los dedos de tu mano derecha un poco hacia atrás y haz lo mismo de nuevo; esto es, agarra el pene entre tus dos dedos y empújalo algo más hacia dentro de la vagina. Repitiendo una y otra vez este movimiento de dedos con suma delicadeza, irás introduciendo, un poco más cada vez, el pene en la vagina. Una vez que lo hayas introducido por completo dentro de ti, o lo más que hayas podido (insertar solo la cabeza es ya un buen comienzo), retira las manos. A continuación, entrelazaos mutuamente con las piernas para facilitar la penetración, y permaneced tendidos. Utilizad almohadas en los lugares que sean necesarios y poneos lo más cómodos que podáis. Si el hombre tiene dificultades para mantenerse de costado, habría que colocarle una almohada detrás de su pelvis para que lo sustente.

Durante la penetración suave *debes* mantener tu vagina *absolutamente* relajada o, de lo contrario, sería forzar al pene de tu compañero a que entrara en una puerta cerrada. En estas condiciones, lo más seguro es que la cosa no funcione. Cuando estés insertando el pene es muy probable que quieras mirar entre tus piernas para ver lo que estás haciendo. Si haces esto contraerás la musculatura del vientre. Si el vientre se contrae, también lo hace la vagina. Para evitar esta tirantez tienes que emplazar intencionadamente tu estado de conciencia en la vagina a fin de mantenerla relajada y practicable. La alternativa más fácil, una vez que tengas el pene entre tus dedos, es echarte un momento hacia atrás y dejar de mirar tus manos. Luego, y antes de intentar la inserción, relaja conscientemente la vagina y dilata los músculos vaginales. Cuando esté abierta, desliza el pene flácido hacia dentro, tal como se ha indicado anteriormente. La penetración suave puede convertirse en la forma ordinaria de practicar el sexo, o bien puede utilizarse cuando sea necesaria.

La postura de tijera puede que no sea idónea para todas las parejas. En este caso, una buena alternativa sería la postura intermedia (figura 8.4), en la que el hombre por sí mismo puede insertar el pene con toda facilidad. En esta postura, el hombre queda arrodillado entre las piernas de la mujer, a quien una almohada levanta su pelvis. Después de empujar poco a poco el pene hacia dentro de la vagina (quizá con la ayuda de su compañera), él puede de vez en cuando inclinarse hacia delante sobre ella y rodar juntos de costado, tanto hacia la izquierda como hacia la derecha.

MEDITACIÓN TÁNTRICA
MEDITACIÓN SOBRE LA ESPINA DORSAL

Puedes practicar esta meditación tendida de espaldas o sentada, con la espina dorsal completamente recta. Por regla general, la imaginación suele utilizarse durante el acto sexual para llevar la energía hacia abajo; no obstante, esta pauta puede variarse. La misma imaginación puede emplearse para llevar la energía hacia arriba. Esto puede facilitarse asignándole a la espina dorsal tantas divisiones como centros de energía existen en el cuerpo; centros que están localizados en los genitales, debajo del ombligo, en el plexo solar, corazón, garganta, tercer ojo y en lo alto de la cabeza. La mente puede emplear estas divisiones para hacer que la energía se mueva hacia arriba en fragmentos. Ahora bien, si eres capaz de conectarte con la espina dorsal en su totalidad, no serían necesarias las divisiones.

Cierra los ojos, invierte tu visión, y mira hacia dentro de tu cuerpo, concretamente hacia la región pelviana. Siente los huesos de la pelvis y concentra lentamente tu estado de conciencia en el sacro y en el cóccix, los cuales forman, como sabemos, la base de tu espina dorsal. Visualiza rayos de luz elevándose por tus vértebras. Imagínate a ti misma como partículas de luz, de electricidad. «Imagínate tu esencia como rayos de luz que se elevan por tu espina dorsal, de un centro de energía a otro, a través de las vértebras, y siente» cómo surge en ti el vigor de la vida» [1]. Concéntrate primero en tu centro sexual e imagínate rayos de luz dorada que se mueven hacia arriba, hacia tu centro del ombligo.

Deja que la energía llegue hasta allí y que se extienda hacia el plexo solar igual que un río de luz. Siente cómo el calor se eleva dentro de ti a medida que los rayos empiezan a moverse hacia el centro corazón. El calor te va inundando paulatinamente.

Deslízate gradualmente hacia arriba, a través de tu espina dorsal, hasta alcanzar la cima de tu cabeza. Siente tu espina dorsal fluyendo a raudales desde tu centro sexual hasta el centro de la corona (coronilla). Si lo deseas, puedes extender la conexión más allá de tu cuerpo; para ello, imagínate que la luz alcanza hasta un metro por encima de tu cabeza. Y si todavía te apetece viajar más lejos, lleva tu imaginación hasta la Luna.

9

La relajación y el orgasmo

PARA LA MUJER QUE se afana por recobrar su feminidad, la relajación —el fundamento para las nuevas experiencias— tiene muchas aplicaciones e implicaciones. La relajación crea un aura inmediato de feminidad en torno a la mujer. Ésta se hace porosa, delicada; todo su ser invita al hombre a entrar en su presencia.

El verdadero poder de ser mujer estriba en su cualidad de ser; en su capacidad para influenciar al hombre respondiéndole desde *dentro del elemento femenino*. Desde su lugar de receptividad, con aplomo, con tranquilidad y facilidad internas, la mujer aplica su fuerza sobre el espacio que la rodea y sobre todo aquel que penetre en él. Tiene la propiedad de transformar su entorno con tan solo recibir la fuerza masculina, ya sea mediante un abrazo, una caricia, un beso o una penetración; recibir, tragar, absorber al hombre cuando la penetra con sus caricias, su cuerpo, sus labios, su pene.

Cuanto más pueda la mujer fundirse con su propio cuerpo y experimentarse desde dentro, más extática se sentirá. La relajación y la fundición con el momento se convierte en algo natural, puesto que no se persigue una meta específica; y esto hace posible una interacción pausada y poco exigente. Hay tiempo de sobra para percibir qué es lo que está sucediendo en el cuerpo cuando está sucediendo, para registrarlo en las profundidades de tu ser.

Introducción del estado de conciencia en el cuerpo

El primer paso que tiene que dar la mujer al investigar el papel de la relajación en el acto de hacer el amor, es centrar la atención en ella misma. Debe tener la intención de estar más al tanto de ella y más abierta a sí misma, de ser curiosa acerca de lo que sucede en su interior. Sin encontrarse a sí misma de esta manera y sin pasar primero a través de ella misma, la mujer no puede unirse al hombre de una forma profunda.

La relajación consiste en retirar tu estado de conciencia del exterior (y del hacer) y llevarlo dentro de tu cuerpo y hacia abajo, en estar despierta en cuanto a los sentidos se refiere, en sentir las sensaciones y sensibilizaciones internas de tu cuerpo. Esto requiere un ambiente tranquilo y una cierta vigilancia por tu parte; un ambiente en el que tengas la oportunidad de sentirte a ti misma en vez de centrar tu atención en tu hombre. En gran medida incluso llegas a ignorarlo. No es que seas ajena a él por completo; no, eso no. Eres vitalmente consciente de su presencia al tiempo que mantienes el principal enfoque de tu atención en *tu* realidad interna. Si una mujer comienza a experimentarse a sí misma desde su interior, se hace más tranquila y receptiva de un modo natural e inmediatamente crea un ámbito femenino a su alrededor. En otras palabras, a la mujer se le pide que encauce su energía hacia su interior, no que la proyecte hacia fuera. El verdadero varón (no el varón condicionado por la hiperactividad) proyecta su energía, se extiende hacia fuera, mientras que la mujer se mueve hacia dentro a fin de estar en disposición de absorber la energía masculina.

Como principio receptivo, la mujer es capaz de crear un ambiente sereno. Por medio de la relajación entra fácilmente en su elemento y se convierte en una invitación irresistible. Su sola presencia invita a la fuerza positiva, y su deseo ya no será una demanda frustrada. Cuando aprenda a convertirse en un espacio abierto, en una vaciedad totalmente presente, experimentará que la energía masculina está asimismo a su total disposición para ser recibida y absorbida, así como transformada en algo dimensional y totalmente nuevo. Como resultado de esta química entre los elementos masculino y femenino, surge una atractiva fuerza electromagnética. Si una mujer se aposenta en el principio femenino, amanece en ella el verdadero significado del sexo y comienza para ella la dicha real de estar con un hombre. Una vez aprendido el arte, ella puede ejercer su influencia sobre cualquier hombre que escoja. Es algo irresistible, magnético, mágico. Un simple, sostenido y persistente roce de labios puede conmocionar al hombre hasta sus mismas raíces. O un abrazo que envuelva todas las células del cuerpo puede durar, durar y durar..., hacerse eterno. La relajación crea una especie de rebufo por el que, sin esfuerzo alguno, puede deslizarse el hombre para colocarse en situación y conectarse con su igual y opuesta. Según mi experiencia el hombre, cuando encuentra una fuerza que simplemente le invita a unirse y fundirse a través de su cuerpo y pene, no puede mantener de ningún modo una postura agresiva, machista y orientada a una meta. La presencia y el atractivo del cuerpo femenino se amplía grandemente si, en lugar de la extenuante actividad física que normalmente ocurre en la intimidad, existe un estado de relajación.

Exploración y barrido del cuerpo

Hay muchos niveles de relajación; estamos ante una experiencia muy sutil y multidimensional. El nivel básico corresponde al relajamiento físico. Habitualmente mantenemos tensas muchas partes del cuerpo sin darnos siquiera cuenta. Aprende a explorar continuamente tu cuerpo con objeto de encontrar tensiones innecesarias. Mientras abrazas, besas, haces el amor; mientras te mueves o adoptas cualquier postura, explórate desde la cabeza a los pies y relaja, una y otra vez, cualquier capa superficial de tensión; hazla desaparecer de manera consciente. He aquí algunos ejemplos: aflojar el apretamiento de las mandíbulas o la tirantez alrededor de los genitales; suavizar y relajar el vientre y el plexo solar; bajar los hombros uno o dos centímetros, o eliminar cualquier rigidez en los pies o en sus dedos. No cabe duda de que para mantener cualquier postura en el espacio se requiere una cierta tensión; la tensión es necesaria para la integridad física y corporal. Mantiene la cohesión de nuestro cuerpo. No obstante, podemos desembarazarnos de todas aquellas tensiones que no formen parte de esa tensegridad* central.

A veces, se cree erróneamente que la relajación es algo parecido al derrumbado, ausente y desmadejado estado de una muñeca de juguete. Esto es una equivocación. La relajación aumenta el vigor y la vitalidad internas, lleva la gracia al cuerpo y le da brillantez al ser. Lo que se pretende con la relajación es hacer menos esfuerzo, estar más en el interior de nuestro cuerpo y más presente en lo que está sucediendo; no se pretende cambiar el concepto de orgasmo.

A un nivel más sutil, debajo de esta clase de relajación física inmediata, existe un estrato más profundo de relajación al que se llega a través del empleo del estado de conciencia. Sírvete del estado de conciencia para realizar filtraciones por tu cuerpo y para hacer acciones de «barrido» a través de él, como asimismo para demorarte en ciertas zonas, llevando a cabo incisivas incursiones en las células y haciéndote sensible a las cálidas, hormigueantes, radiantes, intensas y vibrantes sensaciones presentes en muchas partes.

El resultado de esta clase de demora con el estado de conciencia son unas gratas oleadas de expansión interior y un nivel más profundo de relajamiento, y todo marcado, además, por una propagación del calor interior y de las sensaciones expansivas. La sensibilidad se acentúa. Los tejidos corporales se hacen más porosos al penetrar por ellos la fuerza vital. En particular, la vagina y los senos responden a este estado de conciencia, por lo que la mujer puede sensibilizar en gran medida estos dos polos y, por tanto, incrementar la corriente magnética entre ellos. El estado de conciencia interno despierta el potencial autoextático del cuerpo a través del eje de magnetismo, siendo éste, según quedó explicado en el capítulo 4, el origen del orgasmo. En esencia, la relajación consiste en estar presente y abierta a una misma, no ausente y desconectada de una misma. La mujer puede crear un ambiente exótico por el simple hecho de expandir su estado de conciencia y de estar presente en todos y cada uno de los movimientos y

---

* Término utilizado por Carlos Castaneda para referirse a la versión modernizada de algunos movimientos, llamados «pases mágicos» (una serie de estiramientos, posturas y movimientos), desarrollados por los chamanes nativos que vivieron en México en una época anterior a la conquista de los españoles. Castaneda tomó este término de la arquitectura porque los pases mágicos combinan la tensión y la relajación de los músculos, articulaciones y ligamentos de forma tal que da lugar a un cuerpo físico más fuerte, más flexible y más «consciente». (En la colección Nagual de Gaia Ediciones, Madrid, aparecen varios títulos de Carlos Castaneda). *(N. del T.)*

posturas de su cuerpo, por muy ligeros que estos sean. La relajación es una bella experiencia, ya que permite a la mujer, por fin, ser ella misma, presentarse tal cual es en toda su gloria, aquí y ahora. Si adoptamos una actitud cómoda y comprensiva, si no hacemos nada especial ni vamos a un lugar determinado, se libera de repente la enorme energía que normalmente dedicamos a perseguir los consabidos placeres del sexo, la cual queda disponible para expandirse a otras zonas. En vez de tomar una dirección de salida, esta misma energía se vuelve hacia dentro, se reencauza como si dijésemos, creándose así un intenso estado de conciencia de los sutiles y extáticos episodios que ocurren en nuestro cuerpo.

Relajamiento de la vagina

Recordando que la energía se desborda de los senos y fluye para encender la vagina, la mujer debería básicamente mantener todo lo posible su estado de conciencia en los senos, antes y durante el acto sexual. Al mismo tiempo, es bueno asegurarse de que la vagina esté abierta y relajada. Demórate con tu estado de conciencia en el canal de la vagina y vivencia, entrando en ellos a nivel celular, la sensación de sus tejidos. El relajamiento y el barrido del estado de conciencia aumentan la propiedad de «vaciedad» de una vagina receptiva y acogedora. A su vez, esto refuerza la positiva y activa «llenura» del pene presente en la vagina. Una vez que haya tenido lugar la penetración, la porosa, absorbente y acogedora vaciedad del polo pasivo debería ser mantenida mientras dure el acto sexual. Si están en equilibrio los polos positivo y negativo (dentro de tu propio cuerpo y entre el pene y la vagina), el pasadizo se abre, la energía fluye. El deleite de esta corriente electromagnética dentro del núcleo central del cuerpo no tiene parangón con las sensaciones que convencionalmente asociamos con el sexo.

De una manera natural, la participación del estado de conciencia crea lentitud, por lo que el actuar sin prisas se convierte en algo fácil. Se recomienda especialmente que los movimientos dentro de la vagina sean lentos a fin de prevenir una inconsciente reacción defensiva de la vagina para proteger el cuello del útero. Tal como se mencionó con detalle en el capítulo 6, una vagina tirante y apretada es un obstáculo para las experiencias orgásmicas. En vez de tirante y estrecha, la vagina tiene que estar suave y flexible, estado que inmediatamente le da la necesaria sensibilidad para sentir la energía que irradia el pene. Favorece la relajación manteniendo la vagina ancha y abierta; no hay necesidad de atirantarla o estrecharla alrededor del pene. La sensación de espacio y porosidad es necesaria para que se activen las cualidades electromagnéticas. Si ambos polos están físicamente limitados, el más y el menos no pueden encontrarse, mezclarse e interactuar.

Muchas mujeres creen con temor que, tras el parto, el canal de su vagina se ensancha; esto es una idea equivocada producto de una concepción convencional del sexo. Hace poco me horroricé al escuchar de un ginecólogo que hoy en día no es raro que la mujer opte, sin que haya una razón médica para ello, por una cesárea en vez de un parto vaginal natural. Las mujeres tratan de evitar el parto natural porque erróneamente creen que así preservan la integridad de su vagina.

Aunque hemos manifestado los inconvenientes que tiene la flexión de la vagina durante la relación sexual, sí recomendamos *encarecidamente* el ejercicio de los músculos de la vagina y del suelo de la pelvis fuera de dicha relación sexual, puesto que así se mantiene el tono y la salud de los genitales e incluso se favorece, tal como se relata en unos de los ejercicios del capítulo 6, «La penetración profunda». Este ejercicio consiste en contraer y relajar conscientemente el suelo de la pelvis como si estuvieses tratando de contener el flujo de la orina. Si se hacen de manera consciente, estos ejercicios producirán una reactivación de los músculos de las paredes de la vagina con el consiguiente incremento del chi y del tono general. No deben realizarse mecánica o distraídamente, ya que esto solo produciría dureza e insensibilidad.

Combinación del movimiento y la relajación

Incorporar la relajación al placer de los movimientos físicos es un arte; aunque también es algo que produce un gran divertimento. En el capítulo 6 consideramos el hecho de que si la mujer mueve su pelvis hacia delante y hacia atrás, el propio esfuerzo que supone este movimiento produce una contracción del entorno vaginal que lo hace menos sensible y receptivo. En cada acometida hacia delante, la vagina se contrae y escupe el pene hacia fuera en el preciso instante que trata de entrar.

Esto pone muy difícil que los polos positivo y negativo se encuentren, se correspondan e intercambien energías. Te aconsejo que cuando tu hombre empiece un movimiento de vaivén no hagas tú lo mismo; en lugar de esto, además de centrarte intensamente en recibir el pene en la vagina, inclina y mantén la pelvis quieta en posición receptiva. Procura convencer a tu hombre de que realice la penetración muy lentamente; esto permite que la vagina esté más accesible al pene que llega. Sin duda alguna, la lentitud acrecienta las deliciosas sensaciones de la vagina. Si es vuestro deseo, podéis mantener la penetración durante largo tiempo sin dar marcha atrás. Lo mejor, tal como ya se ha dicho en el capítulo 6, es acoger al pene durante muchos minutos en las profundidades de la vagina y que luego el hombre lo retire, para penetrar de nuevo. De este modo, tu compañero llega hasta tu parte más receptiva, a tu jardín del amor, lugar en el que se saborean sensaciones orgásmicas divinas.

Sin que esto contradiga ninguna de las anteriores sugerencias, bajo ningún concepto deben excluirse los movimientos de vaivén del abanico de opciones que tiene la mujer. Los movimientos conscientes producen en el cuerpo una cualidad de percepción totalmente diferente. Lo que cuenta no es lo que tú hagas, sino cómo lo hagas; casi todo lo que lleves a cabo con pleno estado de conciencia va a ser estupendo. Es la falta de estado de conciencia lo que causa la obstrucción. La regla de oro a tener en cuenta es evitar los movimientos mecánicos, ya que estos normalmente no solo comprimen la energía del cuerpo, sino que, además, casi nunca van acompañados de un sentimiento interno. Así es como fácilmente se pierde la conexión con el mundo interior.

Como ya se ha mencionado, se estima ligeramente equivocada la acción de la mujer de apretar deliberadamente la vagina con el fin de estimular la erección del pene. Con esta acción se pierde fácilmente la erección y se fomenta la eyaculación. Hay algunas técnicas un poco más avanzadas para esto; por ejemplo, que la mujer realice una acción de bombeo con los músculos del suelo de la pelvis para empujar la energía hacia arriba, en el cuerpo. Lo sorprendente es que esta clase de acción de bombeo, en ocasiones, acontece por sí sola. El cuerpo, si se le da la oportunidad de funcionar sin nuestra interferencia, lo hace de vez en cuando. El cuerpo, con su propia inteligencia, sabe perfectamente bien cómo tiene que responder. (Quizá la práctica de la flexión consciente de los músculos del suelo de la pelvis tenga su origen en esta respuesta).

A veces, mientras hacemos el amor, con solo levantar el cuello y la cabeza para buscar los labios del ser amado, es suficiente para introducir tensión en la vagina e incrementar su sensibilidad. Colocar una almohada debajo de la pelvis, tal como se indica en las figuras del capítulo 6, es también un buen modo de crear una tensión interesante en la cavidad vaginal sin que ésta pierda su receptividad. Y si a estas sutiles tensiones les añades la acción de besar, entonces el intercambio entre el pene y la vagina es maravilloso.

Aislamiento y relajación de los músculos vaginales mientras se está en movimiento

Podemos abordar la cuestión del movimiento de varias formas alternativas. Un modo de moverse es cambiar de posición frecuentemente sin que el pene pierda el contacto con la vagina. La unidad pene-vagina es el punto central alrededor del cual ocurren todos los movimientos (Véanse las figuras 9.1 y 9.2, páginas 162 y 163, en las que están representadas dos secuencias de posturas rotatorias que tienen como eje el pene y la vagina). Cuando quieres mover la pelvis, lo que intentas es aislar los músculos vaginales y mantenerlos relajados y abiertos mientras mueves la propia pelvis. Lo que realmente mueve la pelvis es un músculo situado delante de la espina dorsal (el iliopsoas); así que, cuando muevas la pelvis, intenta conectarte con esa zona que existe detrás del estómago y delante de la espina dorsal. Esto no es fácil; es necesario un estado de conciencia. Comprueba qué músculos *no* son necesarios para el movimiento (hay muchos; por ejemplo, los de las nalgas, los del vientre y los del muslo) y procura utilizar aquellos que *sí* se necesitan de una forma relajada, lenta, cómoda y consciente. Los movimientos lentos garantizan el estado de conciencia e incrementan la sensualidad. A veces, como resultado de la atracción magnética y de un movimiento circular de la energía, los dos cuerpos se desconectan inesperadamente y empiezan a moverse cada uno por su cuenta de un modo bamboleante. También existe toda una gama de movimientos pequeños y reducidos del pene dentro de la vagina, cuya realización, ya sea intermitente o continua, no produce demasiada frotación contra las paredes vaginales y sí un delicioso placer.

Lo esencial a aprender aquí es que, en general, las tensiones no propician esa experiencia más profunda que es el orgasmo y que incluso pueden actuar en su contra. Porque creemos que constituyen un requisito previo para el placer sexual, en el sexo convencional se practica una buena cantidad de actividades y movimientos. Pero la relajación —no la tensión—, como un continuo y prolongado estado, se halla en el origen del orgasmo femenino.

FIGURA 9.1. Secuencia de posturas rotatorias de frente.

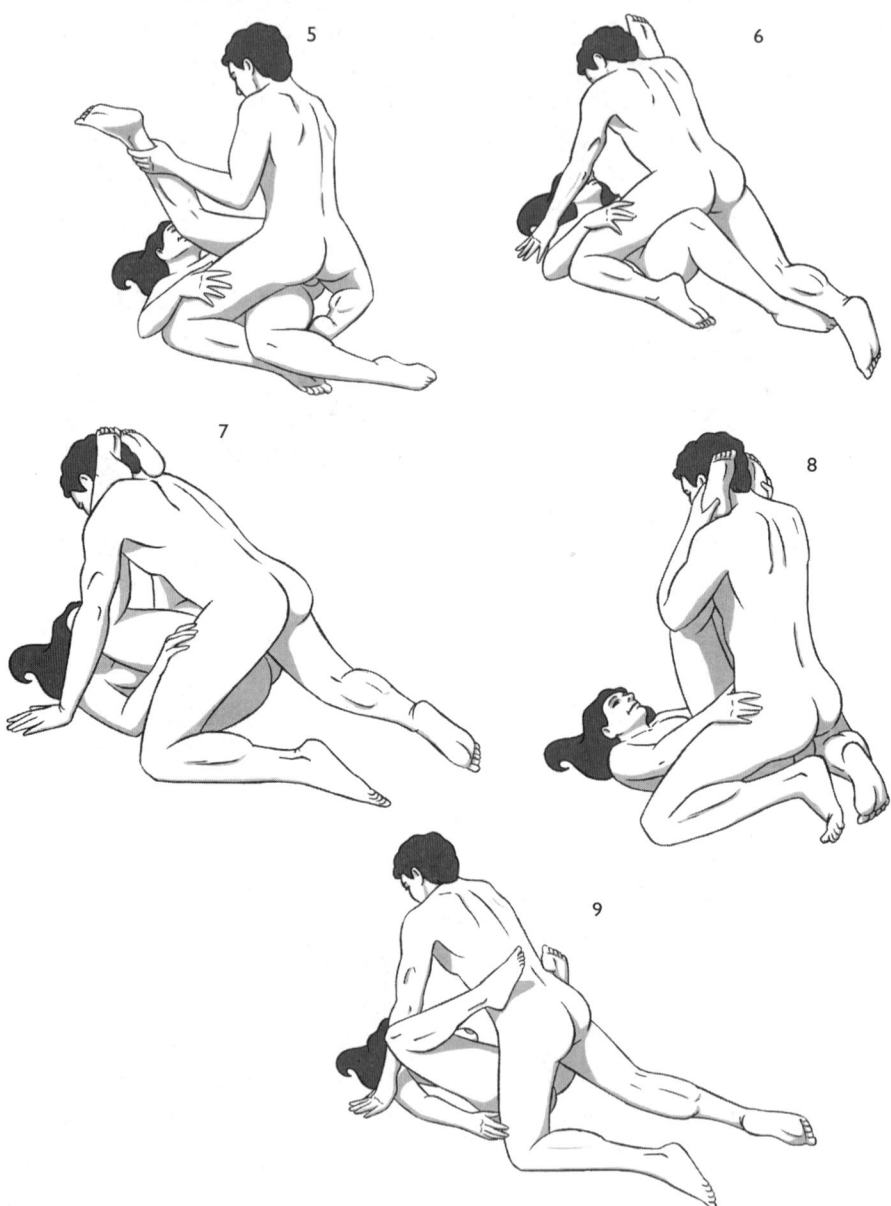

Figura 9.2. Secuencia de posturas rotatorias de espalda.

LA RELAJACIÓN Y EL ORGASMO 143

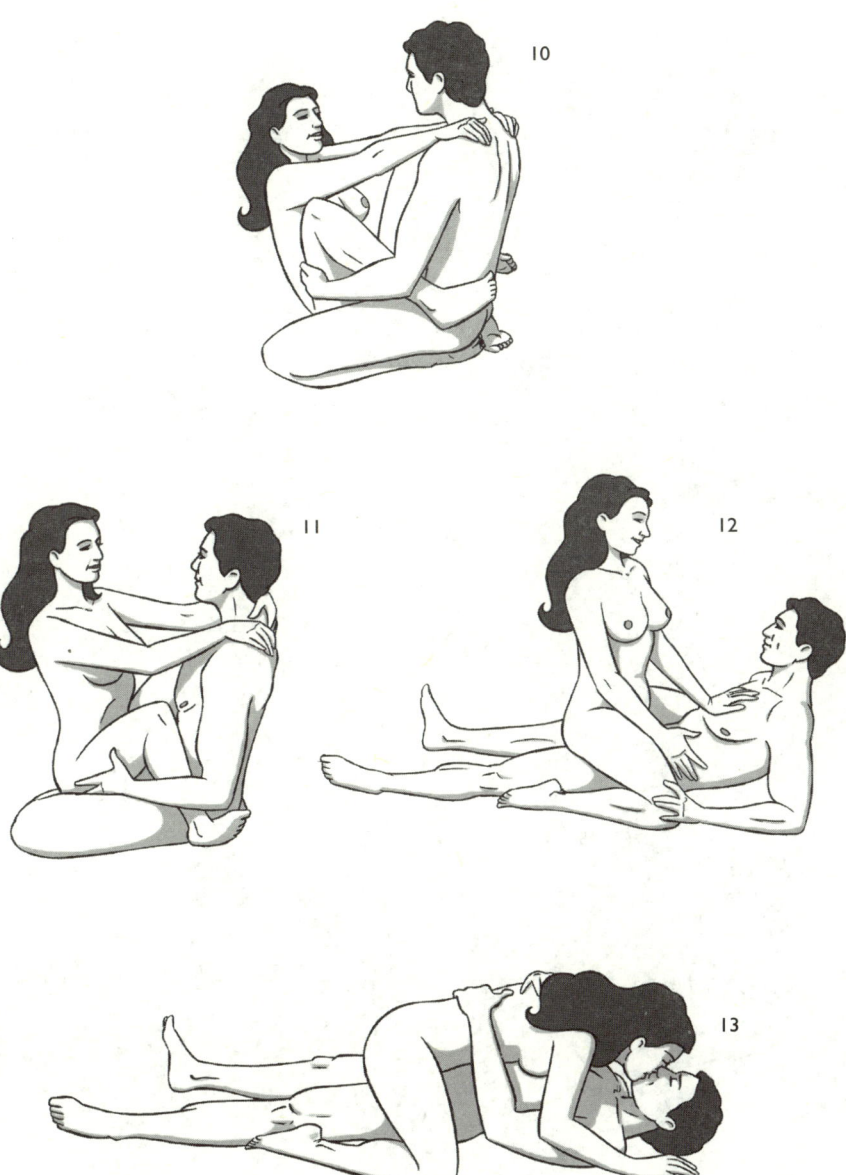

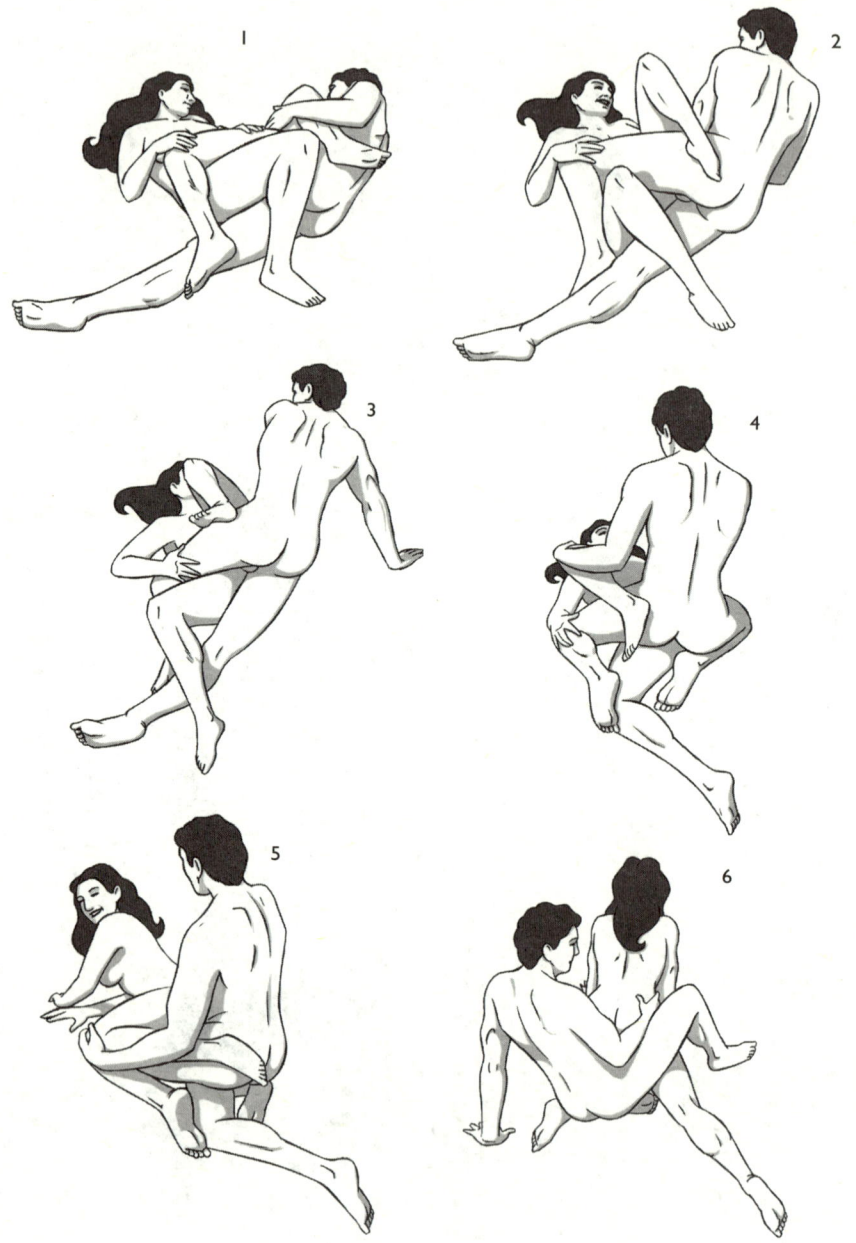

FIGURA 9.2. Secuencia de posturas rotatorias de espalda.

EL POTENCIAL INTRÍNSECO PARA EL ORGASMO

Empleo de la respiración, las palabras, los ojos y los labios

Al no tener nada que hacer y ningún sitio adonde ir, la relajación se identifica con el momento presente. Los amantes pueden intensificar en sumo grado el «aquí y ahora» de varias formas; todas eficaces. Pueden utilizar la respiración, las palabras, los ojos, los besos e incluso aunar todos los sentidos; cada una de estas formas causa un impacto en el intercambio sexual. La respiración se basta por sí sola para provocar un estado orgásmico. La respiración te hace estar en tu cuerpo en el presente, lo cual es una buena cosa, toda vez que no tendrás un orgasmo con facilidad mientras estás en tu mente pensando en otras cosas. La respiración te ayuda a fundirte con el cuerpo y a formar unidad con la fuente de la vida.

Lo ideal es que la respiración sea rítmica, profunda y lenta. Intenta llevar la respiración hacia abajo, hacia el vientre; no la retengas en el pecho. Respirar por la nariz es una respiración más refinada; sin embargo, respirar por la boca es a veces más confortable o adecuado. Encauza la respiración en dirección a los genitales para que tu sensibilidad encuentre allí un lugar de expansión.

Es probable que hayas notado que, en la práctica, es extremadamente difícil mantener la atención en la respiración; sobre todo cuando estás tan involucrada con el estado de conciencia a otros niveles. No obstante, regresa con tu estado de conciencia a la respiración siempre que ésta te avise que no estás presente en ella. Considera tu respiración como una buena amiga que puede echarte una mano en el momento que creas que te falta un poco para estar viva y presente. La respiración siempre produce un efecto positivo. Si te interesa sacarle más partido, te será útil crear un equilibrio entre la duración de cada inspiración y de cada espiración. Para regular tu respiración, cuenta primero seis o siete veces tus inspiraciones y, a continuación, realiza lo mismo con tus espiraciones; el número de veces puedes cambiarlo a tu acomodo. Con la práctica llegarás a adquirir una respiración profunda y regular. El equilibrio de la respiración también llevará el estado de conciencia a ese instante vacío que existe entre las inspiraciones y las espiraciones; es la llamada «ausencia de respiración», que es un momento en que, flotando extáticamente en el espacio de tiempo que media entre una espiración y la próxima inspiración, alcanzamos a ver la vida eterna. Si utilizas la imaginación, puedes intensificar los efectos de la respiración; algo que funciona a las mil maravillas con alguna gente. Imagínate, por ejemplo, que una luz dorada brota de tus senos en cada espiración, mientras que una luz, también dorada, se introduce en tu vagina en cada inspiración.

El beso aporta un fuerte sentimiento de unidad, tanto en tu propio cuerpo como en el de tu pareja. Cuando se tocan los labios de los amantes es como si se completara un círculo, de aquí que se intensifiquen las sensaciones del cuerpo. La acción de besar contribuye a que la mujer se fusione con su cuerpo. El beso con lengua casi siempre produce excitamiento, por lo que debe practicarse en contadas ocasiones. Pero mucho más interesante que la lengua son los mismos labios. Mantén tu boca cerrada y junta los labios de forma relajada; coloca en ellos tu estado de conciencia y ponlos en jugoso contacto con los labios de tu compañero, quien, con suerte, habrá hecho lo mismo con los suyos. Cuida de que sea un contacto agradable y suculento, no un toque ligero y anodino. Procura estar lo más presente posible en tus labios; imagínate que estás viviendo de él y él de ti. No pude menos que impresionarme cuando una mujer, en uno de los talleres que yo dirigía, me dijo que su esposo y ella habían aprendido a besarse después de veinte años de matrimonio. Estaba extasiada con el suceso; para contento de su corazón, un nuevo campo de sensualidad se había abierto ante ella a través de los efectos de una verdadera forma de besar.

Aunque no estés besando, explora de vez en cuando con tu estado de conciencia tus labios y tu boca, ya que no es raro que se acumulen en ellos tensiones habituales. Se nota porque las comisuras de los labios se proyectan hacia abajo. Ensaya con esta colocación de los labios y presta atención a tu talante; advertirás que empezarás a sentirte un tanto abatida. Hay mucha gente que muestra esta inconsciente tensión, especialmente mujeres, puesto que es aquí donde empieza a reflejarse el descontento con la vida. Para contrarrestar la caída de las comisuras de los labios, levántalas unos pocos milímetros; esboza lo que podríamos llamar una ligera insinuación de sonrisa. Si eres observadora, notarás una inmediata sensación de bienestar: te pondrás contenta y te sentirás ligera, levantarás la vista, e incluso serás testigo de cómo la energía se mueve en círculos entre tus cejas, en la zona denominada el tercer ojo.

Finalmente, hay que decir que pregonar en voz alta lo que estás sintiendo en tu cuerpo es un modo de aumentar en gran medida la intensidad de las experiencias internas. Solo tienes que decir qué es lo que sientes y dónde lo sientes. Comienza así tu confesión: «Siento...»; y solo hablas de ti misma, no de tu compañero. En cuanto digas las palabras, tu cuerpo responderá inmediatamente con una ampliación de las sensaciones ya presentes. Es como si de alguna manera contestaran al reconocimiento con un aplauso. Probablemente, todos hemos tenido la experiencia de ponerle un nombre a algo y de sentir la sensación de que así es más fácil de entender. Pues lo mismo acontece en el terreno de lo sexual. En primer lugar, confesando de este modo lo que sientes, estás reconociendo a tu propio cuerpo valiéndote de tu estado de conciencia. En segundo lugar, compartir sensaciones y hablar tiene la ventaja de que así informas a tu pareja de lo que te está pasando o estás sintiendo. Esto, a su vez, relaja a tu compañero, ya que así no tiene que suponérselo. Si se comparten las sensaciones en el intercambio sexual, el hombre estará en disposición de conocer de labios de su compañera lo que a ella le gusta y cómo le gusta.

«Compartir el ahora» es rendir un breve y conciso informe en el que describes tus experiencias internas. *No* tienes que tener una larga conversación sobre lo que te está pasando; al contrario, cuanto más corta, mejor. Por otro lado, no necesitas una respuesta; si bien escuchar a tu compañero cómo comparte contigo su «ahora» en ese momento, o en cualquier otro, no deja de ser maravilloso. Pero si tú conviertes ese «compartir el ahora» en una conversación, desvía tu atención de la intensidad del momento presente, lo cual te induce primero a pensar, y luego, sin que te des cuenta siquiera, a hablar sobre pasadas experiencias que no vienen al caso en ese momento. El breve informe sobre las sensaciones corporales nos ayuda a estar al tanto de lo que está pasando en cada momento; y ello, sin que intervenga la fantasía o la imaginación, ni tampoco el pasado o el futuro. Llorar, o exteriorizar cualquier otro sentimiento (sin más), es otra forma de compartir que incrementa la sensibilidad del cuerpo.

Una mujer comparte su experiencia: «Compartir los sentimientos ha sido hasta ahora, para mí, la clave principal. Desde el principio nos hemos contado todo aquello que perturbara *lo nuevo*. Como lo de compartir era mutuo, podía emitir cualquier juicio y contar realmente *todo*, lo cual se parece mucho a una revolución. Esto me hace tener conciencia del colectivo y de la profundidad de mi condicionamiento, así como de lo mucho que mi autoestima y mi ego están relacionados con el sexo, con mi órgano».

La comunicación es mucho más eficaz si se utiliza un lenguaje directo; de hecho, para conocer bien nuestras propias experiencias sexuales y las de nuestra pareja, se requiere el uso de términos directos. Esta es la razón por la que yo siempre uso las voces biológicas «vagina» y «pene». Sin embargo, la gente suele usar términos más rebuscados o eufemísticos para los genitales femeninos y masculinos, como «yoni» y «lingam», pero lo único que hace es desconcertarnos ligeramente y distanciarnos de nosotros mismos. Está demostrado que la utilización de términos biológicos, culturalmente aceptados, favorece la comunicación.

Un episodio ocurrido recientemente en uno de mis talleres europeos puede servir para ilustrar esta cuestión. Durante la traducción de mis palabras del inglés al alemán, el intérprete, un hombre, utilizó en dos ocasiones para pene un grosero, aunque comúnmente aceptado, término de la jerga alemana. Al utilizar por tercera vez la palabra «pene», me incliné tranquilamente hacia él, y le susurré al oído: «Por favor, utiliza la verdadera palabra alemana para pene». Cuando se le presentó la próxima ocasión, le fue difícil hacerlo, y en una de las ocasiones posteriores cometió de nuevo el desliz, aunque inmediatamente él mismo se corrigió.

En el último día del taller europeo, un hombre se me acercó para decirme lo importante que había sido el que yo insistiera en que el intérprete utilizase la palabra «pene». Añadió que, para él, esto marcaba el comienzo de una comunicación real con su esposa. Por primera vez habían sido verdaderamente capaces de hablar de sexo; y es que durante la duración del taller se habían sentido cómodos utilizando un lenguaje común y compartido. De repente, vieron que podían describir y comunicarse muchos pequeños detalles; cosa que antes era imposible. Cuando comenté esta retroinformación con Raja, mi compañero, me dijo lo siguiente: «Es cierto, ya sabes. Uno puede decir con toda tranquilidad "pene" y "vagina" ciento de veces, una y otra vez, y siempre sonará bien. Sin embargo, no pasa lo mismo cuando las palabras que se repiten son "coño" y "polla"; de hecho, suenan bastante mal. Incluso repetir con insistencia "yoni" y "lingam" llega a resultar chocante».

Desgraciadamente, muchas de las palabras coloquiales relacionadas con el sexo son degradantes para las mujeres (y algunas también son degradantes para los hombres). Haríamos bien si desterrásemos poco a poco este tipo de palabras de nuestro lenguaje cotidiano.

El momento se intensifica tremendamente si permanecéis mirándoos a los ojos mientras hacéis el amor. Esta mirada tiene que ser de visión suave, tal como se explicó en uno de los ejercicios finales del capítulo 2; evitemos la mirada dura y rápida y adoptemos una visión pasiva, receptiva e interna. Esta inversión de la energía, normalmente dispersada en la visión activa, permite que esta misma energía se retire, fluya hacia el corazón y lo abra. Cerrar los ojos tampoco está mal, ya que en ciertos momentos te pone en disposición de sentirte con mayor profundidad; no obstante, mantenedlos abiertos todo el tiempo que podáis. El contacto visual ayuda mucho a desembarazarse de antiguos patrones de autoconsciencia, como por ejemplo sentir vergüenza de todo lo que tenga relación con el sexo. Al principio, puede resultarnos fascinante enfrentarnos abiertamente a nuestras limitaciones; pero, por regla general, unas lágrimas, unas risas, o incluso unos temblores o unos estremecimientos, harán el prodigio de eliminar nuestras dudas sexuales.

Mujeres que comparten sus experiencias

«Es muy hermoso mantener el contacto visual. Hace que sea más fácil para mi cuerpo y vagina recibir a mi pareja. Siento cómo se desplaza la energía desde mis ojos a mi corazón y desde mi vagina a mi corazón. Me siento muy bien, muy feliz».

«Puesto que estaba habituada a estar mucho tiempo con los ojos cerrados, sentía un poco de recelo acerca del contacto visual; no obstante, me gustaron de verdad las posibilidades que me proporcionó. Sin duda alguna añadió un nuevo sabor a las relaciones amorosas con mi pareja».

«Me doy cuenta de la importancia que tiene estar *dentro* primero, centrada en una misma antes de conectar, así como *permanecer dentro* mientras se conecta; cuanto más, mejor. También es importante para mí no sentir que mi pareja "se sale", que se desconecta de su propio centro. Entonces su deseo puede parecerse a una exigencia, a una necesidad. Conectar los sentimientos de esta manera es algo difícil de conseguir. Requiere práctica cuando no estamos acostumbradas a ello».

«Algo exquisito me está sucediendo. Si miro a mi compañero a los ojos mientras hacemos el amor, a menudo creo que estoy mirando a los ojos de Buda. Pensaba que un amor tan incondicional solo podía existir entre mi Maestro y yo. Ahora está justo aquí».

«Encuentro más espacio en mí. Descubro cada vez más mi lado femenino. Siento esta tranquila felicidad. Siento que un proceso de sanación está ocurriendo a muchos niveles. De vez en cuando aparecen antiguos patrones, pero en tanto en cuanto permanezcamos abiertos a ellos, podré manejarlos. El estado de conciencia de los ojos recibiendo imágenes en lugar de mirar hacia fuera, nos ayuda mucho a relajarnos. ¡Es tan diferente la energía! Hasta ahora no hemos experimentado mucho con posturas diferentes, aunque sí lo hemos hecho con pequeños cambios en una o dos posturas. Es asombroso cómo un pequeño cambio en una postura o en un movimiento puede alterar tanto la energía. Cómo me toque o dónde me toque mi amante, cambia mi propia corriente de energía».

«Estamos muy bien, nos sentimos felices y realizados, nuestro amor es cálido, tierno y maravilloso. Nos divertimos experimentando cada vez más sobre cómo hacer el amor. Para mí, consiste en experimentar las olas orgásmicas que se expanden y suben hasta las zonas de mi plexo solar y de mi corazón; algo que es muy extático cuando sucede. Es también muy bonito pensar que si no sucede no pasa nada, ya que puedo experimentarlo la próxima vez, a la siguiente, o a la siguiente de la siguiente. Es un maravilloso alivio pensar que hacer el amor se ha convertido en una parte importante de nuestras vidas, que se ha hecho prioritario para nosotros. Esto me ha ayudado una enormidad a relajarme y a aceptar cualquier cosa que ocurra. Mi hombre todavía eyacula con frecuencia, aunque permanecemos juntos mucho tiempo antes de que lo haga. En lo que a mí concierne, en vez de esperar que suceda algo más, estoy mejorando en lo de estar en el aquí y ahora, y en disfrutar de lo que surja. A veces, en las relaciones sexuales ocurre algo así como si se abriesen puertas que no se habían visto antes; esto me proporciona percepciones más profundas sobre cualquier interrogante que yo pudiese tener acerca de la vida o de la muerte. Es como obtener flashes de meridiana claridad; comparables a experiencias tenidas en meditación profunda. Todo esto es maravilloso y soy muy feliz».

«Tengo que contarte mis maravillosos progresos. He tenido por primera vez un verdadero y maravilloso orgasmo con el pene de mi hombre en mi vagina... ¡Ah!, y sin dolor. ¡A pesar de que llevamos juntos veintitrés años, hasta ahora no habíamos podido lograrlo! Todavía no me puedo creer lo mucho que han cambiado las cosas para nosotros. Seguiremos de esta manera porque funciona; es un proceso de sanación. Puede cambiar cualquier cosa en la forma en que nos percibimos a nosotros mismos y nos hace conscientes cuando hacemos el amor».

Desembaracémonos de tensiones, máscaras, protecciones, esfuerzos y proyecciones

Puedes comprobarlo: si entras en relajación y te abres al momento, el resultado es una cantidad mucho menor de tensión y el abandono de máscaras, protecciones, esfuerzos y proyecciones. Ganas en vitalidad y en porosidad física, y adquieres, además, una apertura psicológica que expande la energía de tu cuerpo. Los orgasmos siempre requieren un cierto grado de apertura; de aquí que la más ínfima cantidad de relajamiento, a cualquier nivel, sea en todo momento buena. Por lo que hasta ahora sabemos, la relajación es un elemento básico para el orgasmo, incluso si se trata de un orgasmo convencional. Puesto que tiende a despojarnos de nuestros artificiales «yoes» sociales, el estado orgásmico hace de nosotros unos seres más naturales. La mujer suele creer que está llamada a abrirse al hombre incluso antes que ella misma se muestre, o que puede relajarse con el sexo o explorar en él. Esta creencia es errónea. Cuando las personas están abiertas, antes que nada están abiertas a *ellas mismas*. En virtud de este *estar* ellas abiertas, se abren a otra persona. Por consiguiente, abrirnos a nosotros mismos es lo primero y lo principal; y cuando nos abrimos, nos damos cuenta de las muchas tensiones inconscientes que anidan en nuestro cuerpo, y también de dónde y cómo estamos tan tensos. Muchos cuerpos de mujer son extremadamente reacios a las caricias; cuerpos con perfiles que no tienen nada de femenino. Las tensiones constituyen una forma sutil de protegerse y defenderse de la vulnerabilidad. Alertados por la experiencia previa, tememos una reacción poco favorable para nuestros intereses amorosos. Incluso cuando estas reacciones puedan ser absolutamente válidas en su propia expresión, permanecer siendo tú misma, percibirte a ti misma desde otro ángulo, y abrirte a la feminidad, son aspectos que requieren una vulnerabilidad y una sanación de antiguas heridas que no dejan de ser liberadoras y revitalizantes.

Una mujer comparte su experiencia: «Comencé a apreciar lo de estar presente cada vez más, justo como un medio en sí mismo. Noto, una y otra vez, que realmente me siento más satisfecha tras dos horas de penetración suave que tras una sesión de lo que ellos llaman folleteo. Hoy mismo me han entrado ganas dos veces y no he sentido nada en la vagina; todo se ha gestado en la mente. Cuando el deseo sexual llega, lo que hago es devolver la energía a la fuente del deseo, y esto me inunda otra vez de energía».

Explorar un territorio desconocido siempre requiere valentía; no obstante, las recompensas son enormes. Nos alejamos de nuestras ideas heredadas para descubrir que el simple relajamiento es totalmente emocionante. Algo que nos lleva más allá del goce del placer sexual al proporcionarnos la posibilidad del éxtasis sexual.

Diferencia entre lujuria y pasión

Investigando sobre sexualidad he encontrado verdaderas piedras preciosas conceptuales. Una de ellas es de Barry Long, el maestro espiritual y tántrico australiano, quien ha hecho una inconmensurable aportación en favor del retorno de hombres y mujeres a sus verdaderos y amorosos «yoes» sexuales[*]. Si bien hace abstracción de algunos conceptos de polaridad que son el fundamento de las antiguas enseñanzas tántricas (por ejemplo, ignora los senos), Long les da a las mujeres una gran cantidad de apoyo e inspiración. Su recomendación específica en cuestión de sexo es que la mujer debe permanecer muy sosegada y muy presente. Y utiliza la bella frase «apasionadamente inexpresiva» para describir el estado al que deben aspirar las mujeres. A primera vista, parece que estas dos

---

[*] Hace más de veinte años, Barry Long produjo dos cintas de audio tituladas *Hacer el amor*. Su revolucionario contenido sobre el hombre, la mujer y el amor sexual causó en mí una imperecedera impresión y fundamentó sustancialmente mi causa personal para la desmitificación del sexo. *(N. de la A)*.

palabras sean opuestas, y así surge la inevitable pregunta: ¿Cómo en el mundo puede la pasión ser inexpresiva? A nosotros nos parece la pasión la expresión por excelencia, la expresión fundamental.

Para comprender totalmente lo que Barry Long sugiere, sería preciso que tuviésemos claro los conceptos de lujuria y pasión, y que sepamos qué es lo que cada uno de estos estados representa. Aunque parezca raro, Long dice: «La pasión es pura presencia». En el sexo convencional, cuando no estamos presentes debido a nuestro interés por el orgasmo, es porque a la mayoría de nosotras nos domina la lujuria y, erróneamente, creemos que es pasión. En realidad, la lujuria está ligada a la estimulación y al excitamiento; y hasta cierto punto es incontrolable. La lujuria casi siempre tiene una dirección y un final de trayecto. La pasión, por el contrario, es la experimentación de la intensidad del momento con quietud interna, lo cual no excluye forzosamente el movimiento. Un estado altamente apasionado se puede interrumpir en cualquier momento (para atender a una llamada importante, por ejemplo) casi sin ningún alboroto. Pero la lujuria que no es totalmente satisfecha te puede dejar frustrada y alicaída, algo parecido a un pájaro al que se le hayan mojado todas las plumas. La pasión no tiene por qué ser activa ni tampoco exteriorizarse; es un estado anímico en el que vibra cada célula del cuerpo y en el que florece la vida. Si recibe la gracia de la pasión, la mujer queda alineada con su polaridad corporal interna y se hace presente en cada célula, exudando una invitación pero sin tomar una acción directa. Este es el estado de ser apasionadamente inexpresiva. En este estado, el hombre es verdaderamente capaz de responder como hombre. Si la mujer consigue introducirse por sí misma en una apariencia de «orden» interno, el hombre puede entonces parar de correr a su alrededor en círculos sexuales como un perro persiguiendo a su propio rabo. Cuando el hombre observa que su energía está siendo recibida por la mujer, su vida cambia, algo profundo encaja en su lugar. Él ha estado esperando ese momento toda su vida.

Al considerar y analizar el pensamiento de Long, Osho dice: «Sé salvaje, pero no seas inconsciente»[1]. Vemos cómo las palabras de Osho alertan acerca de la inconsciencia, pero no contra el salvajismo; término que en este sentido se refiere a un estado de salvajismo apasionado y no a un salvajismo lujurioso, que es como comúnmente lo experimentamos. Él dice que, en ese primer estado, el salvajismo es bello y que no hay nada malo en él, y añade que cuanto más salvaje, más vivo. «Entonces eres como un tigre salvaje o un ciervo salvaje corriendo por la sabana..., y la belleza que esto conlleva».

El plexo solar y el tercer ojo

La verdadera pasión surge en la mujer a través de un plexo solar abierto y libre del entorpecimiento de las tensiones. El plexo solar es una espléndida fuente de fuerza amorosa y de genuina espontaneidad. Por esta razón, es una zona muy significativa que debemos mantener en nuestro estado de conciencia y con la que, mientras hacemos el amor, tenemos que estar sintonizados e internamente conectados. Mucha gente piensa que el poder de este tercer centro de energía se bloquea por las tensiones que se crean al controlar y luchar con los demás, así como al suprimir los sentimientos. (En el capítulo 10 se analizarán con más profundidad los efectos negativos que todo esto produce).

Del mismo modo, el poder del tercer ojo —el sexto centro de energía situado entre las cejas— consiste en la influencia que ejerce en la aparición de la energía sexual; aunque para la mujer no debería ser un punto de máximo enfoque, sobre todo en la fase inicial de la exploración. Mucho más importante para la mujer es la conexión con los senos, o sea, la expansión en el centro corazón. Desde aquí, el tercer ojo (así llamado porque sus tejidos se parecen a la retina del ojo real) se abrirá como consecuencia de esta expansión. Con el tercer ojo activado, la mujer se convierte en una visionaria y en una fuente de genuina sabiduría. En el ejercicio de estado de conciencia y sensibilidad del final del capítulo, encontraréis directrices sobre cómo conectar internamente con el plexo solar y el tercer ojo. Estas técnicas también pueden emplearse al hacer el amor, lo cual amplía la experiencia interna de la mujer.

El éxtasis es frío, no caliente

Para la mujer que tenga para sí una apertura interior, el sexo se convierte en una fría experiencia, aunque a veces pierda el control de sí misma. Creemos que el éxtasis, creencia heredada del sexo convencional, es un estado caliente, vaporoso y irrefrenable, cuando en realidad la dicha y el éxtasis son la quintaesencia de la frialdad.

Es importante aclarar que el significado que en este contexto se le da a la palabra frialdad es el de calma o tranquilidad, pero sin las connotaciones negativas que esta acepción conlleva. «Frialdad» es principalmente, y antes que nada, la experiencia de estar arraigada en una misma. Los iluminados, a veces, describen a la eterna felicidad como un estado tan frío como las nieves eternas del Himalaya. En efecto, nunca he visto que las personas verdaderamente felices con las que me he tropezado estuviesen todo el tiempo acaloradas, excitadas y dando saltos de alegría, sino que más bien me han parecido maravillosamente serenas, sosegadas internamente, a la vez que apasionadas y vivas. Puede que se nos antoje que el punto en el que se alcanza tal estado de pasión feliz está a muchos años luz de distancia; pero hay que pensar que cualquier viaje puede empezar con unos primeros pasos vacilantes. La clave está en relajarse primero en una misma. Esto, naturalmente, asigna a la mujer un papel más pasivo que la hace *responder* a tenor de la polaridad y no a *reaccionar* de acuerdo con la personalidad. Ser apasionadamente inexpresiva produce una dinámica fuerza de atracción que arrastra al hombre hacia ti, siempre y cuando respondas en cuerpo y alma.

Como ya nos daremos cuenta, para que el orgasmo se desencadene y culmine en una experiencia con sentido, la mujer necesita un cierto tiempo —para prepararse y para abrirse— antes de que el intercambio sexual, como tal, empiece a ser de su gusto. Para despertar en él el deseo de hacer el amor, el cuerpo femenino requiere un amoroso juego preliminar plagado de besos en la boca, de caricias sensibles y suaves, y de tocamientos idóneos. Todo el proceso transcurre en tiempo real, aunque cuando se alcanza un estado orgásmico una entra en una experiencia que es totalmente intemporal. El tiempo mínimo para hacer el amor debe ser de tres cuartos de hora a una hora y, por supuesto, si se tarda dos o tres horas, mucho mejor. Cada cierto tiempo, pásate todo el día en la cama haciendo el amor una y otra vez.

En general, la gente llega a pensar más en el sexo que realmente en practicarlo. Cuando por fin se aplica a la labor, solo tarda unos escasos minutos. Hay mujeres que se consideran a sí misma frígidas porque no pueden abrirse con rapidez al hombre (y porque algún hombre les ha dicho que son así). Esto no es frigidez. Es una reticencia natural a participar en el acto sexual de la forma que hoy en día se estila; esto es, sin la debida preparación y como cualquier otra tarea que se hace en un día muy ocupado. Si se dedica al acto el tiempo suficiente, seguro que las mujeres estarán *encantadas*; sobre todo cuando han tenido un calentamiento previo que les hace dar un rotundo *sí*.

Gran parte del juego preliminar depende también mucho de la intención y del estado de conciencia del que toca o del que besa los pechos, los labios y los pezones. Puede que la intención sea excitar con el fin de levantar el deseo y la lujuria. La intención opuesta sería amar, decir inocentemente un dulce «hola», despertar de un sueño. La finalidad del juego preliminar es aumentar energéticamente el nivel de deseo de la mujer; sin embargo, cuando las intenciones del hombre son amorosas, *no siempre* es de absoluta necesidad elevar la temperatura sexual de la mujer. Puedes abrazar y acariciar durante horas o puedes simplemente optar por «conectarte» y practicar la penetración suave, tal como ha quedado explicada en el capítulo 8. Cuando los amantes optan por una fórmula serena para hacer el amor y el hombre tiende la famosa «mano fría» a su mujer, ésta comenzará realmente a excitarse, quizá incluso para sorpresa de ella. Cuando la mujer se funda en sus senos con su polo positivo femenino, el hombre puede centrarse, más que en la cabeza de su mismo pene, en su propio polo positivo, localizado en el perineo (parte central del suelo de la pelvis). La energía se mueve entonces hacia arriba por sí misma y no tenéis que preocuparos de esta energía ascendente: todo sucede sin vuestra participación. Solo tenéis que preocuparos por retener la energía; para ello, no tenéis que permitir que se escape hacia fuera. Si una piscina tiene un salidero, hay que taparlo antes de llenarla. Hecho esto, podréis relajaos flotando en el agua de la piscina. Manteneos así; procurad que no os entre la tentación de buscar algunos medios de excitamiento que os catapulte inmediatamente al final.

Quedar para hacer el amor

Si notáis que en vuestra vida hay escasez de relaciones íntimas, si veis que los compromisos sociales y profesionales se inmiscuyen en vuestra vida amorosa, o si comprobáis que la disposición a hacer el amor ya no surge espontáneamente, es cuando tenéis que concertar intencionadamente una cita con vuestra pareja. Quedad con la única finalidad de hacer el amor; igual que quedáis con alguien para comer, para ir a una fiesta o para hablar de negocios.

Esto, aunque parezca poco romántico, funciona admirablemente bien. Cada miembro de la pareja viene preparado para intervenir en el acto sexual, por lo que éste deja de ser un acontecimiento accidental. Con el tiempo vuestro acto sexual se parecerá mucho a dos instrumentos que se afinan entre sí para crear una bella pieza de música. Los cuerpos, en efecto, se asemejan a los instrumentos musicales en que para crear los estados orgásmicos necesitan sensibilidad y una esmerada afinación mutua. Se requiere mucha dedicación y práctica para dominar con maestría un instrumento musical; como también, en el terreno sexual, se requiere mucha dedicación y práctica —hasta que no se le coge el tranquillo— para crear experiencias extáticas. Un maestro de la música tiene que ensayar diariamente; y, si no lo hace, enseguida nota que ha perdido virtuosismo, observándolo también a los pocos días su público si se empeña en no ensayar. Cuanto más hagáis el amor, más exquisitas serán vuestras experiencias.

Los «expresos tántricos» son de gran auxilio cuando es prácticamente imposible concertar un encuentro amoroso. También son útiles cuando, por ejemplo, está ya muy avanzada la noche y estás un poco cansada; en este caso, conectarte unos diez o quince minutos en penetración suave, antes de quedarte dormida, es una forma muy bonita de terminar el día. Si te conectas por la mañana antes de ir al trabajo, este simple hecho te transformará el resto del día. Lo bueno del método tántrico es que no necesitas grandes cantidades de energía para hacer el amor; ni tampoco tienes que sentirte especialmente excitada o embargada de deseo sexual. No; para hacer el amor no hacen falta tantos requisitos. Con este método la práctica del sexo se convierte en un hábito vital como el comer y el beber. El amor es un alimento esencial. No hay necesidad de esperar a que te domine la lujuria. Al avanzar la edad, muchas mujeres notan que la lujuria empieza a fallarles y creen que lo que les está haciendo agua es su capacidad sexual. No llegan a pensar que el excitamiento no les puede durar siempre y que, a la larga, serán la frialdad y el relajamiento los que ocupen su lugar. A ciertas edades, no tiene sentido desear o tratar de retener esas antiguas facultades sexuales —fuertes y desbocadas— propias de la juventud. Ni siquiera tienes necesidad de «sentirte joven» haciendo el amor; si aceptas lo inevitable y te abres tú misma y abres tu cuerpo al amor, con solo hacerlo recibirás amor eterno.

Más mujeres comparten sus experiencias

«Algo nuevo me ocurrió haciendo el amor. Ya me había pasado dos veces en las últimas semanas. Estábamos juntos, nos movíamos muy poco y con lentitud, y el orgasmo llegó, pero fue completamente distinto a los orgasmos que yo había tenido antes. Me pregunté a mí misma si era un orgasmo vaginal o si era el orgasmo que llega por sí mismo cuando el cuerpo tiene ganas de tenerlo. Fue muy suave, sin excitación, tranquilo. Después de eso, me sentí pletórica de energía».

«El acto de hacer el amor ha empezado de verdad a realizarse; me refiero en el sentido de generar realmente amor. También mi placer y mis sensaciones físicas son muy fuertes. Soy consciente de la línea que separa la voluptuosidad y la sexualidad; cualquier pequeño "quebranto de las reglas" nos lleva a una diferente dimensión y cambia la unión experimentada antes».

«Mientras hacíamos el amor esa tarde, estaba totalmente metida en mi mente y pensando. Me pareció que mi esposo se estaba moviendo demasiado despacio, porque yo lo que quería era terminar a la vieja usanza. Después de un rato, mi método para acabar no funcionó; mi esposo lo intentó, pero de pronto me di cuenta de que yo no deseaba eso.

»Le comuniqué a él lo que sentía, que no quería continuar buscando solo el orgasmo. Le dije que lo que deseaba en ese momento era ir al interior; cerré los ojos, y así lo hice. Seguía estando penetrada. Cuando regresé, nos miramos a los ojos y él, durante unos minutos, lentamente, muy lentamente, movió su pene dentro de mí. Tuve una explosión de energía: primero en la vagina e inmediatamente después en la cabeza. Fue otra clase de energía. Creo que fue un orgasmo, pero no de índole sexual; fue uno procedente de otro mundo. Grité con fuerza y luego me vi llorando. Al principio, mi esposo no supo qué hacer; pero, a continuación, estábamos de nuevo totalmente unidos».

«Nos quedamos unos minutos sentados en silencio después de hacer el amor. Y fue fantástico; la energía volvió de nuevo y me quedé muy silenciosa y centrada».

«Mi ¡ajá! de ese día fue cuando me percaté que la "presencia", por sí misma, produce un sentimiento de total bienestar, incluso de éxtasis; y ello a pesar de que "nada" sucedió, a pesar de que había tensión y un intenso fuego en mi vagina, a pesar de que mi compañero flipaba. Así que nada era perfecto. A pesar de todo, todavía experimenté ese sentimiento de estar presente. El contacto visual, la respiración, el estado de conciencia de mi vagina, de los pájaros fuera, del río... Todo se hizo perfecto con mi aceptación».

«En nuestra relación, los dos siempre habíamos querido llegar más lejos en lo referente a hacer el amor, pero lo cierto es que no sabíamos cómo. Hay una parte que es fascinante y otra que da miedo; no obstante, ambos estábamos convencidos de que no deberíamos desistir y volver a los viejos hábitos. Es muy bonito y muy frágil».

«Cuanto más me relajo interiormente, más me encuentro de repente con un sentimiento de amor. Viene y se va, y no tiene nada que ver con algo personal o psicológico. No es emoción. No tiene nada que ver conmigo».

«Esa fue la primera vez que toqué esa parte de mi cuerpo... Puedo palpar el suelo de la pelvis, mis ovarios, mi útero desde el interior; hay mucho más espacio».

«Lo estamos pasando muy bien. Mi encuentro contigo me permitió conocer la relación sexual a un nivel más profundo. Ha habido mucha más relajación y ya he dejado de esperar "cosas relacionadas con la energía extática". He comenzado a ver el acto sexual como otra forma de meditación, relajación y regeneración, no como un medio de experimentar un "supersexo". Ahora disfrutamos todas las clases de sexo; la que se tercie en un momento determinado».

«Estamos bien y muy felices haciendo el amor. En cierto modo, nuestras vidas van en distintas direcciones, ya que tengo un trabajo muy diferente al de mi compañero y estoy fuera mucho tiempo. Sin embargo, como tenemos programadas nuestras citas para hacer el amor, y les damos la misma prioridad que a cualquier otra cosa importante, nuestra separación no parece que importe mucho. Lo de estar juntos y separados es una alternancia que me resulta muy llevadera y, además, representa para mí una gran experiencia. Mi hombre me dice que para él también lo es. ¡Marca una diferencia tan grande esto de juntarse para hacer el amor! Deja mucho hueco para hacer otras cosas que no compartimos sin que tengamos la sensación de que vamos a la deriva.

»A veces, me parece que hacer el amor es como si estuviese experimentando la vida en toda su magnitud. Es el proceso de ser impermeable al aprendizaje, de solamente estar y experimentar lo que está sucediendo en este preciso instante. Es muy interesante observar lo que sucede cuando estoy en mi mente barajando divertidos conceptos sobre cómo deberían ser las cosas o cómo no deberían ser, al contrario de lo que ocurre cuando estoy totalmente presente a todo lo que sucede, amando cada instante lo que acontece. Esta forma de hacer el amor es para mí una especie de escuela de la vida, y estoy aprendiendo muchísimo retirando mi atención de cómo deberían ser, o no ser, los senderos que llevan a la diversión y al éxtasis. Esto tiene una fuerte incidencia en mi trabajo y en toda mi vida, lo cual, a su vez, enriquece la calidad de nuestras relaciones sexuales. Así que la cosa es grandiosa».

«Aunque en mi fuero interno ya sabía que no tenía que complacer a mi hombre, notaba que la voluntad de complacer surgía a veces en mi cuerpo en forma de sutil presión, lo cual se traducía en una ligera tensión y en unas sensaciones de pérdida de energía, e incluso, después de un cierto tiempo, en una absoluta falta de interés en el sexo. Esto me sumía en una gran inseguridad y me hacía pensar que algo en mí no funcionaba bien. Fue muy importante para mí contar con el apoyo de otras mujeres que ya había pasado por el mismo trance. Ellas me animaron a encontrar mi propia verdad; aunque quizá fuese más apropiado decir "a confiar en la verdad de mi cuerpo". Cuando empecé a ver el comienzo del acto sexual como una curiosa búsqueda de la entrada de un delicioso y bello jardín, y no como un esfuerzo para "entrar en mi energía", las cosas cambiaron. Dejé de tener la responsabilidad de buscar mi energía sexual para hacer feliz a mi amado. Se convirtió más bien en un recorrido que hacíamos juntos a través de un laberinto con la sola guía de mi cuerpo. Ninguno de nosotros —mi amado y yo— sabe al día de hoy dónde está la entrada; y ello porque no hay normas fijas, porque cada día está en un sitio distinto, o sea, que el acceso es nuevo cada vez.

»A veces encontramos este acceso y a veces no. Pero si no lo encontramos, la "culpa" ya no es mía por no ser lo suficientemente sexual. Es misteriosa la búsqueda de la "palabra mágica" que abre la puerta. Y para encontrar esta entrada, es de todo punto importante escuchar, una por una, todas las pequeñas señales que emite el cuerpo; sentir si cualquier toque o movimiento, o incluso cualquier pensamiento, me abre o me cierra, así como atreverme a compartir esto con mi amado, a veces con palabras, a veces con lenguaje corporal. Es bonito que el hombre sea capaz de entregarse y dejarse llevar "de la mano" por el cuerpo de la mujer, permitiéndosele así a éste que sea el guía de ambos. Pero si para él esto no es posible, o si está decepcionado, creo que es importante que la mujer no transija y siga adelante confiando en su propio cuerpo. Para mí esta forma de hacer el amor no siempre es fácil, pero estoy plenamente convencida de que es la que mejor me va».

El papel de la relajación

No hay que subestimarla: la relajación es crucial en la búsqueda de la mujer de un orgasmo satisfactorio. Es la experiencia real de la sensualidad cuando la consciencia comienza a filtrarse a través del cuerpo. La energía usualmente *ex*presada se gira hacia dentro y se hace *im*presa. Se hunde en el cuerpo, en unicidad con los sentidos. El toque, el sonido, la respiración, los ojos, el pelo, la sedosa piel..., todo esto nos habla cuando estamos lo bastante relajados como para escuchar.

Cuando la mujer se relaja en sí misma, la aventura para el hombre es trascendental. El hombre necesita solamente un par de experiencias para confirmar cómo la energía masculina, de manera natural, responde a la presencia de una pasividad complementaria; el puro deleite que se experimenta al ser bien recibido, acogido, absorbido y expandido a través de la mujer. Con su insistencia en el excitamiento, el hombre ha cometido el error de contribuir a hacer a la mujer más masculina. Y aunque no deje de ser una ironía, la obsesión sexual del hombre es una búsqueda de esta muy dinámica experiencia, donde su energía simplemente se mueve a través de él arrastrada por una fuerza equivalente y opuesta; y ambas llegan a realizarse.

Si eres soltera y no tienes una pareja estable con la que hacer el amor, la experimentación es más difícil, aunque no imposible. Mientras haces el amor, aunque sea la primera vez que lo realices con ese hombre, prueba un procedimiento clave que podría ser llevar el estado de conciencia a tu polo positivo o ralentizar el proceso. O también mirarle a los ojos, si así lo prefieres. ¿Cómo responderá él? ¡Será muy interesante ver qué sucede! Si os reunís de nuevo para hacer el amor, sería bueno que le explicaras que estás interesada en hacer algunos experimentos. Dile un poco cómo te sientes y qué es lo que te gustaría experimentar. El hecho de que estéis en la misma longitud de onda facilitaría la cuestión. Hay veces que hablar simplemente sobre ello no funciona, y es porque quizá no habláis el mismo lenguaje. Si este es el caso, lo mejor es que intentes relajarte en el propio sexo y experimentar por tu cuenta. Percátate de lo que funciona. Percátate de lo que sucede. Procura mantener tu estado de conciencia.

INSPIRACIÓN TÁNTRICA

A mucha gente le gustaría relajarse, pero no puede relajarse. La relajación es como un florecimiento: no podéis forzarla. Tenéis que comprender todo el fenómeno. Por qué estáis tan activos, por qué tanta ocupación con actividad, por qué estáis tan obsesionados con eso.

Recordad dos palabras: una es «acción» y la otra es «actividad». La acción no es actividad y la actividad no es acción. Sus naturalezas son diametralmente opuestas. Acción es cuando la situación lo demanda, entonces actuáis y respondéis. Actividad es cuando la situación no importa nada; estáis tan inquietos interiormente que la situación es solo una excusa para estar activos.

> La acción procede de una mente silenciosa; es la cosa más bella de este mundo. La actividad procede de una mente inquieta, y es la más fea. Hay acción cuando hay relevancia; la actividad es irrelevante. La acción es momento a momento, espontánea. La actividad está cargada de pasado. No es una respuesta al momento presente; más bien es un vertido de la inquietud que habéis estado acarreando desde el pasado al presente. La acción es creativa. La actividad es muy destructiva, te destruye y destruye a los demás...
>
> Tened en cuenta que la actividad tiene una meta; la acción no. La acción es un rebosamiento de energía; la acción está en este momento, es una respuesta no preparada, no ensayada. Toda la existencia va a vuestro encuentro, os hace frente, y surge simplemente una respuesta. Los pájaros cantan y de pronto empezáis a cantar; esto no es actividad. Sucede de repente. De repente descubrís que está ocurriendo, que habéis empezado a canturrear; esto es acción.
>
> OSHO,
Tantra: la comprensión suprema, Editorial Gulaab.

EJERCICIO DE ESTADO DE CONCIENCIA Y SENSIBILIDAD

LA ACTIVACIÓN DE LA ÓRBITA MICROCÓSMICA

Resérvate media hora, o más, para esta exploración. Puedes hacer este ejercicio sentada derecha en una silla, con la espina dorsal recta y ambos pies tocando el suelo.

Cierra los ojos y sintonízate con dos canales o meridianos de energía: uno que suba por la parte trasera del cuerpo y otro que baje por la parte delantera. El canal trasero comienza en el perineo —entre el ano y la vagina—, asciende por el sacro, por la parte inferior de la espalda y por la espina dorsal hasta la parte superior de la cabeza, y termina en el cielo de la boca. El canal delantero comienza en la lengua, baja por la garganta, el corazón, el plexo solar y el ombligo, y termina en el perineo. Si están abiertos estos dos canales principales, la energía circulará automáticamente formando una espiral, que Mantak Chia llama la *órbita microcósmica*[2].

La lengua es el puente que conecta el canal yang (energía masculina), que corre por la parte trasera del cuerpo, con el canal yin (energía femenina), que es el que se extiende por la parte delantera. Coloca la lengua en el paladar blando, en un punto cercano a la parte posterior de la cavidad bucal; esto es, unos cuatro centímetros detrás de los dientes. Este tramo no es demasiado largo para la lengua. (Si la posición que se sugiere no es confortable, también vale situar la lengua cercana a los dientes). Si completas este recorrido, armonizas el yin y el yang, lo que te permite incrementar la vitalidad y el flujo de energía por todo tu cuerpo. También se puede invertir la dirección de la energía; o sea, hacerla subir por el canal delantero y bajar por el trasero.

Para despertar la energía en ciertos puntos a lo largo del camino, utiliza tu visión interior. Intenta hundir tu mente en tu cuerpo en el punto que deseas activar; pronto notarás allí calor y sentirás cómo la energía o el chi comienza a fluir. Cada persona experimentará esta activación de energía de una manera distinta; por ello, procura estar sintonizada con las sensaciones de tu cuerpo. El mejor lugar para iniciar el circuito es concentrándote intensamente en el ombligo; desde allí, dirígete hacia abajo, hasta un punto justo encima del hueso púbico (un punto que corresponde a los ovarios); luego al perineo, cóccix, espalda inferior (al mismo nivel que el ombligo), espalda media (al mismo nivel que el plexo solar), parte posterior del cuello donde éste se une con la cabeza, coronilla, entrecejo, lengua/paladar, corazón, plexo solar y vuelve, finalmente, al ombligo. Concéntrate en los puntos energéticos y recorre el circuito. No es necesario que te concentres en la respiración.

Termina siempre el recorrido del circuito en el ombligo y almacena allí la energía. Para almacenar la energía coloca el puño derecho en tu ombligo y concentra tu atención en ese punto. Traza con tu puño treinta y seis círculos, cada vez mayores, en sentido contrario a las agujas del reloj; a continuación, traza veinticuatro círculos, cada vez menores, en el sentido de las agujas del reloj, hasta volver otra vez al ombligo. Mantén una pequeña sonrisa en la comisura de tus labios a lo largo de todo el ejercicio; procura sentir las sensaciones de armonía y amor. Después de terminar, tómate un descanso de cinco a diez minutos.

Una vez que hayas consolidado el sentimiento de este círculo, puedes conectar con él, con gran efecto, cuantas veces hagas el amor. Es especialmente agradable en la postura *yab yum*, en la que estás sentada y en línea con el campo gravitatorio de la Tierra.

EJERCICIO DE ESTADO DE CONCIENCIA Y SENSIBILIDAD
EL PLEXO SOLAR Y EL TERCER OJO

Mientras haces el amor —o en cualquier otra circunstancia— puedes concentrarte más intensamente en la zona del plexo solar con tan solo mirarte la punta de la nariz; esto te dará la sensación de que bizqueas. Si mantiene esta posición de ojos durante unos momentos, podrás sentir el plexo solar de manera muy profunda.

Para activar el tercer ojo, ubicado entre las cejas, cierra casi los ojos y empieza a parpadear muy rápidamente *a la par que* miras hacia arriba, hacia el centro de tu frente. También tendrás la sensación de estar bizca. Mira gradualmente hacia atrás todo lo que puedas, sin esforzarte. Después de unos pocos intentos, empezarás a tener la impresión de que algo se está bloqueando o amontonando en la zona del entrecejo. Cierra los ojos y continúa manteniendo tu estado de conciencia en el tercer ojo; las sensaciones en este punto energético se intensificarán notablemente. Al principio, solo podrás hacer esto durante unos escasos segundos; pero, aun así, es un buen comienzo.

Antes de ponerlos en práctica durante el acto sexual, ensaya estos ejercicios unas cuantas veces por tu cuenta. Puedes incluso realizarlos uno detrás de otro; esto es, mirando primero hacia abajo, hacia el plexo solar, y luego, unos minutos más tarde, hacia arriba, hacia el tercer ojo, y así tres o cuatro veces.

Tanto hacer que la energía circule a través de la órbita microcósmica como levantar las comisuras de los labios para dibujar una sonrisa interna, o colocar simplemente la lengua en el paladar blando, o conectar con el plexo solar y el tercer ojo, son fenómenos energéticos que, aunque tan solo sea por unos pocos segundos, pueden provocarse durante el acto amoroso con el consiguiente efecto en la experiencia sexual.

EJERCICIO DE ACCIÓN MUTUA DE LA PAREJA
DEJAD QUE LA UNIÓN SEXUAL SE PRODUZCA POR SÍ MISMA

Antes de que os decidáis por hacer el amor, sentaos durante quince minutos uno frente al otro, en silencio y con las manos entrecruzadas. Sentaos en la oscuridad o con muy poca luz y sentir vuestros cuerpos. Entrad mutuamente en sintonía respirando juntos; esto es, cuando tu hombre espire, tú espira, y cuando él inspire, tú inspira. En unos pocos minutos ya estaréis sintonizados. Respirad como si fueseis un solo organismo; no dos cuerpos, sino uno. Miraos a los ojos con visión blanda.

Transcurridos los quince minutos, tomaos algún tiempo para acariciaros y jugar mutuamente con vuestros cuerpos. No entrad en el acto amoroso en sí, dejad que éste se produzca por sí solo; no se trata de que decidáis hacer el amor, sino que de repente os encontréis haciendo el amor. Esperad que esto ocurra; no lo provoquéis. Quedaos dormidos, no hay necesidad de hacer el amor. Esperad a que llegue el momento, aun cuando tengáis que esperar dos o tres días. Llegará, y cuando llegue, el amor alcanzará una profundidad inusitada. Será un sentimiento oceánico y silencioso. Al amor hay que acoplarse del mismo modo que nos acoplamos a la meditación. Es algo que hay que apreciar, algo que hay que paladear muy lentamente a fin de que impregne todo nuestro ser. Es una experiencia tan absorbente, que es como si perdieseis la noción del tiempo y del espacio. No es que hagáis el amor, es que *sois* el amor mismo. El amor se convierte a vuestro alrededor en una energía más grande; va más allá de vosotros dos.

10

Dominar el amor y vencer las emociones

¿Qué es el amor? El amor es la fragancia, la brillantez de conocerse a sí mismo, de ser uno mismo [...]. El amor es una desbordante dicha. El amor es cuando ves quién eres; cuando ya no queda nada por hacer, excepto compartir tu ser con los demás. El amor es cuando ves que no estás separado de la existencia. El amor es cuando sientes una orgánica unidad orgásmica con todo lo que eso es. El amor no es una relación. El amor es un estado de ser. No tiene nada que ver con alguien más. Uno no está enamorado, uno es amor. Y, por supuesto, si uno es amor, uno está enamorado; pero esto es un resultado, un efecto, no es la causa. La causa es que uno es amor.

Osho,
El huésped

Ahora sabemos que el tantra ve a la energía humana como una cuestión de polaridad: la energía femenina como «ser» y la energía masculina como «hacer». Dentro de la mujer, el hombre interior es activo, lógico y amigo de los resultados; mientras que en el hombre la mujer interior es receptiva, intuitiva y amiga de los procesos. El tantra da un paso más para decir que las más altas polaridades espirituales que existen son el amor y la meditación, y que la mujer encarna el amor y el hombre la meditación. Esto implica que el hombre interior de la mujer sea meditativo y que la mujer interior del hombre sea amorosa. Para ser seres humanos completos, para operar con sabiduría, pasión, autenticidad y espontaneidad, tenemos que dominar ambas energías: la masculina y la femenina, la meditación y el amor. Cuanto más meditativa se haga la mujer, más amorosa será; mientras que el hombre cuanto más amoroso se haga, más meditativo será. Empleando un lenguaje sexual más preciso: para la mujer, el amor es darle la bienvenida al pene y rendirse a su poder; para el hombre, la meditación es fundirse con su pene y hacerse completamente presente en él, dentro de la mujer, y en reposo.

Distinción entre emociones y sentimientos

A muchos de nosotros, los traumas de tipo sexual, ya sean personales o sociales, todavía nos impiden equilibrar nuestras energías de un modo que nos sirvan. Reprimimos los recuerdos de nuestras lesiones, suprimimos nuestras energías y sentimientos reales, para luego, inconscientemente, comenzar a controlar o manipular a los demás o no saber encauzar nuestras energías en una dirección sensata y creativa. Cuando cambiamos la forma en que hacemos el amor, iniciamos un proceso alquímico consistente en despertar la polaridad opuesta que llevamos dentro, la cual, con el tiempo, nos permitirá utilizar ambas energías de una manera eficaz y fructífera. Esto, a su vez, nos ayudará a deshacernos de los patrones emocionales que nos causaron dolor en el pasado y a crear la vida y el amor que tanto deseamos en el presente.

Un paso muy importante a dar para la creación de esa vida de continua armonía amorosa que tantas mujeres desean, es mantener las emociones fuera del amor. Ya lo dice Osho: «El amor es un estado de ser. No tiene nada que ver con alguien más. Uno no está enamorado, uno es amor». Con esta nueva información sobre la utilización de la polaridad y del potencial orgásmico femenino, podrías concebir *ser* amor durante todo un día (o al menos varias horas seguidas algunos días a la semana); un estado éste que es duradero y que está desligado de los altibajos de las relaciones humanas. Pero ¿adónde nos lleva estos altos y estos bajos repletos de emociones en los que el amor se enmaraña con irreconciliables sentimientos y temores? Cuando una pareja no encuentra el camino que la saque de su dinámica de conflictos, puede apoderarse de ella la desesperación o la resignación.

Para recobrar el poder femenino es necesario conocer la diferencia que existe entre sentimientos y emociones, así como saber que «el amor tiene que estar apartado de esta clase de emociones». (Véase «Inspiración tántrica» que aparece al final de este capítulo). Lo importante aquí es tener claro que las emociones proceden del *pasado*, mientras que el amor y los sentimientos verdaderos surgen en el *presente*. Cuando en la vida cotidiana se arrastra un pasado demasiado pesado, el amor mengua rápidamente. El amor tiene sus agarraderas en la delicadeza del ahora. Esto no significa que debes considerar a las emociones como algo pernicioso. Las emociones en sí no tienen nada de malo; lo importante es que te *des cuenta* que estás bajo la influencia de las emociones, que sepas qué es lo que pasa cuando está pasando. Este conocimiento lo cambia todo.

Síntomas de emoción

Hasta ahora no hemos tenido un marco de referencia para saber qué es lo que verdaderamente pasa en esa milésima de segundo en la que afloran las emociones; ese instante en el que, sin saber cómo, el barco del amor comienza a tambalearse peligrosamente. Lo que necesitamos es tener conciencia de nosotros mismos. Los primeros síntomas físicos de la emoción son muy variados: se podría hablar de «sentirse una paralizada de improviso», o de algo parecido a «un muro que se derrumba de repente», o también de un momento en que es imposible mirar al otro a los ojos, o de tener la extraña sensación de sentirse desconectada de todo, totalmente separada, sola, incomprendida, físicamente desplomada. A menudo nos sorprendemos a nosotras mismas llenas de furia vengativa y deseando devolver los daños que nos han hecho. Comenzamos por echarle la culpa de la situación a nuestra pareja y utilizamos frases acusatorias como «tú nunca...» o «tú siempre...». A veces ocurre que una mezcla de sentimientos bulle en nuestro interior para los que no nos es posible encontrar palabras. Cuando tiene lugar uno de estos «ataques emocionales, debemos darnos cuenta enseguida de que la emoción está haciendo de las suyas». Se necesita algo de práctica para reconocer a la emoción, pero no tiene que pasar mucho tiempo para que sepamos qué cara tiene.

Este conocimiento interno inmediatamente pone las cosas más en perspectiva. La emoción es, en realidad, el reafloramiento de una acumulación de antiguos sentimientos, de sentimientos reprimidos o tragados porque no nos atrevimos a exteriorizarlos o expresarlos *en el momento* en que aparecieron en nuestro ánimo, que pudo ser muy bien en un presente previo, es decir, durante algún desdichado incidente ocurrido, quizá, muchos años atrás. Es por esto por lo que las reacciones emocionales son, con frecuencia, tan desproporcionadas en comparación con los comentarios triviales o con las inocentes acciones que normalmente las desencadenan. Por regla general, el comentario o la acción en sí no justifica el disgusto o el enfado que despierta. Lo que en realidad pasa es que antiguos sentimientos no exteriorizados comienzan a resonar y a borbotear en nuestro interior, lo cual nos hace actuar de forma desproporcionada. Si le das a estos antiguos sentimientos la importancia que realmente tienen, y si haces todo lo posible por erradicar sus negativos efectos de tu organismo, sin duda alguna tus reacciones emocionales comenzarán a desaparecer. Y puede tu pareja, al cabo de unos pocos años, decirte exactamente las mismas palabras, que nada sucederá; el comentario te resbalará como el agua por el plumaje de un pato.

Te puedes valer del amor para superar temores producidos por el desamor

Como mujeres, somos portadoras de muchas emociones, lo cual quiere decir que llevamos encima varias cargas de sentimientos no exteriorizados. El origen de la infelicidad es generalmente la falta de amor; el pernicioso influjo, quizá, de unas abusivas y traumáticas experiencias sexuales del pasado en las que hubo una ausencia total de respeto y amor. Aun cuando la mujer no haya sido sometida intencionadamente a abusos sexuales, el actual estilo —agresivo e insensible— de hacer el amor puede ser traducido por el cuerpo como una forma sutil de abuso. Esto implica que, básicamente, a todas nosotras nos afecta emocionalmente la falta de amor, y ello no solo en el pasado, sino también quizá en el momento actual. El trato no amoroso infunde profundos temores que influyen desfavorablemente en la capacidad de la mujer para amar y ser amada. El temor demanda protección y defensa; por consiguiente, el hecho de que la mujer se proteja del hombre hay que tomarlo como una medida lógica de supervivencia.

Sin embargo, para sanar la situación existente y equilibrarla de nuevo (dentro de nosotras y entre nosotras), solo queda abierta una opción: si la falta de amor infunde temor, el amor es entonces el método más directo para aniquilar el temor y, de paso, terminar con los patrones de emocionalidad. La mujer debe confiar en su naturaleza y permitirse ser amada por el hombre; y también debe abrirse a él (a condición de que este hombre esté dispuesto a ser consciente al estilo tántrico), lo cual significa hacer dejación de las defensas, juegos y emociones que conforman nuestra personalidad y que no tienen nada que ver con la vulnerable sensibilidad de nuestros verdaderos «yoes».

La verdad es que desde nuestra más temprana edad hemos estado desarrollando sentimientos de estar aisladas, de estar equivocadas, de no merecer nada, de no ser lo bastante buenas. Nosotras, que fuimos consideradas en todo el mundo como el paradigma de la energía no obstaculizadora, estamos ahora separadas de nosotras mismas, entre nosotras mismas, y de la existencia en general. Cuando nos distanciamos de la energía pura, también nos distanciamos de nuestra *fuente de amor;* y cuando el temor sustituyó a la seguridad y a la dicha, se desarrolló gradualmente a nuestro alrededor un falso yo. El temor es el producto de las huellas que nos deja la ausencia de amor en nuestro entorno más inmediato (padres y demás familiares), y el temor hace que el niño actúe de una manera diferente con el fin del obtener la aprobación de los demás (o la desaprobación, pues también a través de la rebeldía se puede atraer, por lo menos, la atención) y, de este modo, conseguir ese amor que le es tan necesario para sobrevivir. Y así nuestros padres comienzan a escribir para nosotras un guión en el que se nos dice quiénes somos y cómo debemos comportarnos, lo que hace que perdamos poco a poco nuestra autenticidad.

La emocionalidad es una reacción inconsciente y automática a una situación o circunstancia, como cuando se pulsa la llave de un interruptor y la luz se apaga. Puede ser incluso un hábito aprendido; hay mujeres que aprendieron de niñas a ser emocionales imitando las conductas de sus madres. Con el paso de los años, empezamos a definirnos como mujeres a tenor de nuestras emociones, de nuestros pequeños y grandes altibajos, y llegamos a pensar que somos así realmente. Es como si estuviésemos en una película y la situación no fuese verdaderamente real. Solo el pasado la hace real. (Si nos despertásemos una mañana sin memoria, sin pasado, ¿qué sucedería entonces?) Pero en esencia y en espíritu todos somos amor, y para mantener este amor vivo hay que separarlo de ese cúmulo de antiguas emociones que tenemos almacenadas sin que ni siquiera lo sepamos. En cuanto conscientemente comencemos a liberar estos viejos sentimientos (siempre y cuando notemos su aparición), cesarán de mantener nuestra energía a un bajo nivel.

El plexo solar y las emociones

Además de las señales de alarma que indican la aparición de emociones, como sentirse paralizada o desconectada, también puedes valerte del plexo solar para reconocer estados de emocionalidad. Considera esta zona como un censor que detecta emociones, puesto que es aquí donde las emociones se agrupan y crean muchas molestias. Tratamos de descargarnos de las emociones de varias maneras: a través del enfado, de la queja, refunfuñando, transmitiendo la frustración a nuestros hijos, etcétera. Si desarrollas un estado de conciencia en tu plexo solar, en cuanto alguien diga algo que toque una de tus fibras sensibles y te moleste, notarás que algo está pasando allí que te dice que estás bajo el influjo de la emoción, que algo no resuelto se está disparando. Es bueno que la mujer tenga el plexo solar libre de tensiones, ya que esto permitirá que la energía fluya sin obstrucciones entre los senos y la vagina.

Muchas mujeres sienten náuseas cuando entran en relajación por primera vez en el acto sexual, aunque esto es algo que no debe preocuparnos. Es un signo inequívoco de la aparición de antiguos sentimientos que pugnan por liberarse. Las náuseas son un subproducto de la acción que realiza la energía sexual expandiendo y empujando a las emociones restrictivas hacia fuera del cuerpo. Una antigua técnica tántrica es beber una buena cantidad de agua salada y colocar un dedo en la parte baja de la garganta; esto abre el plexo solar y lo mantiene abierto. Incluso el amago de vómito, sin ninguna descarga, es suficiente para liberar las tensiones del plexo solar. Se produce una inmediata sensación de expansión, como si algo tóxico te hubiese abandonado.

Verbaliza las emociones, sepárate y muévete físicamente

En el mismo instante en que te das cuenta de que estás en estado emocional, ya sea a través del plexo solar o de cualquier otro medio, el primer paso que tienes que dar es reconocerlo internamente. El segundo paso es decírselo en voz alta a tu compañero: «Estoy en estado emocional». Esto produce al instante un punto de relajamiento, ya que, al menos, tu compañero sabe que *tú* sabes que estás en un estado emocional; evidencia ésta que lo aparta de la escena y le hace pensar que no es el responsable de tu infelicidad. Esto de admitir que estás en estado emocional y decirlo, además, en voz alta, es un paso difícil de dar, dado que el ego estará luchando como un loco para echarle la culpa al otro. Pero lo cierto es que hasta que no vuelvas a ser tú misma y reconozca el pasado, tu vida amorosa seguirá siendo una sucesión de momentos buenos y de momentos malos.

En tales circunstancias, una vez dichas las palabras «estoy ahora en estado emocional» de la manera más agradable posible, lo mejor que puedes hacer es añadir: «Necesito estar sola, vuelvo pronto», y salir de la habitación. Cierra la puerta con suavidad y sal al exterior de la casa, o bien vete a otra habitación para estar algún tiempo sola. (No salgas dando la impresión de que estás dando por acabada en ese momento la relación sexual). No es la hora de terminar, sino la hora de hacer una pausa para liberar o entrar en contacto con los viejos sentimientos que residen en tu organismo. De hecho, cuando las emociones se activan, se mueven en el cuerpo a través de una capa de tejido conjuntivo llamada fascia. Esto explica por qué a veces, al inicio de un ataque emocional, sientes muy claramente dicho inicio en tu cuerpo; casi como si una sustancia densa se estuviese desplazando en espiral por tu cuerpo. (En realidad, la fascia serpentea dimensionalmente por el cuerpo y va cinco veces de la cabeza a los pies, conectando así las capas superficiales con las capas físicas más profundas).

Ahora bien, para desembarazarse de estas emociones hay que sacarlas del cuerpo en el que están almacenadas. Para ello, es esencial mover físicamente el cuerpo de forma que los antiguos sentimientos puedan quemarse. Mantente de algún modo activa: golpea una almohada, aporrea un tambor, corre o parte leña; si eres capaz de soltar un buen grito, también vale, aunque esto depende de los vecinos que tengas y del grado de intimidad que poseas. Lanzar un discurso de frases sin sentido también sirve para liberar emociones. ¡Ten una pequeña catarsis! ¡Hazte la loca durante un rato! Haz lo que sea, pero que te obligue a moverte. Sin embargo, esto no es tan fácil como a primera vista parece, toda vez que las emociones nos hacen sentirnos derrengadas, exhaustas y con ganas de meternos en la cama para dolernos de ellas. Lo sorprendente es que cuando vuelves después de la catarsis al lado de tu compañero, casi siempre notas que la sensación de despego o separación se ha reducido, que ahora puedes hacer contacto visual con él, que el muro que se alzaba entre vosotros se ha desmoronado. Y si esto no ocurre, es que necesitas otra sesión de movimiento corporal para que el muro se venga definitivamente al suelo.

Aunque te parezca pueril, esto funciona. Y, además, le gana fácilmente a la otra opción alternativa, que consiste en arrastrar tus emociones —sintiéndote triste, abatida y preguntándote qué ha sido de tu amor— de un lado para otro durante varios días, hasta que finalmente, en una de tus noches de insomnio, uno de tus lados rompe a llorar, se niega a seguir luchando, y comienza a expresar los sentimientos que se esconden detrás de las emociones. Estoy segura de que has experimentado esto muchas veces; en el preciso instante en que un lado se rinde y comienza a exteriorizar sus sentimientos internos, la lucha ha terminado. Recogemos las hebras del amor que han quedado y comenzamos de nuevo.

Una amiga mía, que utiliza como meditación la catarsis corporal basada en movimientos caóticos, me ha confesado lo que sigue:

> Continúo maravillándome de cómo los movimientos catárticos liberan gran parte de mi retención psicológica, que no es otra cosa que una cierta rigidez mental acumulada a través de las actividades de mi vida cotidiana. Como resultado de esta catarsis dinámica, noto que soy más paciente y que estoy más centrada cuando trato de enfrentarme a los todos los asuntos que me afectan. Además de esto, he descubierto que el movimiento catártico se complementa perfectamente con mis prácticas de yoga. Me encanta hacer yoga, pero hay en esta práctica una cierta seriedad y rigidez que no me acaban de convencer y que, al parecer, libera y equilibra el hecho

de danzar con movimientos incontrolados. La catarsis es un proceso inquisitorio. Hay mucha gente a la que realmente no le gusta mirar con detenimiento lo que existe debajo de la superficie del ego. He comprobado que los procesos catárticos me hacen más blanda, sensible y receptiva, a la par que crean en mí límites dinámicos y saludables. Cuando se rompen y se liberan algunas barreras y blindajes, se contactan dentro de mí aspectos más suaves. Y al mismo tiempo, una cierta parte más débil de mi ser recibe aceptación y se hace más vital y poderosa.

Ahora, la cuestión que se plantea es por qué es necesario separarse físicamente para hacer frente a las emociones. Uno de los rasgos reveladores de la emoción es que gusta de la discusión y la controversia: cada parte tratando de convencer a la otra por qué *él* o *ella* tiene razón. La emoción está saturada de ego. Si permanecéis cada uno en la presencia del otro cuando estáis emocionalmente activados, es mucho mejor decir: «Yo creo que...», y *solo* hablar de uno mismo. Es el modo más directo de evadirse de la emoción; es decir, hablar de lo que uno siente en los estratos más profundos del ser, expresando y liberando nuestros sentimientos ocultos. Traslada la congestión de emociones desde tu plexo solar —en donde es probable que hayan formado un nudo— al corazón, y aborda en serio tus sentimientos internos. No hagas a tu compañero responsable de sembrar en ti infelicidad. Vete más allá de la pura emoción y busca qué es lo que verdaderamente está sucediendo dentro de ti; esas viejas heridas, enterradas desde hace tiempo, que no tienen nada que ver con la persona que tienes enfrente de ti. Él solo ha sido el detonante del arsenal de sentimientos inexpresados que llevas dentro.

Incluso si esta persona *fuese* en cierto modo responsable de algunos de los traumas que arrastras desde el pasado, lo que en realidad cuenta en el presente es el hecho de que tú, en su día, no expresaras tus sentimientos más profundos y te los guardases para ti. Si hubieses liberado estos sentimientos a su debido tiempo, no estarían ahora bullendo dentro de ti. Al menos, te hubieras sentido mucho mejor por haberlos expresado, aun cuando algún aspecto en particular hubiese quedado sin resolver entre vosotros. Si los expresas, dejas de llevar a rastras todas las emociones que se acumularon año tras año; esto te libera del pasado y solo te mantiene pendiente del presente.

Las emociones son toxinas (las que sientes arremolinándose alrededor de la fascia) que envenenan el ambiente y que golpean sin conmiseración a la persona que más amamos, a la que más cerca de nosotros está. Y este es el gran problema: inconscientemente cargamos con nuestros sentimientos no resueltos a la persona que más amamos y, de este modo, contaminamos el amor. Le decimos las cosas más terribles a nuestra pareja con la sola intención de descargarnos de nuestras emociones. Las afirmaciones emocionales se pegan en la mente como lapas, giran sin parar por nuestro pensamiento hasta bastante después de que se haya terminado la disputa. ¿Quiso él realmente decir eso? ¿Soy yo realmente así? Y con esto, lo que pasa es que *la mente empezará a crear más emociones por pensar demasiado en el pasado*. El amor, en verdad, no puede soportar muchas emociones; es como una delicada y frágil flor que requiere atenciones para mantener su esplendor. El amor se nos escapará poco a poco de las manos si permitimos que las emociones controlen la situación.

El sexo convencional crea emocionalidad

En el sexo convencional se encuentra escondida otra fuente de emocionalidad. Cuando la energía se mueve hacia abajo, como ocurre en el sexo convencional con su convencional descarga, el resultado es tensión y ansiedad [1]. Esto da fácilmente paso a discusiones y a insatisfacciones. Las tensiones sexuales llegan a crear una sobrecarga en la mujer, una sutil y falsa carga positiva, y estas tensiones tienen que descargarse de alguna manera. La mayoría de las veces esta descarga ocurre a través de algún tipo de lucha. Es frecuente, por otra parte, que las tensiones se presenten bajo la forma de síndromes premenstruales. Es fácil que las emociones generen excitamiento, lo cual da lugar al famoso síndrome de «primero trifulca y luego jodienda»: una estrategia que generalmente utilizan los amantes para resolver sus desavenencias. Bien mirado, este modo de resolver las cosas constituye un círculo vicioso, ya que, a través de esa misma jodienda, la mujer adquiere más carga, lo cual, a su vez, puede hacer estallar en cualquier momento más emociones. Esto explica el hecho de que, aun cuando no haya habido un motivo aparente, no sea raro que los amantes se enzarcen en una pelea después de hacer el amor.

Debido a nuestra idiosincrasia, las mujeres solemos escalar un poco alto en lo que a emociones se refiere, así como creer que esta conmoción emocional forma parte del juego sexual; que eso de «tirarse los platos a la cabeza» es una prueba de amor. Le he oído decir a Barry Long, en un acto público, que todo enfurecimiento es, en realidad, el resultado de una frustración sexual. Esto ciertamente da que pensar. Y si una se fija en todas las guerras que nos rodean y en lo poco que en este mundo se disfruta de un sexo satisfactorio, una llega a pensar que quizá Barry Long esté en lo cierto. Las mujeres tienen dificultades y frustraciones con el orgasmo convencional, por lo que es muy probable que en su interior oculten un enojo derivado de esto. Muchas mujeres están enfadadas con los hombres por su conducta abusiva; furia que trasciende de lo personal para entrar en el terreno de lo colectivo.

Exteriorización de los sentimientos en el «aquí y ahora»

Además de: *a)* intentar mantener el pasado en el pasado reconociendo cuándo estás bajo el influjo de las emociones, y de *b)* tratar de relajarte en el sexo para no añadir más emociones a las que ya tienes almacenadas, la cuestión se centra ahora en *c)* permanecer en contacto con tus sentimientos, para lo cual no hay nada mejor que *sentir lo que estás sintiendo*. Para conservar el amor fresco y libre de emociones, es esencial expresar los sentimientos en cuanto estos aparecen. A menos que te encuentres irremediablemente en una situación inapropiada, no remolonees ni un instante con tus sentimientos. Conmuévete con el sentimiento naciente y no dejes que tu mente te hable de él. Deja que fluyan las lágrimas, que estalle la risa, que el grito se exprese por sí mismo, salta una y otra vez; ¡*haz* algo impetuoso! Por encima de todo, no reprimas tus sentimientos; así darás paso a nuevas emociones de vida efímera. Cualquier tristeza, dolor, enfado o frustración, si se vive *totalmente a medida que sucede*, tendrá un período de intensidad de unos ocho segundos, transcurridos los cuales desaparecerá por completo.

La práctica consciente de la exteriorización del enfado lleva anejas unas cuantas reglas, duras y rápidas, que no deben quebrantarse bajo *ningún* concepto. Si estás enojada, *no* viertas tu enojo sobre tu compañero, incluso a pesar de que tus emociones te estén convenciendo de que él tiene la culpa. No le toques ni hagas algo que lo maltrate físicamente; no lo mires ni siquiera a la cara. Mira en la dirección opuesta y muéstrale tu espalda; deja que un sentido grito se escape de tu vientre.

Para mí es un acontecimiento inolvidable la primera vez que di rienda suelta a mi rabia. En el preciso instante en que, al ser culpada de algo que no había hecho, noté que me subía la rabia, hice que saliera de mi vientre un profundo rugido, tan fuerte, que me lanzó al aire hasta tocar prácticamente el techo (el cual era más alto que la mayoría de los techos); cuando, un segundo o dos más tarde, la gravedad me devolvió a tierra firme, toda mi cólera se había esfumado. No estaba irritada en absoluto, no sentía ninguna emoción, ningún resentimiento; nada. Me puse de nuevo en situación sin titubear, preparada y dispuesta a continuar la comunicación.

Cuando la rabia aparezca, acógela convencida de que es una antigua tensión que llevas en tu interior y que puedes transformarla. Por el solo hecho de presentártela a ti mismo de este modo, te liberas de su sofocante presa. Contactar con los sentimientos es una operación de limpieza; la energía que estaba encerrada se hace asequible de repente. Cuando tú expresas un sentimiento o transformas una emoción, te sientes ligera, crecida y renovada, unida a tu pareja, abierta y suave, clara y radiante, incluso amorosa. Las emociones nos conducen a situaciones desventuradas en las que reina la oscuridad, la penumbra, la desesperación y el derrumbamiento. Solo si compartimos nuestros sentimientos es cuando aparece toda una gama de experiencias positivas.

La mujer necesita hacer el amor para estar saludable

Así como la tensión es el producto resultante del movimiento hacia abajo de la energía (como en el sexo convencional), el silencio es el producto que se obtiene cuando la energía se mueve hacia arriba (como en el sexo tántrico o meditación) [2]. El hecho de relajarte en el sexo te lleva a un estado de ser totalmente distinto a toda la gama de emociones. A través de la relajación y de la consecución de un estado orgásmico, alcanzamos una rara paz y un acusado sentido del logro; un estado en el que se regenera nuestra energía y nos saturamos de amor no solo por la persona amada, sino también por cualquiera que esté a nuestro alrededor. En su movimiento ascendente a través de sus centros (chakras), la energía, además de limpiar y purificar estos centros, los hace dinámicos y vivaces.

Sin embargo, actualmente las mujeres sufren procesos menstruales extremos con altibajos hormonales, falta de autoestima, temor a envejecer y ansiedades menopáusicas, así como desilusión y desinterés por las relaciones sexuales. En un determinado momento de sus vidas, muchas mujeres consideran que el sexo es un trabajo demasiado duro para las satisfacciones que reporta y, en consecuencia, renuncian a él. Recientemente le oí decir a un presentador de un programa de televisión estadounidense que, según las encuestas, el 45 por 100 de las parejas felizmente casadas no habían practicado el sexo en los últimos seis meses.

La situación de los hombres no es menos calamitosa. Hasta que no tiene la oportunidad de disfrutar en vivo y en directo de las delicias del sexo, el hombre no puede llegar a imaginárselo. Y puesto que el excitamiento y la eyaculación son sus únicos objetivos, no se plantea la posibilidad de intentar algo diferente. Estos objetivos, sin embargo, solo son superficialmente satisfactorios, toda vez que en las profundidades existe un burbujeante depósito sexual que está sin destapar. La incapacidad del hombre para canalizar su verdadera fuerza vital produce frustración, agresividad, rabia, desasosiego y fantaseo sexual obsesivo —dentro y fuera del sexo—, así como toda clase de perversiones sexuales. Cuando la energía tántrica circula libremente por su cuerpo, él se siente, por fin, como algo más que un hombre. Al final de un reciente taller oí por casualidad que un hombre le decía a Raja, mi pareja, lo siguiente: «Esta es la primera vez, en mis cincuenta y cuatro años de vida, que me han dado alguna idea o directriz de lo que significa ser un hombre». Y no fue ésta la única vez que lo oí decir.

Cuando una mujer sabe que es posible usar su energía sexual de una manera correcta —esto es, haciendo que esta energía circule orgásmicamente por todo el cuerpo—, su sentido del yo cambia y *desea* hacer el amor. El sexo tiene entonces menos que ver con el otro, o con obtener algo, y más con un modo de valorarse y amarse a sí misma, de estar con una misma. Si conoce los mecanismos de su cuerpo, la mujer es capaz de dirigir su energía sexual y, por tanto, de tener un mayor control de su vida. El hecho de que su cuerpo se haga viejo, y quizá menos atractivo, deja de preocuparle; y ello porque ella sabe, a través del conocimiento de las capas más profundas de la energía sexual, cómo atraer al principio masculino cuando el hombre está en su presencia, cómo cautivar el ánimo de este hombre y cómo beber de él. En esto no interviene ni el aspecto ni la edad que ella tenga. Ella deja a un lado la superficialidad del sexo para entrar directamente en el elemento femenino, el cual es pasivo, relajado, receptivo, dulce, sereno y abierto. Este ambiente por sí mismo estimula al hombre a responderle a la mujer de una forma completamente diferente a como él habitualmente lo hace.

Quizá sea solo la mujer la que real y verdaderamente pueda romper el ciclo de inconsciencia en el sexo. Si el sexo está equilibrado y está de acuerdo con el diseño femenino de la mujer, ésta tiene alguna influencia, alguna autoridad en el acto sexual, como asimismo una renovada confianza en sí misma. Su hombre no tendrá por menos que maravillarse, incluso atemorizarse un poco, al comprobar cómo los mismos elementos —el pene y la vagina— pueden producir dos experiencias distintas tan dispares.

La emoción de los celos

Los celos quizá constituyan la más debilitante e insoportable de las emociones; más experimentada por las mujeres que por los hombres. Los celos tienen que ver con la posesión y el control de otra persona; no se trata, pues, de una expresión de amor por la otra persona. Los celos tienen sus raíces en la comparación; se nos enseña a compararnos de las formas más diversas y en todos los terrenos, especialmente en el sexual. Así las cosas, no es raro que nos asalten enseguida sentimientos inquietantes de defectos personales y nos sintamos amenazadas por otra mujer que dé o reciba atenciones del hombre que amamos. En el plano convencional, una cara nueva, bonita y prometedora es suficiente para producir un poco de excitamiento en el hombre; siendo este excitamiento, hasta ahora, su principal estímulo en materia de sexo. Sin embargo, cuando la mujer deja de considerar al excitamiento como el fundamento de la experiencia sexual, encuentra un verdadero arraigo en su yo más profundo; entonces no es tan fácil descentrarla.

Dado que cada persona es única e irrepetible, las comparaciones no tienen sentido; y si te imbuyes de este pensamiento, es posible que los celos desaparezcan. Es cierto que el sexo genera celos, pero en este caso los celos son secundarios. La cuestión no reside en cómo podemos desembarazarnos de los celos. No es fácil desprenderse de los celos mientras se está en las garras del sexo convencional. La cuestión reside en cómo transformar el sexo en amor; y en este amor, los celos desaparecen.

No los reprimas, exteriorízalos. Siéntate en tu habitación, cierra las puertas y concéntrate en tus celos. Vigílalos, obsérvalos, déjalos que se pongan tan ardientes como una llama. Déjalos que se conviertan en una ardiente llama, quémate en ella, y comprueba lo que son. Y no digas desde el mismo principio que son feos, porque la sola idea de que son feos reprimirá los celos, no permitirá su total exteriorización. Sin opiniones. Trata solo de ver el efecto existencial de lo que son los celos; el hecho existencial. Nada de interpretaciones ni de ideologías. Deja solo que los celos estén allí. Mira dentro de ellos, mira profundamente dentro de ellos, y hazlo con rabia, con tristeza, con odio, con afán posesivo. Y con el tiempo verás que solo por ver a través de las cosas, comienzas a tener el trascendental sentimiento de que eres un testigo; la identidad se rompe. La identidad se rompe solo cuando encuentras algo dentro de ti.

OSHO,
Tao: El sendero inexplorado

Debemos perder el interés en el orgasmo de pico y en la eyaculación

Sabemos que a muchos hombres les obsesiona la idea de provocar en la mujer un orgasmo de pico porque así se reafirman como amantes. También sabemos que esta actitud tiene graves consecuencias tanto para el hombre como para la mujer, ya que los orgasmos de pico dejan un residuo de tensión que luego se convierten en la mujer (y en el hombre) en un semillero de emociones. Además, si se intenta producir excitamiento en la mujer y se tiene el propósito de que ésta al alcance el orgasmo, es muy fácil que el hombre eyacule antes, lo cual va en contra de los intereses de la mujer, que son más dilatados en el tiempo.

Pero hay mujeres que adoptan más o menos la misma actitud con respecto a la eyaculación de su pareja. Dicen con toda claridad que, para ellas, el orgasmo de su hombre es una parte esencial del acto sexual. La mujer que así piensa, está convencida de que en el preciso instante en que el hombre segrega su semen se está dando enteramente a ella, que está compartiendo con ella algo de su propia esencia, algo que no puede compartir con nadie más. En realidad, cada eyaculación supone un descomunal dispendio energético para el hombre. En efecto, cada una de estas eyaculaciones representa una cantidad enorme de energía en vida espermática; cantidad que se estima entre doscientos y quinientos *millones* de espermas o de posibles seres humanos. De esto se deduce que la especie masculina desperdicia ingentes sumas de materia creadora a través de una eyaculación sistemática e incontrolada. La eyaculación se ha convertido en la norma, y la mujer puede ser en esto una fácil cómplice del hombre.

Pero debido a su capacidad para influir en el acto sexual al descubrir el origen de su orgasmo en los senos, cualquier mujer puede empezar a reconfigurar su realidad sexual para garantizarse una vida de amor y un amor libre de emociones. La fragancia de la mujer, alojada en su esencia, ejerce una fuerza de atracción sobre el hombre que altera toda la naturaleza del acto sexual; se trata de un cambio dimensional.

Hay mucho en juego. Hasta que la mujer no aborde la sexualidad con un talante verdaderamente femenino, es difícil o imposible que el hombre cambie. Hasta que el hombre no se las arregle para satisfacer a la mujer de una manera completa y definitiva, nunca se sentirá, independientemente de cualesquiera otros logros y éxitos, como un auténtico hombre. La necesidad del hombre de sentirse masculino, como la de la mujer de sentirse femenina, y la de ambos de tener experiencias orgásmicas comunes, constituyen hoy en día una candente necesidad para la humanidad. Sin esta expresión espiritual y sexual, la raza humana se moriría lentamente de inanición y se extinguiría debido a una espantosa escasez de amor.

Separación entre sexo y amor

Es muy probable que, en determinadas ocasiones (si no en todas), la mayoría de las mujeres hayan tenido la impresión de la existencia de una drástica e inmensa escisión entre lo que es el sexo como tal y lo que son en sí los sentimientos amorosos. No es raro que veamos al sexo como algo sucio, animal y desconsiderado, y al amor como algo dulce, puro y bello. Sabemos que un amplio número de mujeres han tenido experiencias sexuales exentas de amor y que, como consecuencia de esto, muchas de ellas han optado por una vida sin sexo; aunque, eso sí, sin perder la esperanza de llegar un día a amar a un hombre con locura. Otras, sin embargo, optan por estar solas.

Pero esta resolución de renunciar al sexo porque no es enteramente afectivo, representa un cierto costo para la propia mujer. Como ya se ha dicho, la falta de amor y cariño es causa en la mujer de todo tipo de dolencias, de trastornos psicológicos y de problemas emocionales. Para la mujer, el sexo por el sexo no es una necesidad absoluta; sí lo es, sin embargo, el amor, y continuará siéndolo hasta el final de sus días. El quid de la cuestión está en sincronizar estos dos mundos aparentemente antagónicos. Para conseguir esto, hay que abordar el sexo con el corazón (y el amor); pero *a través* del sexo, no evitándolo. El sexo, si se aborda con un mínimo nivel de estado de conciencia, crea amor de una manera natural, de una manera espontánea; surge sencilla y dulcemente. La conciencia es alquímica. La combinación de estos dos polos en el cuerpo de la mujer —el sexo y el amor, lo terrenal y lo espiritual— es lo óptimo para su salud y su felicidad.

Muchas mujeres afirman que a veces sienten —sobre todo si la penetración es profunda y prolongada, tal como se sugiere en el capítulo 6— como si su corazón fuese tocado interiormente, como si fuese penetrado y abierto por el pene. Si el amor físico alcanza este nivel de intercambio a través de la polaridad, el amor se genera como una realidad tangible entre un hombre y una mujer. Al ser tan profundamente tocada, la mujer conecta con su amor y, a raudales, vierte amor sobre el hombre, cerrando así el círculo de amor y de dicha. Ten esto siempre presente: en cuestión de sexo, *cualquier* nivel de estado de conciencia crea amor; es el propio estado de conciencia el que transforma el sexo en amor. Aunque la frase sea muy manida, digamos que no es lo que se hace, sino cómo se hace. La mujer es amor; ésta es la quintaesencia de su alma; por tanto, amar para ella es tan esencial como la comida. Para sostener su vida, tiene que tener la oportunidad de relajarse en su naturaleza femenina y recibir la satisfacción y la regeneración de las experiencias orgásmicas. La sinceridad y la buena voluntad del hombre son, sin duda alguna, factores que contribuyen a las experiencias orgásmicas de la mujer, pero la responsabilidad —incluso de esto— recae sobre ella. La mujer, a través del sexo, puede recobrar su poder original de fémina.

La historia de una mujer

Me considero afortunada por el hecho de poder incluir aquí el testimonio escrito de una mujer suiza, ahora una buena amiga mía, que conocí hace ya varios años en un retiro sobre sexo tántrico. Desde entonces, ella y su pareja han estado practicando tantra muy en serio. Hace poco, le envié un correo electrónico pidiéndole, si no tenía inconveniente, unas pocas líneas que resumiera su experiencia. En vez de las dos o tres líneas que yo esperaba, me envió un completo y sincero informe sobre su transformación; detalle por el que le estoy muy agradecida. Su caso puede servir de ejemplo y de estímulo para todas las mujeres.

El avance más sorprendente en nuestra sexualidad y en la forma de hacer el amor fue la conexión (la «sanación rápida tántrica») que hacíamos, como mínimo, dos veces al día cuando estábamos juntos [vivían juntos la mitad de la semana]. Era algo así como sanar profundas heridas de nuestro cuerpo y de nuestra alma sin que mediara esfuerzo alguno o contribución consciente por nuestra parte. Sin que interviniese para nada nuestra cabeza (algo completamente inusual para nosotros), los cuerpos efectuaban por sí solos la sanación. Ahora disfruto mucho más del sexo; si hay tiempo, siempre estoy dispuesta a hacer el amor. Además, ya no existe presión por quedar bien, como tampoco el temor de ser herida de nuevo. Ahora S. sabe que su pene puede entrar en mi vagina en cualquier momento, lo cual hace que el hecho en sí sea algo menos deseable. Pero también sus urgentes y físicas «necesidades de niño» son finalmente satisfechas. Parece ser que, al final, ha conseguido con la conexión aquello que más ha necesitado a lo largo de toda su vida.

Así que cuando estamos agotados por haber trabajado mucho, ahora lo que hacemos es conectarnos y disponernos a dormir tranquilamente. Ya no vivimos, por tanto, nuestros antiguos dramas de tener que realizar a toda costa un excitante acto sexual, ya que, si no teníamos sexo todos los días, parecía como si algo no fuese normal en nuestra relación. Y así pasábamos dos, o más, difíciles horas tratando de lograr algo; y lo hacíamos bajo la presión de quedar bien, con lencería tentadora, con juguetes eróticos, etcétera; esto nos impedía dormir, que era lo que más necesitábamos [...]. Si nos despertamos ahora en mitad de la noche, nos conectamos de nuevo o bien hacemos el amor. El primero que se despierta por la mañana le pide al otro que se conecte una vez más.

Esto ha hecho de nosotros unos pacíficos seres humanos. Ya no nos peleamos en el trabajo, algo que sucedía todos los días cuando aún no habíamos recibido tus enseñanzas. Y si nos peleamos, sabemos que no le vamos a dedicar suficiente tiempo a nuestros asuntos amorosos y que nos vamos a saltar nuestras citas semanales para hacer el amor. Desgraciadamente, esto de saltarse las citas semanales ocurre todavía muy a menudo. Nos gusta tanto quedar bien y somos tan responsables con los asuntos de nuestra compañía —tenemos doce empleados— y con nuestro jardín, que nos las vemos y nos las deseamos para sacar tiempo para el amor, algo de la más alta prioridad. (Es curioso: cuando justamente hacemos esto y nos ausentamos toda una semana para asistir a un taller de «Hacer el amor», los pedidos nos llegan a raudales. ¡Ya nos ha sucedido esto dos veces!) S. está consiguiendo lo que él quiere, hasta el punto que creo que realmente me quiere como pareja; ha dejado de preguntarse si podría haber algo mejor fuera. Yo siento más o menos lo mismo, sobre todo porque vivir con él no es estresante. Tenemos todo lo que habíamos soñado; cada vez estamos más enamorados. Incluso hablamos de contraer matrimonio.

La otra gran ayuda ha sido lo que aprendimos sobre la diferencia entre emociones y sentimientos. Todavía seguimos afanándonos mucho sobre lo de «atrevernos a expresar nuestros sentimientos». A veces, cuando la tensión está presente, aún no me atrevo a expresarlos para no echar más leña al fuego. Pero, entonces, mi resentimiento hacia la tensión toma otros derroteros —casi siempre los de las agresiones verbales—; por tanto, no me sirve de mucho callarme lo que siento. Mi cerebro lo sabe, pero la niña que llevo dentro todavía teme perder el amor que tanto necesita.

De todas formas, sigo trabajando en esto. La mayoría de las veces no reconocemos nuestros estados emocionales con la suficiente antelación como para evitar la pelea, por lo que en raras ocasiones tenemos la oportunidad de correr, gritar o limpiar (solo en cinco ocasiones en total). No obstante, solemos darnos cuenta, por ciertos indicios, del estado emocional de cada uno de nosotros, lo cual siempre es una ayuda. Mis senos todavía son muy sensibles y solo aceptan caricias si se dispensan de un modo totalmente amoroso. Ellos aceptan las manos de S. y las mías propias, pero en cuanto se sienten manipulados inmediatamente se ausentan. Esto es un fastidio. Se necesitarían varias sesiones de tocamientos amorosos para que mis senos los acogiesen con agrado. ¡Tengo que planear sin falta estas sesiones!

En nuestra tercera asistencia a uno de tus talleres de «Hacer el amor», tuve una encantadora liberación en mi interior. Se me encajó un gran dolor en mi vagina o útero un poco antes de tener el período. Era la primera vez que me pasaba. Esa noche, me levanté para ir al baño, y al volver el dolor era tan fuerte que desperté a S. y le pedí que se conectara conmigo para ver si así me aliviaba. Comenzamos hablando del dolor, y en un determinado momento le dije: «Soporto este dolor con orgullo». Entonces S. me preguntó: «¿Por quién?» «Por mi padre, naturalmente», le contesté al instante. A lo que él dijo: «¡Pero si no ves a tu padre, si no le interesas en absoluto, si él cree que estás loca!» Todo esto era verdad. Comprendí que la niña que había en mí estaba todavía haciendo todo lo posible para ganarse el cariño de su padre, ya que, cuando aún era pequeña, no pudo llegar a él y expresarle el amor que sentía. Así que tomé entre mis brazos a la almohada (que representaba a la niña) y empecé a llorar amargamente. Las lágrimas y mi pena borraron de mi ánimo la firme creencia de que para el amor no hay ni una sola oportunidad (y es porque por aquel entonces no la hubo). Esta creencia me movía a desmantelar cualquier asomo de amor que apareciera en mi vida; y lo hacía con sutileza: una ligera crítica aquí, un poco de agresión allá... Me parece que actuaba así porque no quería experimentar de nuevo la horrible decepción de no poder alcanzar a alguien con mi amor; un amor que en mi infancia fue abrumadoramente grande y que me sumió en una completa soledad. Después de llorar y de aceptar lo que las lágrimas me decían, mi dolor de vientre fue desapareciendo poco a poco. Ahora pongo mis cinco sentidos en darle al amor una verdadera oportunidad, especialmente con S. y con mis hijos...

Unas mujeres comparten sus experiencias

«¡Ajá! Otra de las buenas cosas que he aprendido es no tomarme a mal las contestaciones de mi pareja, así como no excluir nada. Siempre tengo en mente la tan recurrida frase de que "el tantra no excluye nada". En este proceso, también tuve que desprenderme enseguida de la idea de que era una mujer a la que se le había herido mucho. Desengancharse una y otra vez de lo emocional es un deleite».

«Conecté con el trauma que me hacía rechazarme a mí misma. He estado así día tras día; con pánico y más pánico, y sin saber qué camino tomar. Es como un rebobinado. Ahora mismo estoy recordando los días que transcurrieron entre mis siete y once años, y me doy cuenta de lo mucho que abusaron de esta pequeña flor. Siento compasión por mí misma, por mi pareja, por toda la inconsciencia... Este trauma me ha hecho rechazar a otras personas, especialmente hombres. Todo se quedaba en un proyecto. He llorado horas y horas».

«Al parecer, todas las heridas están en el corazón y todas tienen que ver con dar y recibir amor. Cuando existe allí mucho rechazo, se produce no solo una obturación que nos impide recibir amor, sino también la incredulidad de que nuestro amor tenga algún valor para un hombre».

«Hoy en día, lo de mirarnos a los ojos es para mí una cuestión clave. El contacto visual nos mantiene a los dos presentes y a mí me transporta a viejas películas y al reino de las emociones; y me he dado cuenta de que puedo confiar en mi intuición en cuanto a cómo tengo que trasladarme a este espacio. Asimismo, si abro mis ojos con la firme creencia de que estoy "dentro" y no "fuera", puedo mantenerme conectada casi tanto como si tuviese los ojos cerrados».

«Solía tener grandes liberaciones de energía durante el acto de hacer el amor; era electrizante. El acto sexual sin movimiento ha eliminado todas mis negativas a la penetración y al hombre».

«Después de seis o siete días noté que en mi interior se acumulaba mucha energía. Tuvimos un exquisito encuentro en el que sentí que se derretían todos los límites de mi vagina; esto hizo que mi hombre tuviese una erección muy fuerte. Fuimos muy dichosos y estuvimos presentes durante largo tiempo. Después de esto, las cosas rodaron durante tres días de una manera muy distinta; mis escrúpulos cristianos empiezan a molestarme, duermo mal, me siento cansada y mojigata; en fin, estoy francamente mal. Nuestros encuentros sexuales, al parecer, se desarrollan a un nivel más profundo. Mi mente alucina, reacciona; la vagina se pone cada vez más tensa, hasta el punto de que todo el suelo de la pelvis se contrae. Esta mañana nos fue imposible hacer el amor. Hablamos a través de nuestros genitales, los dos desde fuera. Ambos habíamos sufrido abusos. He sido violada tres veces en mi vida; a esto hay que añadir el abuso personal de mis genitales por copular cuando no tenía ganas. Todavía noto tirantez en todas partes; pero, aunque parezca extraño, al compartir nuestra tirantez, al estar tendidos los dos muy juntos, me siento todavía, además de cariñosa y amistosa, muy conectada a mi pareja».

«Tuve la impresión de que nunca aprendí tanto sobre el verdadero amor como en esa semana. Siempre he buscado este sentimiento y esperaba encontrarlo algún día. Sí; en ciertos momentos he estado cerca de él, pero de diferente manera: en las meditaciones de mis ejercicios de estado de conciencia que vengo realizando desde hace diez años. Pero en mi vida cotidiana, con mi esposo, tuve muchos momentos regresivos de tristeza. Nuestra relación era realmente buena y profunda; hace veintitrés años que estamos juntos y siempre he tenido la impresión de que nos queríamos, de que cada uno vivía para el otro, de que nos cuidábamos mutuamente, de que hemos pasado juntos momentos difíciles, de que hemos disfrutado de la vida juntos, de que practicábamos un buen sexo convencional. Todo era realmente bueno. Pero, sin embargo, había algo que estropeaba mi dicha; y ese algo era que en muchas ocasiones sentía dentro de mí una gran tristeza. Esta era mi "idea" del amor que yo creía que estaba profundamente arraigada en mí. En todos estos años he tenido grandes dudas con respecto a mí misma. Dudas sobre si yo realmente amaba a mi hombre, si comparaba este amor con el que yo tenía como "idea". Entonces me cuestioné si esta clase de amor podría existir a un nivel terrenal de existencia. Todas estas eran las dudas que yo arrastraba. En esa semana empecé a acercarme al verdadero amor. No podía imaginarme que mi amor por mi hombre pudiese ser tan fuerte y sublime a la vez. ¡Cuántas horas maravillosas pasamos juntos y cuántas cosas compartimos! A veces lloraba de felicidad por haber podido acercarme a este amor tan profundo. ¡Agradezco tanto este gran regalo!».

Inspiración tántrica

Así es como yo lo veo: a la gente le es difícil amar, pero hay algo que todavía es más difícil que amar, y es recibir amor. Amar es difícil, pero recibir amor es casi imposible. ¿Por qué? Porque amar es en cierto modo simple, y uno puede hacerlo porque no va en contra del ego. Cuando tú amas a alguien, estás dando algo, y el ego se crece. Tú eres el que tiene «la sartén por el mango», eres el dador (o la dadora), y la otra (o el otro) está en el extremo que recibe. Te sientes muy bien; tu ego se siente acrecentado, hinchado. Pero si tú recibes amor, entonces no puedes tener «la sartén por el mago». Si recibes, tu ego se siente dolido. Recibir amor es más difícil que dar amor. Y uno tiene que aprender ambas cosas: dar y recibir.

Y el hecho de recibir te va a transformar más que el hecho de dar, ya que cuando recibes amor tu ego empieza a desaparecer.

OSHO,
Y yo te digo, vol I

Pregunta sobre las emociones

[Este pasaje comienza con una pregunta personal que una discípula hace a Osho.]

Amado maestro,

Con mucha frecuencia llena mi corazón, y todo mi ser, un sentimiento que no puedo describir. Durante la charla del otro día, sentí algo así como un amor opresivo por ti y por todo el mundo. Pero, ahora, me doy cuenta de que el mismo sentimiento, u otro muy, muy parecido, aparece también bajo la forma de temor, angustia, punzante dolor, desesperación y frustración. Estoy temblorosa y confusa. Amado maestro, ¿puedes decirme algo?

Osho contesta:

Efectivamente, hay algo muy similar en emociones muy diferentes: la opresividad. Puede ser amor, puede ser odio, puede ser ira; puede ser cualquier cosa. Si es mucha, entonces te da la sensación de estar oprimida por algo. Incluso el dolor y el sufrimiento pueden crear la misma sensación, pero la opresividad no tiene valor por sí misma. Solamente indica que eres un ser emocional.

Es la señal típica de una personalidad emocional. Cuando es enojo, es toda enojo. Y cuando es amor, es toda amor. Casi se emborracha con la emoción, se ciega. Y cualquiera que sea la acción que de ella salga, es errónea. Aunque sea amor opresivo, la acción que resulte de ella no va a ser la correcta.

En definitiva, siempre que estés oprimida por una emoción, perderás toda la razón, perderás toda tu sensibilidad, perderás en ella tu corazón. Se convierte casi en una nube oscura en la que estás perdida. Entonces cualquier cosa que hagas va a estar equivocada.

El amor no tiene que ser una parte de tus emociones. Por regla general, esto es lo que la gente piensa y experimenta, pero cualquier cosa que sea opresiva es muy inestable. Es como el viento: llega, pasa y te deja atrás, vacía, destrozada por la tristeza y la pena.

Según aquellos que conocen al ser del hombre en su totalidad —su mente, su corazón y su ser—, el amor tiene que ser una expresión de tu ser, no una emoción. La emoción es muy frágil, muy cambiante. En un momento parece que lo es todo. Y en otro momento tú estás simplemente vacía.

Así que la primera cosa que hay que hacer es sacar al amor de toda esta legión de emociones opresivas. El amor no es opresivo. Al contrario, el amor denota una tremenda perspicacia, claridad, sensibilidad y conciencia. Pero esta clase de amor raramente existe, ya que es muy poca la gente que llega alguna vez a su ser.

OSHO,
Om Shanth Shanth Shanth

EJERCICIO DE ESTADO DE CONCIENCIA Y SENSIBILIDAD

AUTOMASAJE DEL PLEXO SOLAR

Si en cualquier momento notas congestión o molestias en tu plexo solar, es muy importante que elimines las tensiones que allí se hayan acumulado. Estas tensiones se pueden descargar de diferentes maneras; una de ellas es el masaje, práctica muy útil para incrementar el estado de conciencia de esta zona.

Tiéndete de espaldas, con los brazos extendidos a ambos lados de tu cuerpo, adoptando una postura alineada tal como se ha venido recomendando en anteriores ejercicios. Destina a este ejercicio un espacio de tiempo de entre veinte y treinta minutos. Haz unas cuantas respiraciones profundas desde el vientre y el plexo solar. Luego, junta las yemas de los dedos de tus manos —procurando que se toquen las uñas— para formar con ellos una especie de cono punzante. Con mucho cuidado, coloca estos conos sobre la piel del plexo solar, a mitad de camino entre el arco de la caja torácica y el ombligo. Descansa así unos pocos minutos sin ejercer con tus manos presión alguna, como si fuesen mariposas posadas sobre una flor; ya verás como pronto empezarás a sentir los latidos de tu pulso en el plexo solar. Si después de varios minutos no notas el pulso, incrementa la presión ligeramente. Concentra tu atención en la punta de los dedos y procura sentir las pulsaciones de tu corazón.

Después de unos minutos, disminuye la presión de tus dedos hasta que dejes de notar las pulsaciones de tu corazón, pero sin que pierdan el contacto con la piel. Esta disminución de presión será mínima, casi imperceptible. Haz dos o tres respiraciones profundas desde el plexo solar hasta el vientre y, a continuación, intensifica de nuevo el contacto de tus dedos a fin de que vuelvan a notar las pulsaciones de tu corazón. Continúa con esta alternancia de sentir y no sentir las pulsaciones hasta que el ejercicio empiece a cansarte. Cuando hayas terminado, levanta con extrema lentitud las puntas de los dedos hasta que pierdan el contacto con la piel del plexo solar. Coloca ahora una mano sobre la otra (las dos abiertas) en tu plexo solar y, con los ojos cerrados, descansa así unos instantes.

EJERCICIO DE ESTADO DE CONCIENCIA Y SENSIBILIDAD

EJERCICIO CATÁRTICO PARA EMOCIONES REPRIMIDAS

Es una excelente idea crear un espacio para contactar intencionadamente enojos reprimidos. Siempre que sientas que no puedes llegar más abajo de tu estómago, que no alcanzas a ubicarte en tu vientre, o cuando te notes algo superficial, puedes andar a cuatro patas y jadear como un perro. Para esto necesitas tres cosas: una media hora de intimidad; una habitación completamente cerrada; y, si es posible, la tranquilidad de poder emitir algunos sonidos sin intrigar a los vecinos. Generalmente, esta clase de enojo está profundamente incrustado en el cuerpo, lo cual hace difícil su tratamiento directo. No obstante, sí se puede hacer algo de una manera indirecta a fin de liberar frustraciones acumuladas.

Solo tienes que imaginarte que eres un perro; para ello, saca la lengua y deja que cuelgue fuera de tu boca. Anda a cuatro patas por la habitación y acompaña el recorrido con rápidos jadeos. A medida que haces esto, se abrirá el conducto que va de la garganta al vientre. Si jadeas durante unos treinta minutos, verás cómo tu enojo fluirá de manera fácil y delicada. Implica a todo tu cuerpo en esto. Cada vez que te veas reflejada en un espejo, si lo hay, puedes incluso ladrar y gruñir.

Si el enojo constituye para ti un permanente escollo, te sugiero que hagas diariamente este ejercicio del jadeo por un período de unas tres semanas. Una vez que te hayas liberado del enojo, tendrás la fuerte sensación de un despertar de energías dentro de tu cuerpo y sentirás una libertad interior. Ya no estarás subyugada por la retención en tu cuerpo de sentimientos no expresados.

11

La mujer como amante durante la menstruación, los períodos de fertilidad, el embarazo, la maternidad y la menopausia

L A MUJER, EN VIRTUD de su capacidad para dar a luz, está expuesta a la acción de unas hormonas que influyen poderosamente en su vida y en su expresión sexual; esto es algo que está ahí y que no debemos menospreciar. Un buen ejemplo de esto lo tenemos en el convencimiento íntimo, durante gran parte de nuestra vida, que toda mujer tiene de que el sexo está de alguna manera unido a la posibilidad de embarazo. Comienza en la pubertad con la menstruación, y a partir de este fenómeno biológico vital hay muchas mujeres que adquieren el fundado temor de quedarse embarazadas si hacen una total inmersión en el sexo. Este temor, si está muy arraigado, puede suponer un serio obstáculo para la consideración de la práctica del sexo como algo natural y bello.

El tema de la anticoncepción

Muchas mujeres, particularmente en sus años de adolescencia, han pasado por la experiencia de tener un ardiente deseo de hacer el amor a la par que sentían un profundo rechazo por el acto sexual. Normalmente, en estos casos no se toma en consideración el asunto de la anticoncepción ni se actúa sobre ella. Este conflicto interior del «sí y el no» crea una gran tensión en la mujer y afecta negativamente a su capacidad para abrirse a sí misma y al hombre. Y aunque se abra, es muy probable que retenga un sutil «no» traducido en una resistencia subyacente; y esto cuando hay tanto en juego. Si una mujer no tiene otra alternativa que ponerse a la tarea bajo el influjo de una desgana básica a abrirse y a relajarse, esta reserva no es buena para la expansión de la energía femenina. Las tensiones generadas por el miedo a quedarse preñada afectarán negativamente al estado de presencia de la mujer, así como a su placer y a su entera percepción del sexo.

Si la mujer quiere verdaderamente relajarse dentro del acto sexual, la conciencia de fertilidad se convertirá para ella en algo esencial. Sin esta conciencia, el carácter arriesgado de la situación, como también el deseo y el rechazo simultáneo de la misma, pueden servir para intensificar el excitamiento hasta el punto de que ella misma, quiera o no quiera, se meterá en el «asunto» mandando a paseo todo tipo de precaución. Todo comienza con un «no», pero la mujer se va lentamente excitando; todavía sigue diciendo «no», aunque disfruta de las sensaciones eróticas que le van llegando. A un cierto punto, el excitamiento alcanza su cota más elevada y es cuando aparece un irresistible deseo de penetración, que hace que el «no» se convierta en su cabeza en un «sí»; y este momento no es precisamente el más indicado para hacer un alto en el camino con miras a insertar un diafragma o ponerse un condón. Arrojarse una al sexo de esta forma, es entrar ya en el acto con un alto nivel de excitamiento, con poca conciencia, y casi siempre con el deseo de alcanzar un orgasmo; todo lo cual forma un ambiente propicio a la eyaculación. Algo que, por supuesto, hace que el riesgo de embarazo sea aún más elevado.

Por todas estas razones, es verdaderamente importante que la mujer, especialmente si es joven, asuma la total responsabilidad de la anticoncepción y no la deje en manos del hombre. La mujer se hace a sí misma un gran servicio si toma precauciones para no tener un embarazo no deseado, ya que se libera mucha energía en la experiencia sexual. La mujer que tenga la suerte de que entre en su vida un hombre vasectomizado, podrá saber el increíble alivio que supone el no tener que *pensar* en cuestiones anticonceptivas. ¡Nunca! Hacer el amor se convierte entonces en algo placentero y fácil; en un incondicional «sí».

En los talleres, muchas mujeres me preguntan si es bueno o malo hacer el amor durante la menstruación. No hay ningún inconveniente en hacer el amor en este período; es un período totalmente seguro en lo que al ciclo de fertilidad se refiere y, además, incluso alivia los síntomas menstruales, como el dolor o la irritabilidad. Todo depende de las opciones y preferencias de las dos personas interesadas. No existen normas generales; cada mujer, junto con su pareja, tiene que tomar su propia decisión sobre este asunto.

Cuando el sexo y la fertilidad se hacen amigos

Estar al tanto del ciclo de fertilidad de la mujer es la forma más eficaz de evitar el embarazo o también de posibilitarlo. Quizá la mejor herramienta para esto sea el método sintotermal. Tener un conocimiento práctico de este método enriquece a las mujeres en el sentido de que están más al tanto de los ciclos de su cuerpo y las pone, asimismo, en disposición de ejercer un mayor control en materia anticonceptiva. La naturaleza utiliza señales sutiles para decirnos cuándo una mujer es fértil; la ovulación siempre va acompañada de un aumento de temperatura (sintotermal), lo cual indica que los ovarios han soltado un huevo que se desliza hacia abajo por las trompas de Falopio hasta el útero. Al mismo tiempo, se producen cambios en el fluido cervical. En el método sintotermal, el aumento de temperatura se interpreta siempre en correlación con la observación del fluido cervical, parámetros que, en conjunto, nos revelan la actividad ovárica. Este método lo enseñan dos grandes organizaciones mundiales: una católica, el Natural Family Planning Institute (Instituto de Planificación Familiar Natural), y otra de afiliación no religiosa, las escuelas del Fertility Awareness Method (Método del Conocimiento de la Fertilidad). De estas organizaciones, y de otras esparcidas por todo el mundo, se puede obtener información sobre el método sintotermal. Algunas mujeres, con la ayuda de un libro idóneo, se las arreglan para aprender el método por sí mismas; no obstante, se recomienda que, al menos una vez, sometan sus cartas al juicio de un asesor sintotermal y que, por supuesto, involucren del todo a su pareja.

Por regla general, se sabe que tener sexo y evitar la eyaculación no es una práctica anticonceptiva suficientemente segura. Por su parte, el método sintotermal, el llamado «método de anticoncepción natural», no está considerado por sus detractores como totalmente seguro. Así las cosas, la archipoderosa industria de la hormona, así como la mayoría de los ginecólogos y otros profesionales de la medicina, desaconsejan a las mujeres que basen su régimen anticonceptivo en sus propios ciclos de fertilidad. Los partidarios de la anticoncepción natural aseguran que el método sintotermal es el secreto mejor guardado, y que la razón de esto es puramente económica: se prefiere que la gente se olvide de los ciclos corporales y consuma, en su lugar, costosas píldoras. Por esto se promueve tan poco el conocimiento de nuestro propio organismo y de los métodos que nos facilitan el cuidado de nosotras mismas.

La decisión de tener un hijo

Si una mujer cree que está preparada para tener un hijo y verdaderamente lo desea, es mucho más ventajoso para todos los implicados concebir *conscientemente* ese hijo; es decir, tener por seguro que el embarazo es el resultado de una eyaculación planeada para que coincida con la ovulación, no de una eyaculación accidental. La pareja debería organizar un ritual especial alrededor de esta experiencia conceptiva; esto es, crear una especie de templo para hacer el amor, destinar un espacio sagrado al cual invitar al nuevo ser a que venga a la vida. La niña* que viene al mundo es muy capaz de sentir una buena acogida o la falta de ella, siente si es deseada o simplemente recibida por sus nuevos padres, si estos han cambiado de costumbres alegremente o se han avenido de mala gana a integrarla en su ya ajetreada vida. Estos sentimientos, de no ser bien recibida por sus padres, seguirán en vigor en el ánimo de este nuevo ser, a pesar de todas las atenciones cariñosas que posteriormente se le dispensen. Una niña que no haya sido verdaderamente invitada a formar parte de este mundo, mostrará una psicología y una fuerza vital muy peculiares.

---

* La autora, en este caso, especifica en su texto el género femenino del nuevo ser. *(N. del T)*.

Una de las situaciones básicas en las que un bebé puede sentir que no es bien acogido en este planeta Tierra, es cuando no se le amamanta. Hoy en día, muchas madres no tienen tiempo ni paciencia para dar de mamar a sus hijos, y hay otras que temen que con la lactancia se les estropeen los senos y que, por consiguiente, pierdan atractivo sexual. La leche materna contiene todos los ingredientes vitales para que el niño desarrolle un sistema inmunitario que es esencial para su salud; de aquí que la lactancia sea un elemento importante para la vida humana. No obstante esto, en la actualidad la mayoría de las mujeres solo les dan de mamar a sus hijos a lo largo de muy pocas semanas, por lo que son muy raros los períodos de lactancia que abarcan más de doce meses.

La práctica del sexo durante el embarazo

El embarazo, ya sea planeado o no, plantea la cuestión de cuál sería el comportamiento sexual idóneo en los nueve meses venideros. A medida que avanza la gestación, crece en la mujer el temor de que el bebé sufra algún daño a través de la práctica del sexo, por lo que su resistencia a hacer el amor es cada vez mayor. Quizá sea ésta la primera vez en que la mujer se dé cuenta de la naturaleza agresiva y poco cariñosa del sexo convencional. Debido a esto, nace en ella la necesidad de proteger al ser que lleva en sus entrañas, por lo que empieza a rechazar sistemáticamente cualquier propuesta de su hombre para hacer el amor. Esta resistencia crea a menudo tensiones dentro de la relación, por lo que, cuando el bebé llega, lo normal es que se haya practicado poco o ningún sexo en los meses precedentes.

Sin embargo, si se aborda el sexo de acuerdo con los principios tántricos caracterizados por su consciencia y delicadeza, así como por su posibilidad de erección dentro de la vagina —tal como se exponía en el capítulo 8—, no hay inconveniente alguno en practicar el acto sexual. Es una forma de abordar el sexo tan enteramente orgánica, que la mujer sentirá de por sí que ningún mal en absoluto le podría sobrevenir al feto. Al contrario, las mujeres que han asistido a mis talleres embarazadas de siete meses, o incluso de nueve, todas alegan que perciben una reacción positiva por parte del feto. El sexo tántrico habilita más espacio para el bebé, toda vez que el vientre se relaja. La movilidad del feto se incrementa, lo que ha sido causa de que, en ciertos casos, cambiara de postura para ponerse de cabeza, posición ésta muy ventajosa para el parto. La fuerza vital que se genera durante el acto sexual se irradia por todo el cuerpo, algo que resulta beneficioso tanto para la madre como para el niño. Esto incluso puede ser una preparación para el parto. Además, esta forma de hacer el amor afianza los lazos de cariño entre el hombre y la mujer, lazos que forman los cimientos de la condición de ser padres.

La práctica del sexo después del parto y durante la lactancia

Después del nacimiento del niño, suele crecer la oposición de la mujer a practicar el acto sexual. En parte, esta oposición puede deberse a la propia experiencia del parto y al intenso proceso físico al que la mujer se ve sometida. Y si fue un parto difícil, con desgarros y puntos de sutura en la entrada de la vagina, por ejemplo, entonces es normal que la mujer no sienta entusiasmo alguno en abrirse al sexo.

Una amiga mía tántrica me comentaba que en esto de parir había tenido dos experiencias totalmente opuestas: la primera fue muy larga y muy penosa, mientras que la segunda duró solo seis horas. Aunque el segundo parto fue laborioso, no dejó de ser un parto natural y también una reconfortante experiencia. Después de dar a luz a su primer hijo, notó que ni siquiera se le ocurría la idea de llegar a sentir algo «allá abajo»; le parecía que sus apetencias sexuales estaban a años luz de distancia. Mi amiga necesitó cinco meses de sanación antes de que se sintiera físicamente dispuesta a hacer el amor con su marido. Cuando, por fin, estuvo dispuesta a hacerlo, practicó la penetración suave y la presencia del pene dentro de ella fue una experiencia altamente sanadora; en efecto, muchas lágrimas y tensiones se escaparon de su organismo. No pasó lo mismo con su segundo hijo, ya que, en esta ocasión, ella reanudó sus actividades sexuales (de estilo tántrico, tal como había hecho hasta el parto) poco después de dar a luz; y continuó realizándolas de manera regular (de una a cuatro veces por semana), a la par que amamantaba al recién nacido y criaba a sus dos hijos.

En el caso de un parto con cesárea, existen a menudo molestias y dolores derivados de la intervención quirúrgica y de la cicatrización de la herida, así como la sensación general de estar una separada de la cavidad pélvica: los genitales y el suelo de la pelvis. En el parto vaginal, a muchas mujeres se les practica una episiotomía rutinaria —incisión quirúrgica en el perineo para agrandar la apertura vaginal— con la intención de evitar posibles desgarramientos durante el parto. En estos casos, la penetración se asocia con dolor en la vagina. La deducción lógica de todo esto es que si el parto se ha desarrollado sin intervención quirúrgica o dificultades, es muy probable que la madre esté casi inmediatamente abierta al intercambio sexual. Su cuerpo está relativamente intacto y no hay ningún trauma, psíquico o mental, que deba ser tratado.

Aparente pérdida de la libido después del parto

Como expresión creativa del elemento femenino, dar a luz supone para la mujer someterse a un proceso transformador de gran envergadura. Para algunas mujeres el parto, y todo lo que éste conlleva, puede ser una experiencia orgásmica. Desde un punto de vista energético, el parto expande el sistema de la mujer y, por tanto, aumenta en general su receptividad y su sensibilidad. Como consecuencia del parto, la mujer se siente más mujer, más conectada a su innata naturaleza femenina.

De aquí que sea completamente comprensible que, en estas nuevas circunstancias, una madre recién parida no esté tan interesada en el sexo como lo estuvo antes del parto; en el sexo convencional, se entiende, ya que es en esta clase de sexo donde sus delicados sentidos femeninos son vulnerados. Al no implicar las maquinaciones y la vehemencia del convencional, el sexo tántrico y consciente no presenta problemas para la mujer. Quizá la pérdida de la libido que generalmente se experimenta después del nacimiento del niño, no sea otra cosa que una resistencia específica al sexo convencional y no al sexo en sí. Para la mujer, como madre, es muy importante introducirse en una expresión espiritual del sexo, lo cual requiere acopiar la misma energía que produjo el niño. Esto le proporcionará, como mujer, más amor, vitalidad y conocimiento. El sexo es un medio eficaz para alimentar indirectamente a un hijo.

Actualmente, en el campo de la medicina, la pérdida de la libido se atribuye a la prolactina, una hormona que se segrega después de dar a luz y que es absolutamente necesaria para la lactancia. Puede decirse que la prolactina es una necesidad fisiológica para el cuerpo, ya que sin ella no es posible el flujo de la leche materna. La prolactina actúa de relajante para los pechos, y calma y relaja de forma natural a la madre cuando ésta se prepara para amamantar a su hijo. Por sus efectos calmantes, la prolactina también se usa en psiquiatría. Si la mujer sabe el papel que representa la prolactina en la producción de la leche materna, se sentirá más tranquila sobre el estado de calma por el que atraviesa su libido. Se trata de un proceso corporal interno, así que es perfectamente normal sentirse cansada o falta de energía mientras se amamanta a un crío. Asimismo, la lactancia representa un serio compromiso para la madre, ya que ésta tiene que llevar a rajatabla el régimen alimenticio de su hijo, consistente en seis o siete tomas diarias a lo largo de un espacio de tiempo de cuatro, cinco o seis meses como mínimo. Por consiguiente, si una mujer no se siente atraída por los rigores del sexo normal, no se puede decir con propiedad que esa mujer haya perdido su libido.

La lactancia mejora el acto sexual

Desde la perspectiva tántrica, estar relajada se considera realmente una gran ventaja, y la mujer, si practica la lactancia, estará de forma natural más abierta y receptiva. ¡Un verdadero don del cielo! (La penetración suave es perfectamente factible durante la lactancia). Mediante una conexión con el círculo interno de energía que va desde los senos a la vagina y desde ésta otra vez a los senos, se puede también favorecer el flujo de leche materna. Una amiga mía tántrica, que amamantaba con el estado de conciencia puesto en los senos como polo positivo de radiación descendente, me comentaba que ella encontraba la experiencia muy vigorizante; que incluso el hecho de completar su círculo interno, se le antojaba un logro sexual. Esta amiga mía asegura que la conexión circular, la sintonía con su cuerpo, crea una atmósfera a su alrededor de calma y paz; atmósfera que le da al bebé una sensación de seguridad que, a su vez, lo relaja y lo prepara para mamar de los pechos maternos. Si la mujer se las arregla para que esta experiencia sea vigorizante para ella, podría evitar sensaciones tales como agotamiento o irritabilidad y extrema sensibilidad en los pezones, así como sentirse vacía y exhausta de reservas después de amamantar.

Ten en cuenta que la lactancia impide la ovulación, así que en tanto en cuanto la mujer esté amamantando a su hijo, dispondrá de una protección anticonceptiva natural*. Una ventaja más a añadir a las que ya tiene la lactancia. De hecho, es la época perfecta para hacer el amor, ya que, durante ella, estás casi segura de que no habrá ovulación, lo cual te proporciona el tiempo necesario para volver a sincronizar con tu pareja. Cualquier mujer puede estar infecunda alrededor de dieciocho meses, siempre y cuando amamante a todo lo largo de este período; no obstante, una vez transcurridos seis meses, debería recabar más información de un asesor de fertilidad.

La Organización Mundial de la Salud recomienda como mínimo un año de lactancia, lo que hace muy difícil o imposible que una recién parida pueda trabajar fuera de su hogar. En Suecia, el Gobierno, consciente de la importancia que tiene la leche materna para la formación del sistema inmunitario del niño y para su posterior estado de salud, ayuda financieramente a las madres durante todo un año con objeto de fomentar la lactancia.

En general, el sexo después de dar a luz puede ser una gran fuerza sanadora, por lo que animamos a las mujeres a que no hagan dejación de su calidad de amante cuando tengan un hijo. Dentro del contexto tántrico, una comienza a apreciar la vida de una forma muy distinta; en efecto, una ve que abordar el sexo de manera consciente puede ser una fuerza unificadora, y también ve cómo cosas que normalmente están separadas (sexo y la condición de padres, por ejemplo) se juntan en completa armonía. Se puede practicar un sexo tántrico sosegado en las proximidades de bebés, porque es un hecho deseado y natural; no así un sexo convencional, el cual, al tener una expresión más animal, coloca a los adultos en una situación embarazosa cuando un niño los sorprende.

El sexo y la condición de padres

Por encima de la experiencia real de dar a luz y de su impacto en la disposición sexual de la mujer, este acontecimiento marca la importante

---

* La protección anticonceptiva es de un 95 por 100 siempre y cuando la mujer amamante a su bebé seis veces al día como mínimo, no transcurra más de seis horas entre toma y toma, y el niño no beba otra clase de líquido que la leche materna. Si estas condiciones no se dan, podría ocurrir la ovulación. *(N. de la A)*.

transición de mujer a madre. Es una experiencia que supone una gran expansión de energía; por medio de ella, la energía de la mujer cambia y se hace más femenina, receptiva y amorosa. A través del proceso de dar a luz se introduce en el ánimo de la mujer las cualidades de la maternidad. Ocurre un cambio total de consciencia; el amor brota de una fuente interna y florece en una total devoción hacia el bienestar de esta frágil nueva vida. La mujer se hace presente en un 100 por 100 con respecto a las necesidades de su hijo. Una absorción natural con el bebé la hace menos accesible al hombre, por lo que puede llegar a ser imposible distraerla de sus tareas maternas para que atienda las necesidades de su pareja. Desde la perspectiva de la mujer, el hecho de abrirse a las relaciones sexuales y a su propio hombre supondría, para ella, un esfuerzo totalmente inviable en esos momentos.

Sin embargo, el amor de la pareja tiene que ser constantemente alimentado. El prodigarse demasiado con los cuidados del niño y olvidarse de su pareja puede dar lugar a que el hombre se sienta desplazado, se inquiete y busque «entretenimiento» fuera de su hogar. Está más que comprobado que cuando la mujer (convertida en madre) niega continuamente el sexo al hombre en los primeros años de su paternidad, los ojos de éste empiezan a mirar hacia otros sitios. Si no le es posible conseguir sexo en casa, es inevitable que busque otras fuentes alternativas de suministro. Y así sucede muy a menudo que el hombre esté buscando continuamente pastos más verdes, dejando en la estacada a la mujer, a la criatura y a todo.

Dadas las innatas polaridades masculina-femenina, el sexo es esencial para el hombre; bien mirado, para él no es tan opcional como lo es para la mujer. Como polo pasivo, las mujeres no aprecian en toda su magnitud esta importante diferencia entre los sexos. Recuerdo que hace poco una joven madre de veinte años me decía, con una inocente y aniñada expresión de sorpresa en su rostro, que ella *no* tenía idea de lo importante que era el sexo para el hombre. A esta confidencia le siguió —delante de mí— una discusión con su hombre sobre la cuestión de la disponibilidad del sexo; discusión que no estuvo exenta de alarmantes toques emocionales.

Bueno, la escueta verdad es que el sexo es extremadamente importante para el hombre. Por tanto, la mujer y madre debe buscar un equilibrio entre sus pretensiones y las de su hombre; y comprender, además, que el amor entre el hombre y la mujer es la base que sostiene, además del amor al hijo, la armonía del hogar. Es frecuente que la nueva madre se preocupe en demasía por las necesidades físicas y por el bienestar del niño; esto hace que se dedique a colmar a su hijo de cuidados y no preste atención al ambiente que rodea al bebé. La mujer, como *madre*, es responsable de su hijo y, como *mujer*, es responsable de su hombre, el padre de su hijo; y si quiere que el niño crezca en un ambiente en el que predomine el amor y no la conflictividad, tiene que considerar casi iguales ambas responsabilidades. Y esto sin mencionar la responsabilidad que tiene la mujer para *consigo misma* en cuanto a la obtención de apoyo, amor y ternura, para así evitar que en su ánimo se desarrollen emociones. El campo amoroso que une y rodea a los padres es un alimento tan vital para el hijo pequeño como lo es la leche de los pechos de la madre. Los nenes son extremadamente sensibles a esto; hacen buen uso del alimento que les proporciona el amor, y donde no existe armonía ni amor se produce una reducción (debida al miedo) en el núcleo de su sistema energético. La tensión se apodera de ellos y se hacen desconfiados, y es posible que también inquietos y exigentes, incluso aunque estén bien alimentados y atendidos. Si esta falta de amor continúa y pasan los años, los niños crecerán temerosos y con una sobrecarga emocional; y, por supuesto, no cubiertos con ese manto de cariño que deberían haber tenido.

Los padres no tienen en cuenta esto cuando se pelean delante de sus hijos. Si una sensible nueva vida se ve envuelta en tensiones y reyertas, lo normal es que se aloje en ella un temor defensivo y retraído. Si este es el caso, la niña es probable que adquiera durante su crecimiento una personalidad emocional y, al comportarse como tal, empezará a tener problemas de todo tipo. Los padres, por tanto, deben liquidar sus diferencias fuera del alcance de la vista y del oído de sus hijos. Tienen que responsabilizarse de los estados emocionales de sus vástagos; para ello, solo tienen que seguir los pasos que se recomiendan en el capítulo 10 para evitar que las vibraciones tóxicas de la emocionalidad influyan en el hijo. Durante el período en que viven en el hogar —que puede ser de veinte años, o más—, los niños son muy sensibles al ambiente que crean las relaciones entre sus padres. Muchos padres me han confesado que cuando —como consecuencia de haber asistido a uno de mis talleres— comenzaron a hacer el amor con más frecuencia, el cambio tuvo una influencia beneficiosa en sus hijos. Los niños, además de contentarse con lo que tenían, se hicieron menos caprichosos; y las pendencias, tan frecuentes entre ellos, disminuyeron notablemente. Es verdad que los padres se preocupan de informar y educar a sus hijos de muchas maneras, pero en la mayoría de los casos se olvidan del amor, requisito básico en la familia y elemento aglutinante de la misma. Los padres que hacen el amor e impregnan su convivencia de cariño, preparan y educan a sus hijos de la mejor forma.

El sexo durante y después de la menopausia

El ciclo final por el que pasan todas las mujeres, hayan tenido hijos o no, es la menopausia: la cesación de la pérdida de sangre menstrual que tiene lugar cada veintiocho días. Muchas mujeres tienen a la menstruación en gran estima, puesto que para ellas es el símbolo de su condición de mujer. Por ello, la mayoría de las mujeres no ven con buenos ojos la llegada de la menopausia, ya que la ven como una amenaza para su feminidad y atractivo personal.

Ahora bien, esto solo pasa cuando se mira esta cuestión con ojos convencionales. Si la mujer intenta con éxito dejar a un lado el sexo convencional (mucho mejor cuanto más joven sea, aunque nunca es demasiado tarde para hacerlo), adquiere un profundo conocimiento de la feminidad y de la naturaleza real de la atracción sexual. Se entera de que ésta no tiene nada que ver con su apariencia externa, sino con una fuerza poderosa y sin edad que reside dentro de ella. Esto le proporciona una confianza y una claridad que eclipsan las preocupaciones limitativas que genera el proceso físico del envejecimiento. De hecho, a medida que te introduces más y más en el sexo tántrico, te vas sintiendo cada vez mejor contigo misma; tanto es así, que el hecho de envejecer deja de producirte una gran ansiedad. Está claro que el cuerpo en sí no dejará de presentar señales inequívocas de envejecimiento, lo que permanecerá siempre joven será el espíritu. La mujer que aprende el arte del tantra se concede a sí misma, si así lo desea, la facultad de hacer el amor hasta el final de sus días; es decir, sin tener que renunciar a la actividad sexual en la menopausia ni tampoco en la vejez.

Muchas mujeres alegan que la penetración es extremadamente dolorosa durante la menopausia y, en mis talleres, he conocido a mujeres que atravesaban por una crisis de convivencia a causa de esto. Ha habido algunas que, debido a estas dolorosas manifestaciones, no han podido tener sexo durante varios años. Este problema puede incluso agudizarse por la falta de lubricación que a menudo ocurre durante esta fase de cambio hormonal. El sexo convencional se convierte, por tanto, durante la menopausia en algo imposible para muchas mujeres. No obstante, el tantra nos ofrece la posibilidad de la penetración suave, a partir de la cual puede muy bien ocurrir una erección; y hay mujeres que lo han probado que dicen que no produce en absoluto dolor. Vemos, pues, cómo de pronto se abren para la mujer nuevas puertas por las que puede entrar de nuevo, con toda su gloria y esplendor, la sublime experiencia de hacer el amor.

Basándome en mi experiencia profesional con mujeres menopáusicas, puedo asegurar que a ellas la práctica consciente del sexo les reporta un gran beneficio. Mujeres que comenzaron con el sexo tántrico durante la menopausia aseguran que, sin lugar a dudas, notaron alivio en muchos de los síntomas propios de este ciclo. Los sofocos, por ejemplo, desaparecen como si en el cuerpo de la mujer se hubiese abierto una espita por la que sale calor. Es una lástima que no se haya investigado lo suficiente en este campo; de todos modos, es muy posible que se llegue a formar un cúmulo de pruebas a medida que las mujeres comiencen a abrazar cada vez más los principios tántricos.

La menopausia marca un período de un gran aumento de creatividad en la mujer al entrar ésta en un estado más sereno de equilibrio, ya libre de las ataduras de su componente hormonal o de la biológica expresión del sexo. Los difíciles altibajos que le producía la menstruación es ya una cosa del pasado. El cese de la descarga mensual de sangre es algo que hay que mirar como una liberación y no como una pérdida intrínseca. Hay que pensar que las relaciones amorosas pueden seguir ahora su curso sin que mensualmente se vean molestadas por el comienzo de la ovulación y de la menstruación. Y, sobre todo, porque es muy liberador no tenerse ya que preocupar del control de la natalidad.

Inspiración tántrica

Yes lo que yo digo: si los mayores son un poco más meditativos, los pequeños se imbuirán fácilmente de este espíritu. Son tan sensibles. Aprenden todo lo que haya en el ambiente; enseguida captan la vibración de lo que sea. Nunca les importa lo que tú digas. Lo que tú eres, es lo que ellos siempre respetan. Y tienen una percepción, una claridad y una intuición muy profundas. Tú puedes sonreír, pero ellos sabrán inmediatamente que la sonrisa es falsa, porque tus ojos estarán diciendo otra cosa; y más que esto, todo tu cuerpo estará diciendo otra cosa, o sea, que estás enfadado, que solo pretendes algo, que solo es una norma.

Puede que ellos no sean capaces de formular esto con tantas palabras, pero inmediatamente lo sentirán. Así que nunca seáis mentirosos con los niños, porque ellos inmediatamente lo sabrán. Y una vez que el niño sepa que sus padres son unos mentirosos, perderá toda su confianza. Y esta es la primera confianza que tiene en su vida, así que si la pierde se convertirá en un escéptico. Entonces él no puede confiar en nadie. No puede confiar en la vida, no puede confiar en Dios, porque estas cosas son cosas muy lejanas. Si incluso el padre mentía, si incluso la madre mentía, si incluso ellos no eran de fiar, ¿qué decir entonces de los demás?

Una vez que el niño aprende..., y todos los niños llegan a aprender, es imposible engañar al niño. Hasta ahora no hay ningún método que diga cómo mentirle a un niño. Él simplemente sabe dónde estás tú, quién eres tú. Es algo intuitivo, no tiene nada que ver con su intelecto. De hecho, cuanto más intelectual se hace, más pierde su intuición, y, por consiguiente, la facultad de ser capaz de ver las cosas tal como son. Ahora mismo, el niño es directo. Simplemente mira las cosas a su través. Te mira a ti y eres transparente. Así que nunca seas mentiroso.

Ámale y déjale que sea un poco meditativo, y verás lo mucho que es posible.

Osho,
La pasión por lo imposible

MEDITACIÓN TÁNTRICA
EL AMOR RADIANTE

Dedicar algún tiempo a practicar el amor por nuestra cuenta tiene sus ventajas. Siéntate en tu habitación una media hora, con el torso erguido y en postura cómoda. Cierra los ojos y lleva tu estado de conciencia al corazón y a los senos. Procura sentirte amorosa. Irradia amor desde tu corazón e imagínate que llenas toda la habitación con tu expansiva energía amorosa. Enseguida te sentirás vibrando con una nueva frecuencia. Si observas que te meces como si fueses una ola en el gran océano del amor, no lo impidas. Deja que toda tu habitación se llene de amor. Crea intencionadamente vibraciones de energía amorosa a tu alrededor, y puede que empieces a notar que algo en torno a tu cuerpo está cambiando. Podría ser como un calor que se levantara alrededor de tu cuerpo, algo parecido a un orgasmo. Comprobarás que te vuelves más viva. Si sientes ganas de bailar o cantar para exteriorizar tu amor, no te reprimas. Meditando sobre el amor, es probable que sientas que tú eres el origen del amor, y no —como siempre has pensado— que el amor te llegaba de otra persona. Cuando seas capaz de conectarte dentro de ti misma con el amor, considera esto como un paso preparatorio para transformar a tu amante en una persona que tenga para ti la receptividad adecuada.

12

Orgasmo tántrico y parejas del mismo sexo

Esta carta me llegó por correo electrónico cuando me quedaban pocos días para terminar el manuscrito de este libro.

Investigaba algo sobre sexo tántrico y fui a parar a tu página web. Creo que tienes un excelente portal y, a mi entender, los extractos del libro son interesantes e informativos. No obstante, me gustaría hacerte una pregunta sobre el sexo tántrico y sobre todo lo que llevo leído hasta ahora.

Antes que nada, déjame que te ponga un poco en antecedentes. He tenido una relación con un hombre durante algo más de catorce años. Dejamos de hacer el amor hace varios años, no por iniciativa mía, sino por la suya. A él no le interesa el sexo y nada de lo que he hecho para cambiar la situación ha dado el resultado apetecido. Se niega a ver a un consejero sexual o a asistir a talleres sobre la materia, y se limita a aceptar el «hecho» de que posee poco apetito sexual. He intentado interesarlo probando diferentes técnicas; pero, a pesar de esto, nuestros encuentros sexuales siguieron siendo infrecuentes y poco satisfactorios. Él me asegura que su falta de libido no tiene nada que ver con el amor que siente por mí, y me consta que no busca otras parejas.

Hace pocos años, la desesperación me llevó a tener una aventura amorosa con una mujer. No fue algo que yo buscara expresamente ni algo que me repeliese, ya que a lo largo de mi vida hubo ocasiones en las que me sentí atraída por una mujer. Este lance amoroso me descubrió que tener sexo con una mujer era para mí mucho más placentero que tenerlo con un hombre. La razón estriba en que en este tipo de sexo no hay un «objetivo predeterminado» y tiene, por tanto, más que ver con el placer sensual que con otra cosa. Es frecuente que tanto mi pareja femenina como yo no tengamos orgasmos, si bien hacemos el amor horas y horas. Reconozco, claro está, que podía haber tenido fácilmente una pareja femenina que estuviese imbuida de la idea de que el sexo es igual a orgasmo, ya que es así como estamos socializadas en las culturas occidentales, en las que, incluso las lesbianas, comparten este punto de vista.

Cuando comencé a leer sobre sexo tántrico, no pude hacer otra cosa que compararlo con mi aventura amorosa y con mis sentimientos acerca del sexo lésbico. A mí me parece que dos mujeres pueden practicar con una mayor disposición y naturalidad el sexo al estilo tántrico, y ello porque somos más sensuales (y sé que se podría argumentar que esto, asimismo, guarda relación con la forma en que las mujeres son socializadas). Sin embargo, me di cuenta de que hay muy poco escrito sobre el sexo homosexual y su relación con las prácticas tántricas. Me parece que la mayoría de las más reputadas páginas web en materia tántrica tienen una orientación eminentemente heterosexual. La mayoría de las veces, mis intentos destinados a encontrar algo de sexo tántrico para homosexuales me llevaban hasta portales pornográficos o a talleres para lesbianas en los que no se tocaba para nada este tema. Y aunque yo seguía con mi casta relación heterosexual, me consideraba a mí misma como bisexual, por lo que me hubiese gustado encontrar un mayor equilibrio entre mis dos tendencias. ¿Hay alguna razón para que la mayoría de los libros sean para heterosexuales? ¿Está esto de alguna manera relacionado con los orígenes espirituales de las prácticas tántricas que quizá no admitan el amor homosexual? Solo siento curiosidad y no estoy segura de que tengas las respuestas, pero de lo que sí estoy segura es que habrá mucha gente gay y lesbiana que se esté preguntando lo mismo.

Este es uno de los varios mensajes que he recibido en los últimos años haciéndome la misma pregunta: ¿qué pasa entre el tantra y los homosexuales? A veces también me lo preguntan en mis talleres para parejas heterosexuales, ya que la mayoría de la gente tiene un pariente o un amigo homosexual. Aunque no pueda decir que tengo respuestas contrastadas, sí tengo alguna idea de cómo podrían aplicarse los principios tántricos entre cuerpos de un mismo sexo. Mis exploraciones tántricas lo han sido siempre dentro del ámbito heterosexual, aunque esto no quita que vea un momento tántrico en cada abrazo que doy a una persona, ya sea ésta hombre o mujer.

Para muchas de nosotras, la exploración de la sexualidad con una pareja del mismo sexo forma parte de una evolución sexual natural. La sexualidad humana adopta una forma autoerótica para hacer su primera aparición; es la exploración en la primera infancia de los placeres de nuestros propios genitales. Esto normalmente cambia a los pocos años para convertirse en una curiosidad por los genitales de otros niños del mismo sexo (homosexualidad). Puede haber también un simultáneo interés por los genitales del sexo opuesto; esto explica por qué los niños de todo el mundo proponen intencionadamente jugar a los «médicos» para explorarse mutuamente los genitales. La verdadera atracción por el sexo opuesto (heterosexualidad) con ánimo de establecer relaciones eróticas llega en una posterior tercera fase.

La sociedad frunce el ceño e impide la inocente interacción sexual que se establece entre los niños cuando intentan conocer sus cuerpos. Esto se debe, en parte, porque estas exploraciones, por la proximidad, se suscitan normalmente entre hermanos y se teme que podrían dar lugar a relaciones incestuosas. Cuando de niños nos sorprendían tratando de satisfacer nuestra curiosidad sexual, nos castigaban, nos daban a entender que habíamos hecho algo malo y nos hacían sentirnos culpables por haber sacado algo de placer de nuestros genitales. Si nos hubiésemos arreglado para hacer lo mismo sin que nos descubriesen, nos habríamos sentido igualmente culpables por haber hecho algo en secreto y, por consiguiente, incorrecto. El miedo al sexo y la falta de conocimiento de la verdadera sexualidad, han hecho que la energía sexual/vital haya estado reprimida en todos nosotros.

Hay gente que cree que, si existe una separación obligada de géneros, la exploración entre niños del mismo sexo se puede prolongar hasta los años de la adolescencia, como ocurre en los internados docentes de estas características. Los monasterios u otras instituciones que mantienen a los hombres y a las mujeres separados, están de alguna manera alentando la exploración sexual entre personas del mismo sexo.

Para evitar la desaparición de la especie, estamos fisiológicamente preparados para reproducirnos, lo cual hace que sea la heterosexualidad la tercera fase de la expresión sexual humana. (Existe una cuarta fase, que es la que alcanza ese individuo excepcional que, por haber asimilado profundamente los elementos del sexo, se eleva por encima de él y vive en un continuo estado de éxtasis). Hay mucha gente, especialmente mujeres, que en sus últimos años renuncia totalmente al sexo por la sencilla razón de que ya no le satisface. (Para muchos hombres esta elección no es tan fácil; prueba de ello son las distintas formas depravadas con las que algunos hombres liberan sus frustraciones sexuales). Para las mujeres suele ser fácil convertirse de nuevo en autosexuales, o bien se convierten en asexuales olvidándose por completo de sus propios genitales. Algunas mujeres escogen deliberadamente una pareja de su mismo sexo o ven cómo se va despertando en ellas una atracción hacia su propio sexo. Una pareja de lesbianas me comentó que ahora se daban cuenta de que habían nacido lesbianas, ya que nunca, en ningún momento, se interesaron realmente por los hombres. De hecho, se sentían atraídas por otras chicas sin saber siquiera qué clase de atracción sexual era. Hay tantas razones para la abstención, como las hay para la opción homosexual.

Pero, tal como yo veo ahora la situación, tengo que decir que desde muchas generaciones atrás no hemos tenido una reflexión positiva del potencial sexual del hombre y de la mujer, como asimismo del amor que así se crea. Esta falta de ejemplaridad se debe al desconocimiento y a la confusión que existe en torno al sexo, tema ya tratado en anteriores capítulos. Tal como están las cosas, y ante la falta de directrices o de comprensión de la expresión sexual, quizá sería más fácil evitar el reto que presenta ese sexo opuesto tan desconocido (un reto complejo, dado el nivel de desconocimiento sexual existente). En lugar de esto, uno podría escoger entre estas dos opciones: abstenerse por completo de todo contacto sexual o inclinarse por el mismo sexo, toda vez que, al ser el nuestro, es un sexo conocido y comprendido.

Conciencia del momento presente, relajación y sensibilidad

Si yo tuviera que dividir el método tántrico en dos mitades, lo haría simplemente así; *a)* el aspecto esencial del llamado momento presente, y *b)* el aspecto esencial de unos cuerpos que existen como fuerzas equivalentes y opuestas. En lo que respecta al primer aspecto, cualquier par de personas, homosexuales o heterosexuales, pueden estar cada vez más presentes entre sí, más dentro y abajo en el cuerpo, y más conscientes de ellas mismas; por tanto, más sensibles hacia su pareja, hacia sus hijos y hacia sus padres. Cuanto más cercanos estemos físicamente, como en el caso de los amantes, mayor oportunidad tendremos de practicar el estado de conciencia y de crear el presente entre nosotros. Tanto en parejas homosexuales como heterosexuales, los principios tántricos son aplicables en toda su extensión.

El tantra nos dice que estemos al tanto de lo que hacemos y de cómo lo hacemos, que nos desenganchemos lentamente del excitamiento y que nos aferremos a la relajación, que practiquemos el estar aquí y ahora, y que no nos obsesionemos tanto por una meta. En resumen, lo que viene a decirnos con esto es que *todos* los amantes deben esforzarse por *no* utilizar los genitales con la sola finalidad de alcanzar el clímax. Se trata de, por una parte, retener la energía de forma que pueda extenderse a través del cuerpo y darle a éste poder, y, por otra, evitar la descarga repetida de energía vital. El tantra termina puntualizándonos que el amor debe ser una meditación y no una actividad.

En cualquier pareja, el contacto visual —mediante la utilización de la visión suave, tal como se describe en el capítulo 2— intensificará profundamente el encuentro y, tal como se explica en el capítulo 9, atenuará las ganas de tener un orgasmo. Ralentizar algunos movimientos, o todos, mejorará en sumo grado la experiencia. La respiración consciente expandirá de un modo excelente las energías de tu cuerpo. El beso sentido aporta intimidad e intensidad. Cualquier estado de conciencia, y el reto que éste conlleva, crearán un vínculo, una sensación de fuerza unificadora que encierra una mayor intimidad y un amor más grande. Esto sucede porque el estado de conciencia transforma el sexo en amor. Y amor es lo que todos deseamos recibir y dar. Presencia, silencio, tranquilidad, la esencia de la meditación y de la relajación, todo esto se puede desarrollar entre dos personas como consecuencia de una apertura de corazón. Incluso una persona sola puede obtener beneficios de un estado de conciencia más interno, de una mayor tranquilidad, relajación y meditación, de centrarse menos en una meta en cualquier actividad diaria, de hacer menos y de estar más en el aquí y en el ahora, de disfrutar el momento.

Las polaridades opuestas y la correspondencia genital

Muchas de las directrices tratadas anteriormente se pueden utilizar con los mismos efectos tanto por amantes heterosexuales como homosexuales. No obstante, la mayoría de los aspectos relativos a las relaciones sexuales pertenecen al campo de la heterosexualidad, por lo que no deben hacerse extensivos al otro campo. Sin embargo, la información puede tener algún valor para reconsiderar cómo va uno en cuanto a relaciones genitales se refiere y por qué. Las directrices heterosexuales no son de aplicación debido a la semejanza de los genitales en las parejas del mismo sexo; en efecto, los genitales no se corresponden ni encajan entre sí. Los genitales son iguales, pero no son opuestos; en vez de una mano en un guante, hay un guante y otro guante, o una mano y otra mano.

El tantra, como sabemos, está basado en la unión de lo masculino con lo femenino como fuerzas idénticas y contrapuestas. Sin una correspondencia entre los órganos sexuales, hay muy pocas posibilidades, según lo veo yo, de que exista un sutil intercambio de energías sexuales orgánicas; no se da esa acción recíproca del pene a la vagina que despierta en los cuerpos las corrientes internas, esa conexión que actúa como punto de arranque hacia una dimensión diferente del mundo interior. Por consiguiente, la oposición, la atracción y la interacción inherentes al pene y a la vagina no pueden funcionar del mismo modo en parejas homosexuales. Esto entraña una desventaja, porque la pareja gay o lesbiana no puede hacer lo que hace la pareja heterosexual: dejar que pase el tiempo y dejar que fluya la corriente.

En las parejas de mujeres, por ejemplo, se da la circunstancia de que toda la polaridad es femenina. Por tanto, se produciría un encuentro de dos genitales receptivos, o sea, negativo con negativo (vagina-vagina) y positivo con positivo (corazón/senos-corazón/senos), cuando lo apropiado para completar el circuito sería lo inverso, esto es, positivo contra negativo. La ausencia del aspecto tántrico de la correspondencia genital en las relaciones homosexuales requiere una revisión completa de los genitales, así como saber cómo hay que utilizarlos al aplicar los principios tántricos a fin de crear estados más sublimes. La primera directriz ya se ha dado en el apartado anterior: dejar a un lado la estimulación y el excitamiento con objeto de descubrir modos de contener la energía sexual e invitarla así a que se eleve y no se descargue.

Los mismos retos que plantea el hecho de alejarnos de nuestros condicionamientos sexuales son igualmente aplicables tanto a homosexuales como a heterosexuales. Quizá puede que sea más difícil, especialmente para los homosexuales masculinos, encontrar —en vez de estar constantemente buscando la intensidad de las sensaciones— una forma pasiva y más femenina de encontrarse con los genitales del otro. El problema que tiene la excesiva estimulación es que insensibiliza a los genitales; empiezan a perder su facultad y llega un momento en que nada te hace ponerte a tono, ni siquiera los viejos trucos funcionan. Aparece entonces una necesidad y un deseo de más y más estimulación, lo cual, en algunos casos, puede dejar a la persona totalmente insensible incluso con respecto a sí mismo. Las sensibilidades internas se han ido al traste debido a una sobredosis de sensación. La sensibilidad aumenta con el estado de conciencia, así que cuando usamos nuestros cuerpos insensiblemente para satisfacer nuestras mentes sexuales, lo que hacemos es cerrarnos nosotros mismos el acceso a nuestros tesoros internos. La regla de oro para cualquier pareja, ya sea homosexual o heterosexual, es buscar siempre la sensibilidad y no la sensación. La sensación embota, mientras que la sensibilidad despierta las fuentes internas del deleite y del placer.

El individuo autoextático

Una vez que he dejado claro que para el tantra es esencial que los genitales se encuentren con fuerzas equivalentes y opuestas, paso a recordarte que nuestra configuración interna básica es bisexual. Este es, de hecho, el principal fundamento del tantra. Todos nosotros tenemos un polo masculino y otro femenino, lo cual hace a cada individuo esencialmente autoextático. Parece bastante obvio, entonces, que ha habido siempre y que habrá entre los seres humanos una variedad de expresiones sexuales. En la relación homosexual, el potencial intrínseco de la situación sexual es limitado; primero, porque no es posible la reproducción y, segundo, por la falta de alineamiento en lo referente a la polaridad. Pero, estoy segura, que el potencial fundamental del individuo no queda afectado porque, en definitiva, la fuente de los estados orgásmicos se encuentra dentro de cada persona; es una celebración interna de los elementos masculino y femenino. Por tanto, todo se queda más bien en una cuestión de cómo llegamos a esa fuente, de cómo despertamos nuestro potencial extático interior. Tanto en homosexualidad como en heterosexualidad las rutas son similares a la par que diversas.

Cuando iba a entregar el manuscrito de este libro ya terminado al editor, afortunadamente, y por casualidad, me encontré con una amiga que me envió el informe que sigue sobre sus experiencias con el sexo.

Una mujer comparte su experiencia: «Toda mi vida he sido bisexual. Pero con ambos sexos me he sentido frustrada. Los temporales accesos de éxtasis casi siempre me hacían sentirme después vacía. Así que era insaciable, una verdadera ninfomaníaca. Entonces, hace ya muchos años, participé en un grupo organizado por Diana que llamamos "el experimento del tantra". Esto cambió completamente mi experiencia y mi punto de vista sobre el sexo. Empecé a practicar a *no* tener prisas con mis hormonas y con mis ansias lujuriosas, así como a aprender a relajarme en el sexo. Nada realmente tántrico me sucedía en esos días, pero, no sé por qué razón, era el sexo más gratificante que había tenido en toda mi vida. Después de esto, solo me interesaban las relaciones sexuales tántricas, las cuales, en esa época, eran únicamente con hombres. Cuando una mujer se cruzaba en mi camino, tenía solo una corta aventura amorosa, ya que no quería volver a lo que yo llamaba "hacer" sexo.

»Todo cambió cuando conocí hace cuatro años a mi pareja femenina. Con gran sorpresa por mi parte, se producía el famoso "círculo de energía" sin penetración genital. Un beso o un abrazo era suficiente para provocar una silenciosa implosión. Mi mente parecía unos huevos revueltos. Era algo que se escapaba a mi comprensión y que hacía años un montón de creencias e ideas que yo tenia acerca de lo masculino y lo femenino. Después de todo, lo masculino y lo femenino son aspectos que residen en todo ser humano; al parecer, cada una de nosotras tenemos integradas ambas polaridades y podemos descansar en el silencio de nuestro ser y de nuestro corazón. ¡Esto es una auténtica penetración energética! Hay ocasiones en que una de nosotras está más en la energía "masculina" saliente y el círculo se mueve en una dirección. A veces se completa y a veces no. Debo aclarar, sin embargo, que nosotras no podemos "hacerlo". Puede ser que haya algunos modos de dirigir la energía de lo que nosotras todavía no estamos al tanto. Según mi experiencia, la diferencia entre el tantra con el sexo opuesto y el tantra con el mismo sexo está en que con el sexo opuesto la penetración genital casi siempre permite que se complete el círculo de energía o que, al menos, lo haga con mayor facilidad. También ocurre que he entrado en la menopausia y no siempre hay disponible suficiente energía que permita el orgasmo tántrico. La fundición extática se produce entonces totalmente en el corazón».

El enfoque femenino del intercambio sexual

Por lo que atañe a las mujeres, el método tántrico supone retirar esa atención excesiva que se ponía en el clítoris y que propiciaba el excitamiento, para colocarla en un estilo en el que los senos son queridos y considerados como el punto focal del sistema energético femenino. Como ya se explicó en el capítulo 5, los senos son el origen de la energía que interviene en los orgasmos más profundos de la mujer; por tanto, se puede alcanzar un estado orgásmico con tan solo acariciar cariñosamente los senos. (La mujer puede también prodigar cariño a sus pechos para alcanzar así un estado expandido). La energía de los senos se acumula y se expande hacia abajo, repercutiendo en la vagina. Y, desde luego, para esto no es necesaria la penetración vaginal.

En vez de buscar el excitamiento y el orgasmo, el amante debería tratar el clítoris con más miramiento y pasividad con objeto de crear un flujo energético de retroceso hacia dentro de la vagina. De hecho, ella debería tratar a su propia vagina con sumo cuidado. Cualquier sustituto fálico carecerá lógicamente de las propiedades electromagnéticas que posee el pene en relación con la vagina. En particular, hay quizá menos percepción y sensibilidad en la región vaginal superior, algo muy a tener en cuenta en la penetración profunda para poder acceder a las energías extáticas de las mujeres. Un objeto en forma de falo y sin vida no puede comunicarse de un modo efectivo con el polo receptivo femenino; sin embargo, las vibraciones mecánicas que partan de él pueden hacer algo en cuanto a despertar las energías más sutiles. Los dedos, ciertamente, tienen mucha más sensibilidad que un vibrador, pero solo si dispensan unos toques delicados, amorosos y conscientes. Hay unas técnicas terapéuticas de masaje, muy recomendables, que pueden ayudar a liberar aquellas tensiones existentes en la vagina que apagan su polaridad. (Esto requiere unas instrucciones personalizadas y, por consiguiente, cae fuera del alcance de este libro). No obstante, los dedos carecerán por naturaleza de la percepción, delicadeza y efecto catalítico que tiene la «magnética» cabeza del pene (capítulo 6). Si hubiese que simular la penetración vaginal, la recomendación sería hacerla de forma que evitara una fricción dolorosa y una excesiva producción de excitamiento (algo que resultaría en más tensiones). Hay que relajarse y mantener en todo momento la presencia del dedo o de los dedos (¡las uñas cortas, por favor!) que la amante receptiva recibe, a la par que tenéis que concentraros principalmente en el corazón y en los senos. La amante receptiva puede sentir un movimiento circular descendente hacia la vagina que luego asciende hasta el corazón a través del «eje de magnetismo» interno. O ella puede muy bien dirigir la imaginación hacia el círculo interno de energía: senos-vagina-senos. De esta forma, es posible que la mujer experimente un estado extático sin que tenga necesariamente que mediar un orgasmo de clítoris y una descarga indebida de energía, justo como en el caso de una mujer heterosexual, quien, además, puede contar con la ayuda del pene en la vagina para abrir los canales internos.

El amor homosexual y el movimiento feminista

Para muchas feministas de hoy en día, el clítoris se ha convertido en un símbolo de la revolución sexual de la mujer, ya que a través de él puede recuperar su ya largamente perdido orgasmo. Este movimiento está ciertamente bien motivado, aunque quizá un tanto confundido, puesto que ha concentrado toda la atención en el clítoris con el consiguiente abandono de la vagina y del polo receptivo de la energía femenina. El clítoris, con el excitamiento como aliado, se emplea como «polo positivo» para descarga y no como puente de la vagina para conectar con las energías receptivas. Con el foco puesto en el clítoris también cabe hablar de orgasmos múltiples (los cuales son de hecho posibles y siempre constituyen una tentación); ahora bien, estos orgasmos están basados principalmente en el excitamiento, productor, como sabemos, de la tensión y de la emocionalidad.

Como vemos que esta fuerte identificación con el clítoris lo erige en centro de la sexualidad femenina, no nos extraña que algunas feministas vean en la relativa desmitificación que hace la doctrina tántrica del clítoris algo así como un paso atrás para el feminismo y para las mujeres en general. Es también muy posible que aquellas mujeres que no estén experimentadas o familiarizadas con el poder intrínseco de ceder o dar a través de un método más absorbente y receptivo, reaccionen enérgicamente contra mis comentarios tántricos relativos al feminismo. Seguramente se resistirán a abandonar la fórmula masculina que han utilizado hasta ahora para liberarse sexualmente. Sin embargo, con conocimiento de la conexión existente entre el orgasmo de pico y los angustiosos estados de emocionalidad (véase capítulo 10), las mujeres pueden darse cuenta de que necesitan explorarse a sí mismas a un nivel diferente cuando se unan en calidad de amantes.

En la exploración tántrica, las mujeres deberían evitar la tentación de regirse por la llamada fórmula masculina, dado que se trata básicamente de una imitación del hombre, y éste, por ahora, es totalmente inconsciente en su expresión sexual y, ni por asomo, un reflejo de las cualidades que caracterizan a la verdadera fuerza masculina. Con intentar ser igual que un hombre, la mujer solo consigue hacerse dura, ruda e inaccesible. Para empezar, la mujer debería procurar ser en todo momento femenina, ya que, como consecuencia de esto, se despertaría en ella su *verdadero* hombre interno. Dentro de cualquier pareja (heterosexual u homosexual) se puede desarrollar de forma natural una cierta clase de polaridad; uno de sus miembros puede evolucionar hacia el tipo más responsable, mundano y hacedor (positivo), mientras que el otro puede encarnar el tipo más abarcador, amoroso y contemplativo (negativo); por tanto, cuando una mujer se implique con otra para hacer el amor, lo que no debe hacer nunca es copiar al hombre. Y ello porque dos mujeres pueden encontrar el modo femenino de hacer el amor con tan solo reconfigurar los elementos esenciales.

Hace poco hablé con una buena amiga mía que tiene amistad íntima con muchas parejas gays y lesbianas. Me dijo que lo que ella observaba era que en las parejas gays predominaba más el carácter femenino, mientras que en las parejas lesbianas predominaba más el carácter masculino. *Ambos* miembros de cada pareja tendían hacia lo «igual y lo opuesto», que era lo que faltaba en su unión. Esto se puede entender como un equilibrio de polaridades, algo que sin duda alguna lo es en cierto sentido; pero, insisto, desgraciadamente la mujer no saca ninguna ventaja fundamental con querer ser como un hombre.

Una manifiesta desventaja de los homosexuales se encuentra en el hecho de no poder «dejar pasar el tiempo» con los genitales acoplados —como hacen las parejas heterosexuales— para que el sexo suceda por sí mismo. La unión tántrica de los elementos masculino y femenino produce la corriente de energía sexual (vital), proporcionando así un enfoque para el estado de conciencia y una fuente de gran placer. Es posible mantener la penetración durante varias horas sin hacer absolutamente nada. La correspondencia de los genitales facilita la aplicación de la técnica de «estar»; de hecho, el sexo proporciona las circunstancias perfectas para la meditación.

Por el contrario, la falta de correspondencia del sexo homosexual propicia la aplicación de la técnica de «hacer», la cual, como se sabe, es la productora del excitamiento y del orgasmo de pico. Por consiguiente, hay que volcarse siempre hacia el «estar», aun a sabiendas que puede ser necesaria una cierta dosis de «hacer»; y, por supuesto, todas las clases de «hacer» pueden ser radicalmente modificadas mediante la utilización del estado de conciencia, como ya se estudió anteriormente en este capítulo. Es probable que cuando las homosexuales femeninas dejen de usar el estilo de sexo orientado al orgasmo, tiendan hacia un estilo meditativo de expresión sexual; y lo harán con más facilidad que los homosexuales masculinos en virtud simplemente de su total polaridad negativa.

Para que me diese su parecer, envié este capítulo a una amiga mía que ha tenido experiencias sexuales con hombres y mujeres. Agradezco mucho sus comentarios, que fueron los siguientes.

Una mujer comparte su experiencia: «Bueno, leí tu capítulo y te diré un poco de lo que ha sido mi experiencia. Conociendo, como conocía, el estilo tántrico con hombres, siempre fue para mí problemático aplicarlo con mujeres, ya que sabíamos que no contábamos con las ventajas de la polaridad opuesta. Sin embargo, por muchas razones, me dejé arrastrar una y otra vez por las relaciones con mujeres.

»Todavía sigo investigando sobre lo que se puede, o no, hacer con una mujer, y estoy tratando de conocer un poco más qué es lo que sucede energéticamente cuando estoy con una mujer. Creo que es necesaria mucha más experiencia de la que yo tengo para dar realmente unas respuestas definitivas; si bien he tenido algunas experiencias (una fue muy fuerte) que podrían dar alguna indicación sobre dónde empezar.

»Ya estuviese con un hombre o con una mujer, nunca me ha gustado ser penetrada por algo que no fuese un pene (dedos, vibradores, etc).. Cuando tenía relaciones sexuales con una mujer, estaba limitada a solo acariciar, tocar y a practicar sexo oral, lo cual, al estar siempre implicado el clítoris, siempre nos conducía al orgasmo.

»Más tarde, con una mujer como pareja, decidí intentar la penetración con un dedo con la específica intención de no buscar el excitamiento y el orgasmo. Le pedí que me penetrase delicadamente y que no moviese el dedo; una simulación de la penetración silenciosa con un pene. Sentía los dos pulsos: el de mi vagina y el de su dedo. Fue delicioso sentir allí las pulsaciones sin ningún movimiento o estimulación. Al cabo de un rato, cuando los pulsos se empezaron a sincronizar, la cosa se convirtió en una experiencia extremadamente placentera, sin que mediara excitamiento y sin llegar al orgasmo. Lo hicimos varias veces y empecé a sentir una muy ligera, una ligerísima similitud con las sensaciones que había tenido con hombres; es decir, una energía muy sutil fluyendo a través de todo mi cuerpo.

»Luego vino la cuestión de tener todavía remembranzas en mi cuerpo de haber sido violada cuando era una niña. Tal como ya te comenté cuando estabas escribiendo sobre el abuso sexual y sus efectos, el problema que existe con las mujeres que están en esta situación es que, si bien la polaridad creada por una delicada penetración del pene es un modo ideal de limpiar esas remembranzas de la vagina, la mayoría de dichas mujeres, especialmente las que tengan traumas graves, no llegarán a ese punto. En efecto, es corriente que teman intimar con alguien, que no puedan atraer a los hombres, que hayan optado por relacionarse con mujeres o, como una forma de tropezar por segunda vez, que escojan al hombre que no les conviene, quien, por regla general, no será muy reflexivo en materia de sexo. Por lo que a mí respecta, una vez que tuve mis remembranzas allí alojadas, me fue prácticamente imposible, por varias de las razones que acabo de mencionar, llegar con un hombre a esa beneficiosa situación sanadora.

»Vuelvo a lo de la penetración silenciosa con mi pareja femenina. Una vez más le pedí que me penetrara delicadamente con un dedo y que no lo moviera. Cuando los pulsos comenzaron a sincronizarse, le pedí que presionara suavemente en distintas direcciones; primero, hacia arriba, presión con la que permanecimos un rato estando las dos en silencio. Puedo asegurarte que una buena cantidad de energía empezó a moverse. A continuación, aplicó la presión en diagonal, luego hacia la derecha, y así sucesivamente. La presión era ligera y con todo el dedo. La mayoría de las veces la limpieza fue muy silenciosa: solo sentir y respirar; pero un par de veces hubo algo más: unas lágrimas y unas fuertes emociones afloraron a la superficie. Me resultaba extremadamente increíble estar tratando mi pasado trauma de esta manera.

»Después de que lo hiciésemos varias veces, la energía en mi vagina se abrió mucho más, a la par que la penetración sin movimiento se hacía cada vez más placentera. Una vez tuve una experiencia con una mujer que muy bien podía compararse a una experiencia tántrica con un hombre. La razón de que sucediera sin la polaridad opuesta del pene y la vagina, solo Dios lo sabe. Simplemente sucedió. Desde luego no fue tan intensa ni tan obvia como las experiencias que había tenido con hombres; aunque, a decir verdad, no me molesté mucho en ahondar sobre esta cuestión.

»Está claro que el primer aspecto del tantra, tal como tú lo mencionas en el capítulo, es la primera puerta que se les abre a las parejas gays. Sobre el segundo aspecto, y sobre el tema de la polaridad, lo que he dicho en mi carta es todo lo que puedo comunicar de momento. Puede ser que esta manera de abordar el asunto abra también una puerta para las lesbianas; si bien no puedo decirlo con seguridad».

He escuchado argumentos que sugerían que en las relaciones entre los dos miembros de una pareja homosexual el signo de la polaridad de uno de ellos puede cambiar energéticamente y convertirse en el signo opuesto; lo cual haría factible que cada pareja del mismo sexo pudiera comenzar a equilibrarse mutua e internamente en lo que a polaridad se refiere. Esto implicaría, por ejemplo, que en una de las componentes de una pareja lesbiana el signo negativo de su vagina se trocase por uno positivo y que el positivo de sus senos se convirtiese en uno negativo. Yo particularmente lo dudo, puesto que está visto y comprobado que cuando a una mujer se le extirpa un seno o el cuello del útero, el fenómeno magnético presente en los tejidos físicos continúa existiendo desde un punto de vista energético.

Aunque diga esto, no se me escapa que hasta ahora ha habido muy poca investigación en el terreno de lo homosexual, por lo que quizá futuros descubrimientos podrían demostrar que estoy perfectamente equivocada. Una amiga me dijo hace poco que una lesbiana que ella conoce, y que se ha sentido atraída solo por mujeres desde el principio de su vida sexual, está convencida de que tiene un «pene etéreo o telepático». Quizá algo de esta naturaleza sea posible sin que tenga que ocurrir un cambio real en la energía corporal. Si de lo que en realidad ella habla es de un «pene interno», el cual es la experiencia de un eje magnético constantemente vivo, podría estar entonces de acuerdo con ella. Con el actual énfasis que en sexo se le da al excitamiento en detrimento de la meditación, necesitaríamos un gran cambio de consciencia para poder obtener un conjunto fiable de material sobre la experiencia homosexual tántrica que diese sustancia a su práctica.

Dado que este es un libro para mujeres, no me estoy extendiendo demasiado con la cuestión de la homosexualidad masculina; aunque, por supuesto, también son aplicables a ellos los muchos principios del tantra, sobre todo en lo que respecta a la estimulación de la energía para que ésta fluya hacia dentro y hacia arriba con destino al corazón (del polo positivo al negativo), en vez de ser descargada desde el polo positivo. Al igual que pasa con la sustitución del pene por un consolador, no creo probable que la muy erógena zona del ano pueda reemplazar con éxito a la cavidad electromagnética de la vagina. (Esto también es aplicable al caso de los heterosexuales que practican el sexo anal, aunque la conexión interna femenina a través del ano pueda ser quizá diferente de la del hombre). Es probable que la práctica anal sea en contadas ocasiones lenta y fácil —esto es, que se asemeje al estilo tántrico—, sino que refleje más bien el estilo convencional de buscar la estimulación, el excitamiento y la eyaculación. Hasta que el ano deje de ser utilizado para la estimulación y el erotismo, no sabremos si se puede hacer con él una conexión interna, mágica y electromagnética.

El antecedente espiritual tántrico es heterosexual

Desde sus orígenes, el tantra ha estado orientado hacia la heterosexualidad. El tema de estudio de este apartado, el llamado sendero izquierdo del tantra, utiliza la corriente sexual con una perspectiva física para una unión externa (entre hombre y mujer), la cual conduce a una unión interna que nos lleva, a su vez, a unos estados de éxtasis meditativo*.

En la India podemos encontrar una multitud de templos, con miles de años de antigüedad (los más famosos se encuentran en Khajuraho), que albergan estatuas representando al hombre y a la mujer en unión sexual. Lo normal es que estas parejas de piedra adopten unas posturas tan acrobáticas que una, cuando las mira con ojos convencionales, se pregunta cómo diablos pueden conseguir con ellas alguna clase de sexo. En cambio, si se las mira con la experiencia de unos ojos tántricos, que saben que la penetración de la vagina se puede mantener durante horas y que se puede sacar de ello un interminable deleite, entonces una se da cuenta que estas estatuas representan posturas perfectamente practicables. Lo más notable de muchas de estas estatuas es que una puede ver realmente un vivo éxtasis en sus caras; éxtasis que se irradia hacia fuera cuando una las mira. Los que construyeron esos templos en la antigüedad, especialmente los escultores de las estatuas, no eran artesanos sino artistas; personas que vivían la misma experiencia que plasmaban en la piedra. Sus respectivas experiencias personales internas fueron esculpidas en piedra, por lo que sus éxtasis, al cabo de miles de años, todavía son palpables.

---

* El sendero derecho es la escuela de las prácticas budistas de meditación tántrica en las que la energía sexual se emplea con una perspectiva simbólica; el practicante utiliza la visualización para estimular la unión interna. *(N. de la A)*.

La expresión única de heterosexualidad de estas prácticas espirituales no está motivada por un prejuicio sexual, sino que debe su existencia a que las experiencias tántricas se culminan mejor cuando intervienen las fuerzas opuestas del hombre y la mujer. El sexo tántrico es la ruta más directa y natural para despertar dentro de una misma la fuerza opuesta interna; es la utilización de lo opuesto externo para alcanzar lo opuesto interno. Y así, la mujer utiliza al hombre para despertar a su hombre interno. Sin la correspondencia genital, la cual en sí y de por sí crea momentos extáticos intensos, es más difícil conseguir de una sola vez y durante horas un sostenido y meditativo estado de unión. Aunque esto no quiere decir que sea totalmente improbable su consecución. Para explorar realmente el marco tántrico con una óptica homosexual, hay que deshabilitar la estimulación como actitud sexual y redescubrir la sensibilidad como una puerta hacia el éxtasis; más o menos las mismas tareas que se les piden a los heterosexuales.

La masturbación

En la cuestión de la masturbación cabe decir, una vez más, que también son aplicables los principios tántricos. Todo lo que se haga bajo un estado de conciencia no puede ser erróneo ni antinatural. No es lo que tú hagas, sino cómo lo hagas. Como siempre, experimenta haciéndote el amor a ti misma de forma que no dependa exclusivamente del excitamiento, sino de la expansión de la energía a través de la relajación. Retén la energía en tu cuerpo; no la descargues automáticamente. Mientras te masturbas, evita contracciones innecesarias en el cuerpo o en la vagina, y no recurras demasiado al clítoris. Si tienes un orgasmo, no lo fuerces, relájate en él y tómatelo todo con mucha calma. La masturbación que implique una estimulación intensa y progresiva del clítoris o de la vagina puede, poco a poco, apagar la propia sensibilidad que se iba buscando y, al final, no se consiga mucho placer.

Involucra los senos en tu experiencia. Haz de ellos tu centro de atención; haz el cambio sin contar con el clítoris y descubre la nueva puerta de la expresión sexual. Acaricia, mima y expand la energía a través de tu propio cuerpo o el de tu pareja. Una mujer por sí sola —tal como se recomendaba al final del capítulo 5— puede acrecentar su feminidad si medita sobre los senos. Las mujeres de tendencia lesbiana pueden emplear esta práctica para apoyar el despertar de la energía orgásmica en el cuerpo; y lo pueden hacer como una práctica aislada o como parte del juego sexual preliminar. Luego, durante la relación sexual, aplícale un masaje a tus senos y enseña también a tu pareja cómo hacerlo. Aun cuando con dos mujeres juntas habrá más conocimiento acerca de cómo se deben tocar los pechos, siempre es mejor ser guiada por aquella que una ama. Y lo mismo pasa cuando se explora el clítoris y su zona circundante; en este caso, también tenéis que comunicaros y descubrir qué clase de caricias producen sensaciones y despiertan la sensibilidad en tu cuerpo, así como qué es lo que te aparta de tus profundos sentimientos y de tus delicadas sensaciones.

Aplicación de los principios tántricos a las relaciones del mismo sexo

Hace muy pocos años, en Ciudad de México, tuve la oportunidad de trabajar con un grupo de nueve parejas gays, todas seropositivos. Me designaron para que les hablase el día en que se clausuraba el programa de sanación intensivo de seis meses al que habían asistido; programa que contenía meditación y terapias naturales, y que había sido muy beneficioso para ellos tanto en el aspecto físico como en el psicológico. Fui invitada para el cierre del programa, porque la terapeuta deseaba que sus asistentes saliesen de él con una impresión positiva acerca del sexo. La mayoría de ellos tenían unos antecedentes sexuales desastrosos y unos conceptos altamente negativos en torno al sexo; y, por si fuese poco, arrastraban una enfermedad de transmisión sexual. En estas dolorosas y cruciales circunstancias, no era fácil para ellos mirar al sexo con sentimientos de alborozo y alegría.

Como por esa época no me había ni siquiera imaginado la aplicación del tantra a parejas homosexuales, me resistí a la invitación que me hacía mi amiga, la terapeuta. Después de pensarlo un poco, le dije que presentaría solo ese aspecto del tantra que trata del estado de conciencia interno y de la creación del momento presente; y que no estaba dispuesta, por supuesto, a explicarles la cuestión de las polaridades innatas y cómo la naturaleza concibe la interacción hombre-mujer. Pero mi amiga insistió en que les diese una visión completa del tema, y al final dije que sí a regañadientes, puesto que seguía sin ver la razón para ello.

La mañana fue una bella experiencia. Conduje a esos hombres a través de una estructura que los llevó al momento presente junto con sus respectivas parejas. Vi delante de mis ojos una profunda transformación que resultó ser una gran enseñanza para mí: una fusión consciente y sensitiva entre ellos; una relajación en el ahora del cuerpo; una fundición en un tierno y fuerte abrazo. El silencio, la sinceridad y el amor saturaban el aire. El clima era tan emotivo que, a veces, las lágrimas acudían a mis ojos, como también acudían a los ojos de los propios hombres.

Al final de la mañana, uno de los hombres dijo que ojalá hubiesen escuchado antes, él y su pareja, los conceptos y las enseñanzas que yo acababa de desarrollar. Todo hubiese sido completamente diferente; pero ya era tarde para ello, dado que sabía que le quedaba poco de vida.

Después de un descanso para el almuerzo, continuamos por la tarde con un debate sobre las polaridades masculina y femenina, la interacción del pene y la vagina, los senos y la erección. La información fue recibida con mucha atención y no vi rechazo alguno por parte de los hombres. Terminamos con una meditación consistente en imaginarnos nuestros círculos de energía en nuestros propios cuerpos; luego, antes de que cada uno tomase un camino distinto, tuvimos unas despedidas muy emotivas y bañadas por las lágrimas.

Esta admirable experiencia me ha dado autoridad para decir que *todas* las parejas, sin distinción de género, tienen, sin duda alguna, experiencias positivas y estimulantes si emplean los principios tántricos en sus relaciones íntimas. Todas las parejas pueden beneficiarse si están más conscientes y relajadas cuando hacen el amor; y todos los cuerpos humanos tienen dentro de ellos una polaridad positiva y otra negativa. En cuanto haya más parejas homosexuales que experimenten con el tantra, me gustaría conocer sus comentarios relativos a cómo han puesto estas ideas en práctica con miras a sostener unas relaciones sexuales satisfactorias y llenas de amor.

Inspiración tántrica

El hombre debe trascender al sexo, cualquiera que sea su clase, porque, al menos que vayas más allá de tu biología, no llegarás nunca a conocer tu alma. Mientras tanto —antes de que vayas más allá—, es tu potestad ser lo que tú quieras ser.

No hagas un problema de esto. No hay que hacer nada. No me planteo problemas individuales. Mi forma de abordar todo esto es que hay millones de enfermedades y una sola cura, y que esta cura es la meditación.

Tú meditas; homosexual, heterosexual, bisexual... Tú meditas. Hazte más tranquilo y más silencioso. Crea una vaciedad interna. Hazte más transparente. Y entonces las cosas comenzarán a cambiar. Serás capaz de ver lo que te estás haciendo a ti mismo. Y si es correcto, seguirás haciéndolo con más júbilo, con una mayor totalidad, con más intensidad, con más pasión. Y si es erróneo, caerá por su propio peso, como las hojas muertas caen del árbol. Así que no puedo sugerir un método específico porque, para mí, todos los problemas aparecen, porque nos hemos convertido en mente y nos hemos olvidado que, muy en el fondo, hay un espacio dentro de nosotros que podemos llamar de no-mente. Entrar en ese espacio, el de no-mente, te dará perspectiva, visión, claridad.

Medita. Siéntate en silencio y vigila tus pensamientos; homosexuales, heterosexuales, sean de la naturaleza que sean, eso no importa. Vigila, conviértete en el testigo. Lentamente, lentamente se creará una distancia entre tú y tus pensamientos. Y un día, de repente: el entendimiento de que tú no eres tu mente. Y en ese día ha tenido lugar una revolución dentro de ti. Después de ese día, tú nunca serás otra vez el mismo. Una trascendencia habrá sucedido.

Osho,
El libro de los libros, vol. 9

MEDITACIÓN TÁNTRICA
LA «FLOR DORADA»

Realiza esta meditación por la mañana temprano o cuando te vayas a dormir por la noche.

Tiéndete cómodamente de espaldas en la cama y destina una media hora para este ejercicio. Relájate durante unos minutos con los ojos cerrados. Cuando aspires, comienza a visualizar una gran luz que entra en tu cuerpo por la cabeza, como si el Sol se levantase justo al lado de tu cabeza. Luz dorada que se vierte dentro de tu cabeza. Es como si estuvieses hueco y una luz dorada te entrase por lo alto y bajara y bajara por tu cuerpo y que, al llegar a tus pies, saliese por los dedos. Cuando espires, visualiza una oscuridad que te entra a través de los dedos de tus pies; un gran río oscuro que te invade a través de los dedos y que sube y sube hasta llegar a tu cabeza.

Hazlo despacio y con respiración profunda para que puedas visualizar mejor. Ve muy lentamente. Al aspirar, deja que la luz dorada te entre por la parte alta de tu cabeza; es aquí donde se abre la «flor dorada». La luz dorada purificará todo tu cuerpo y lo llenará de creatividad. Es la energía masculina. Cuando espires, deja que la oscuridad —la más intensa oscuridad que puedas concebir: como la oscuridad de la noche— entre por los dedos de tus pies como un río ascendente y salga por tu cabeza. Es la energía femenina. Es la energía que te tranquiliza, que te hace receptiva; la que te calma y te da descanso. Aspira de nuevo y deja que entre, una vez más, la luz dorada. Mantente respirando de esta forma durante unos veinte minutos y luego quédate relajada durante unos diez minutos más.

Puedes hacer esto nada más despertarte, cuando todavía te encuentres en la línea que separa la vigilia del sueño. Es justo ahí donde tienes que empezar el proceso de veinte minutos de aspirar luz y espirar oscuridad. Si haces la meditación por la noche y te quedas dormida haciéndola, el efecto permanecerá en el subconsciente y seguirá funcionando. Pasado un período de tres meses, empezarás a notar que la energía que estaba continuamente concentrándose y acumulándose por sí misma en el centro sexual, ha dejado de hacerlo. En vez de esto, la energía se va hacia arriba; la energía comienza a elevarse por sí misma.

Conclusiones

Aprovechamiento de nuestro auténtico poder femenino

CON EL DESENMASCARAMIENTO del verdadero papel de la mujer en la escena sexual y las profundas implicaciones de la verdadera feminidad, es muy posible que te encuentres al mismo tiempo con sentimientos encontrados; esto es, un vivificante sentido de la inspiración o del poderío junto con la desazón de un sentimiento abrumador e intimidatorio producto de la nueva situación. Situación que te hace temerosa e insegura acerca de cómo proceder, de cómo alterar la forma de hacer el amor *en realidad*. En vez de agobiarte con los pros y los contras, ponte inmediatamente en acción y comienza ahora mismo a reenfocar tu cuerpo. En este mismo instante, mientras estás sentada leyendo, relaja la mandíbula, los hombros y también el vientre. Disfruta de dos o tres reconfortantes respiraciones profundas y aprovéchalas para sentir el placer de un relajamiento que se extiende por todo tu cuerpo; o también puedes descansar unos pocos minutos con tu estado de conciencia puesto en los senos y en los pezones, sintiéndolos desde dentro y comprobando cómo irradian calor hacia fuera. Cierra los ojos y deléitate con el sentimiento arraigado en tu cuerpo; es vínculo con tu ser, un puente natural hacia la inagotable fuente del amor que reside dentro de ti.

El hecho de trasladar el estado de conciencia de la mente al cuerpo, como acabas de hacer y como se te ha animado que hagas en las meditaciones tántricas que aparecen al final de cada capítulo, afectará gradualmente a tu organismo. A medida que se incremente la sensibilidad, se detectarán cambio sutiles, aunque poderosos, en tu sistema de energía. Los traslados del estado de conciencia dentro de los límites del cuerpo se pueden hacer en cualquier momento. En vez de dejarte arrollar por el interminable y circular tren de los pensamientos, comienza a dirigir tu atención hacia dentro, fusionándote así con cualquier agradable sensación que esté presente en tu cuerpo. La próxima vez que abraces a tu amante o hagas el amor con él, procura hacer cambios similares de estados de conciencia, o sea, desde el exterior hacia el interior. Comienza con la mayor inocencia, pórtate como una niña, deja a un lado el estilo sexual que tú ya conoces y húndete en tu cuerpo. Esto crea instantáneamente un estado de ser «tántrico» que, como sabemos, es más relajado y menos apresurado, ya que, al no tener expectativas ni la presión de grandes metas, no queda nublada la simple realidad de la unión de dos cuerpos humanos. Cada vez que hagas el amor, abraces (porosamente) o beses (prolongadamente), aprovecha para dar pequeños pasos experimentales. Mientras abrazas, acaricias o besas, fúndete con la experiencia de cómo lo estás haciendo, de forma que toda la experiencia evolucione hacia unos movimientos elegantes y lentos, coreografiado por un estado de conciencia interno. Pon a prueba algunas de las directrices que se han dado en los capítulos precedentes; cuando termines con estas, pon a prueba otras y, por último, haz con ellas varias combinaciones de acuerdo con lo que te aconseje tu experiencia.

Te resultará ventajoso intervenir con un excitamiento reducido, lo cual disminuirá las ganas de llegar a un orgasmo convencional y hará que desaparezca el potencial creativo de la relación sexual. La introducción del estado de conciencia te permitirá entrar en el encuentro de una manera sensual, tranquila y sigilosa; además, te conectará con lo que está sucediendo en el preciso momento en que sucede. Deja que el acto sea una movilización de todos los sentidos. Intensifica el estado de conciencia de tu vagina; transforma conscientemente su naturaleza en un canal receptivo, infundiéndole una absorbente y embriagadora cualidad que sea tentadora, seductora, invitadora, asequible y acogedora para la fuerza masculina. También pon a tus pechos en estado de conciencia y comprueba qué repercusión tiene esto en tus respuestas. Trata de enterarte qué es lo intensifica tu «sí», qué es lo que lo debilita, qué es lo que expande tu energía corporal, qué es lo que causa su encogimiento, qué es lo que aumenta tu sensibilidad o qué es lo que la disminuye. Adéntrate por cualquier vía que te interese en particular. Por ejemplo:

si el clítoris es un elemento que te interesa, haz pruebas bien incluyéndolo de una forma más relajada y menos exigente, bien dejándolo fuera, o bien dejándolo para más tarde. La actitud interna debe ser más bien investigadora y no una actitud de expectación impaciente o que exija resultados inmediatos. Cultiva una actitud de observación; apártate de los patrones rutinarios, ponlos en entredicho, y mira a ver qué pasa. Como resultado de esto, establecerás gradualmente la verdad dentro de ti misma. Es un reto enfrentarse a una misma de esta forma; no quiero imbuirte la idea de que esto puede conseguirse sin esfuerzo. Desde luego que requiere un esfuerzo romper con el pasado, pero es el esfuerzo de estar en estado de conciencia, no el esfuerzo de hacer. Con el paso del tiempo el esfuerzo de permanecer arraigada en el cuerpo se hace cada vez menor; una está simplemente presente con agrado.

Durante el proceso de llevar el estado de conciencia a hábitos sexuales rutinarios e inconscientes, se producirá en ti una gradual transformación interna. Aflorarás con nuevos ojos, nuevos valores, nuevas ideas; de hecho, verás y experimentarás toda tu vida desde otra perspectiva. Reinventarte tú misma como mujer o llegar a tu feminidad de nuevo te costará una lenta y perseverante búsqueda. Siguiendo una información interna adquieres la capacidad de revelarte a ti misma un estrato más profundo de ti misma. Osho nos estimula de esta forma:

> Y esta fusión [sexo] no debe convertirse en algo inconsciente, ya que, de lo contrario, no captas el significado. Es un bonito acto sexual, no una transformación. Es bonito, todo está perfecto, pero no es una transformación. Y si es inconsciente, entonces te moverás siempre de acuerdo con una rutina. Una y otra vez querrás tener esta experiencia. La experiencia como tal es bonita, pero se convertirá en una rutina. Y por cada vez que la tengas, más deseo se creará en ti. Cuanto más la tengas, más la desearás; te mueves en un círculo vicioso. Tú no creces, solo rotas.
>
> La rotación es mala, porque entonces no hay crecimiento. Simplemente se desperdicia la energía. Incluso si la experiencia es buena, se desperdicia la energía, porque era posible mucho más. Fue solo en la esquina, solo una vuelta, y era posible mucho más. Con la misma energía, podría haberse conseguido lo divino. Con la misma energía es posible el éxtasis fundamental, y tú desperdicias esta energía en

experiencias efímeras. Y al cabo del tiempo esas experiencias se harán aburridas, porque si se repiten una y otra vez, todas las cosas resultan aburridas. Cuando desaparece la novedad, aparece el aburrimiento.

Si estás al tanto, primero notarás cambios de energía en tu cuerpo, luego una ausencia de pensamientos en tu mente y, por último, una retirada del ego de tu corazón. Y cuando suceda esta tercera cosa, tu energía, esa energía sexual, se habrá convertido en una energía meditativa [1].

Las dudas pueden surgir fácilmente y echar por tierra nuestras creativas y valerosas respuestas a la verdad. La mente, con sus muchas voces, empezará a poner excusas para disuadirnos de que tomemos acción ahora mismo, animándonos a que pospongamos la cosa. Las dudas se desencadenan por nuestro temor a lo desconocido; un temor a estar desnudo, a que nos despojen de nuestras habilidades y estrategias estilizadas, así como un profundo temor a perder nuestro control. Sin embargo, el estar alerta implica un nuevo control, el control del ego vigilante, el control que surge a través del estado de conciencia. Este tipo de control es tan natural que tú ni siquiera te das cuenta que estás controlando. En realidad, el hecho de que se conozca y experimente el cuerpo femenino desde una nueva perspectiva, no devaluará ni depreciará de ningún modo a la mujer. A decir verdad, este nuevo estado de conciencia supone un tremendo fortalecimiento.

Cuando nosotros (hombre y mujer) aprendemos a conocernos psíquica y fisiológicamente entre sí, podemos abarcar nuestra biología y nuestra espiritualidad como si fuésemos una sola persona. Si lo vemos con un talante multidimensional, el sexo adquiere un sentido más profundo que la posibilidad de traer niños al mundo. Es también pasarlo bien, es jugar, es rezar, es meditar, es fundirnos en la unicidad y en el amor, es verdadera espiritualidad.

Para muchos hombres (según sus conocimientos actuales), el sexo no es un fenómeno espiritual, sino solo una liberación fisiológica que tira más hacia una liberación emocional de tensiones y sentimientos reprimidos. Para las mujeres, el sexo es, en gran medida, un fenómeno espiritual; por esto, es muy fácil ofender a la mujer en cuestiones de sexo. A menos que el amor se manifieste con tintes de una gran experiencia espiritual, ella se sentirá reacia a abrirse a él. La práctica del sexo sin amor es precisamente la razón de que tantos millones de mujeres hayan olvidado por completo lo que significa el orgasmo. Las mujeres se han hecho sexualmente reprimidas debido al desconocimiento del hombre de la diferencia que existe entre los géneros. Pero no hay que echarle la culpa personalmente al hombre; él también es un producto del desconocimiento social y sexual que prevalece hoy en día.

La gran desgracia de esta represión de la mujer y de su poder sexual es que siempre que a la naturaleza real del hombre y de la mujer no se le permite marchar de acuerdo con sus necesidades internas, dicha naturaleza se torna agria, se envenena, se lesiona o se paraliza; e incluso puede llegar a pervertirse. Si la mujer es corrompida por el hombre, el propio hombre tampoco podrá permanecer natural. Después de todo, es la mujer la que da a luz al hombre. Si la mujer, como madre, no expresa su sexualidad de forma natural, sus hijos tampoco aprenderán a expresarse con naturalidad. La mujer necesita ciertamente una gran liberación, pero no mediante una imitación del hombre, no equiparándose a él siendo exactamente igual que él; no, la verdadera liberación de la mujer se producirá cuando ésta sea una fuerza auténtica y opuesta con respecto al hombre.

Como una dolorosa e innegable realidad, todavía hay en la Tierra millones de mujeres que continúan dominadas por la inconsciencia sexual masculina, sujetas a toda clase de inhumanidades, humillaciones y agresiones, sufriendo en silencio daños físicos y psíquicos como parte de su vida ordinaria. Para estas no afortunadas mujeres, la fina sintonización de su «energía femenina» es lo que menos les importa, ya que, desgraciadamente, su realidad está dominada por una trágica lucha por la supervivencia. Como mujeres pertenecientes a un sector más privilegiado de la sociedad (y lo somos si sostenemos este libro en nuestras manos), debemos unir nuestros corazones en silencio y en oración, deseando que lleguen a la Tierra días de paz, amor y equilibrio. El cambio de la situación global sexual, cualquiera que éste sea, no puede depender de una solución masiva. Tiene que surgir de las consciencias individuales y extenderse hacia fuera a la consciencia colectiva de una forma verdaderamente homeopática. Toda mujer, si llega a conocerse a sí misma más íntimamente, tiene capacidad y poder para transformar su vida en otra que sea satisfactoria y nutriente para ella, pasando así a la línea generacional unos valores más elevados.

Completando el círculo y volviendo a la introducción de este libro, tengo que decir que nosotras, las mujeres que pertenecemos a un sector privilegiado de la sociedad, estamos en disposición de ser responsables con nosotras mismas en cuanto a crear amor y a no permitir que las cosas se sigan haciendo sin amor, como sucede desde hace cientos de años. Nunca subestiméis nuestro poder intrínseco como miembros femeninos de la especie humana. Las mujeres son personas muy fuertes, no en el sentido muscular, sino en lo que concierne a su resistencia, a su energía vital, a su energía sexual y a su tolerancia. Todo el funcionamiento de la mujer es elegante, intuitivo y compasivo por naturaleza. De aquí que la mujer no tenga que depender del permiso o de la cooperación del hombre para emprender acciones experimentales a fin de encontrar su verdadero yo a través del sexo. Ensaya cosas, dentro y fuera de la cama, al margen de tu compañero y de lo que él piense, se imagine o quiera. Observa qué es lo que sucede, en lo que a energía se refiere, dentro de ti y entre tú y tu compañero. Si tu compañero es un hombre que se precie, su reacción será seguir tus directrices; esto es, reconocer y confiar en la autoridad natural que, en materia de sexo, tiene toda mujer cuando se le da la oportunidad para ello.

Desde tiempo inmemorial, las mujeres han constituido una fuerza colectiva en los campos de la sanación, el saber y la evolución espiritual; pero en esta era tecnológica que nos ha tocado vivir, además de perder el contacto con nuestra verdad femenina, nos sentimos emocionalmente confusas. El desarrollo femenino requiere la voluntad de sentir cualquier cosa y de sentirlo todo, incluso las emociones antiguas y dolorosas, las cuales, la mayoría de las veces, tienen menos que ver con el presente que con el pasado. El tener siempre presente la diferencia entre un sentimiento y una emoción es una de las claves más útiles para llevar una vida llena de alegría y felicidad. Ten en cuenta que las emociones de por sí no son malas, lo que sí puede ser malo, y además dañino, es sobre quién o sobre qué hacemos recaer la culpa de las mismas. Vencer los estados de emocionalidad, llegar hasta las raíces de las emociones mediante la expresión de los sentimientos escondidos detrás de ellas, así como manejar las emociones de una forma consciente, son todas acciones que coadyuvan a crear un equilibrio interno. Es un paso hacia la madurez. Por el contrario, doblegarnos continuamente a la fuerza explosiva de las emociones nos encierran dentro de un marco infantil, al cual vuelve, en oleadas cíclicas, el pasado no realizado, desbordándose sobre el ahora en convulsiones sísmicas.

La mujer puede empezar a borrar el mito de que es fundamentalmente emocional, inestable y dada a erupciones de mal humor. Si nos atenemos al ámbito de la personalidad, nosotras, las mujeres, hemos «aprendido» a ser emocionales, pero lo emocional no es un rasgo de la naturaleza esencial de la mujer. El corazón —situado en el centro de nuestro verdadero ser— solo conoce un lenguaje, y este lenguaje es el del amor. Cuando se desea y se busca el amor, es muy fácil que una se pierda en el otro, haciendo así dejación, de manera inconsciente y accidental, del poder y de la gracia de nuestra femenina naturalidad. Al abrirnos conscientemente al hombre, al invitarle que entre a la par que nos mantenemos fieles a nuestra conciencia femenina, transformamos el sexo entre hombre y mujer en amor; esto es, en una sublime experiencia espiritual.

Te dejo con estas palabras finales de Osho:

> Recuerda esto: el tantra es un esfuerzo amoroso hacia la existencia. Es por esto por lo que el tantra ha hecho tanto uso del amor; porque es una técnica de amor. No es solamente el amor entre un hombre y una mujer, es el amor entre tú y la existencia; y por primera vez la existencia tiene significado para ti a través de la mujer. Y si eres mujer, entonces por primera vez la existencia tiene significado para ti a través del hombre [2].

Apéndice

El método sintotermal para el control de la fertilidad cíclica

SI UNA MUJER DESEA estar al corriente de su propio ciclo de fertilidad, ya sea con fines conceptivos o anticonceptivos, lo mejor que posiblemente puede hacer es aprender el método sintotermal[*]. La breve introducción que aquí se expone te servirá para familiarizarte con el método; pero, por favor, no la consideres ni suficiente ni definitiva. Esta introducción solo explica los fundamentos de cómo funciona el método, ya que la limitación de espacio no permite dar una detallada información de todas las excepciones a la regla que hay que tener en consideración si se quiere utilizar el método para un control de natalidad verdaderamente fiable. Si estás interesada en utilizar el método sintotermal de una manera consecuente y seria, consulta, por favor, la página web que más adelante se indica y en la que podrás obtener una mayor orientación.

En cualquier parte del mundo se puede conseguir documentación sobre el funcionamiento de este método. Por su parte, la SymptoTherm Foundation de Suiza, en su página web www.symptotherm.ch, facilita direcciones e información de contacto de las principales organizaciones que enseñan este método. Cada organización tiene su propia red de asesores competentes. Para principiantas, la SymptoTherm Foundation, junto con buen libro de texto sobre el método, recomien-

---

[*] La información sobre el método sintotermal que contiene este apéndice ha sido facilitada por R. Harri Wettstein, director de Bioself, S.A. (Ginebra, Suiza), y secretario de la SymptoTerm Foundation (Morges, Suiza), y también por Christine Bourgeois, presidenta de la SymptoTherm Foundation. (*N. de la A*).

da como herramienta educacional el indicador de fertilidad Bioself (www.bioself.com).

El método sintotermal fue desarrollado a principios de los años cincuenta por investigadores católicos. Su denominación se debe al profesor Josef Rötzer, un doctor austriaco, que fue uno de sus pioneros. Aunque todavía hay muchas universidades que llevan a cabo investigaciones clínicas y científicas sobre este método, su actual modo de practicarse está avalado por unos veinte años de experiencia y unos sólidos datos estadísticos que atestiguan su seguridad.

El desarrollo de esta práctica tuvo como motivo original encontrar una alternativa «natural» a la llamada anticoncepción artificial (prohibida por El Vaticano); de este modo, las parejas católicas podrían disfrutar del sexo en los días no fértiles en circunstancias en que el embarazo no era aconsejable o deseado. Paradójicamente, las escuelas del Fertility Awareness Method (FAM), y otras organizaciones seglares, están en deuda con el Catholic Natural Family Planning Institute, con el que no estaban de acuerdo sobre la cuestión del empleo del condón. El uso estricto del método, según la «planificación natural familiar», siempre implica períodos de abstinencia, mientras que el FAM no tiene nada en contra de un «sexo seguro» durante la fase fértil. Pero el FAM también reconoce que el uso de un dispositivo anticonceptivo (condón, capucha cervical o diafragma) durante los tramos fértiles del ciclo disminuye la seguridad anticonceptiva, por lo que sugiere, para prevenir cualquier fallo, que se utilice un anticonceptivo a la par que el método sintotermal.

El término compuesto *sintotermal*, cuando se refiere a la ovulación, significa que hay: *a)* una elevación de temperatura indicativa del paso de un huevo (ovulación). Esta elevación de temperatura siempre se interpreta en relación con *b)* una observación del flujo cervical, el cual también revela la existencia de una actividad ovárica. Otras observaciones, como la dureza de los pechos y el dolor intermenstrual (por ejemplo, unas pocas punzadas dolorosas asociadas con la ovulación), también pueden ayudar a la mujer a sintonizar con su ciclo y estar al tanto de cuándo está fértil y cuándo no lo está. El método sintotermal siempre utiliza dos indicios: la temperatura corporal y las secreciones vaginales; indicios que luego compara entre sí.

Realización de la comparación en el método sintotermal

El ciclo mensual de la mujer comienza, como día uno, el primer día de su período menstrual; continúa con unos seis días estériles, y luego entra en la fase fértil hasta después de la ovulación. La ovulación tiene lugar cerca de la mitad del ciclo, aunque, de una mujer a otra, puede haber una variación considerable en la ocurrencia temporal de este episodio. Con el tiempo y mediante una cuidadosa observación, la mujer puede familiarizarse con las características de su ciclo y saber cada mes cuándo espera la ovulación. Para una mayor seguridad, debe considerarse fértil varios días antes y varios días después de la ovulación. Sin embargo, observando su temperatura basal y el flujo cervical, puede confirmar su ovulación y saber cuándo ha entrado en la segunda fase —absolutamente estéril— de su ciclo.

Determinación del «día punta»

Para establecer el comienzo de la fase estéril de la postovulación, la mujer debe primero aprender a precisar cuál es el *día punta*. Por día punta se entiende *el día en que su flujo cervical es más fértil*. El flujo más fértil, o moco, se parece mucho —y tiene un tacto similar— a la resbaladiza clara del huevo; cruda, por supuesto. Es muy elástico, y se puede estirar entre los dedos índice y pulgar hasta formar, sin romperse, una especie de hilo grueso. No pasa lo mismo con el pegajoso y opaco moco estéril, que enseguida se parte en cuanto se separan el índice y el pulgar. Una vez que la mujer haya observado la presencia de moco fértil, puede determinar con precisión su día punta percatándose del primer día en que la naturaleza del moco cambia visiblemente y comienza a secarse; de aquí que el día punta solo puede determinarse el día después del cambio del moco cervical. El último día de moco resbaladizo es el que debe considerarse día punta.

La mujer tiene que observar la constitución de su flujo cervical hasta que pueda identificarlo perfectamente. Puede que necesite varios ciclos para poder llegar realmente a familiarizarse con sus propios síntomas de fertilidad punta. Cada mes tiene que registrar su día punta en su calendario personal o anotarlo en el gráfico especial que proporcionan los manuales sobre la materia. Su día punta podría ser el día de la ovulación. Es muy probable que se dé esta circunstancia si ella tiene en ese día lo que un 10 por 100 de las mujeres pueden sentir: unos pocos espasmos de agudo dolor en el vientre. Este dolor ocurre en la parte del abdomen en la que está el ovario ovulador.

Según algunos estudios científicos, basados en pruebas ultrasónicas aplicadas a mujeres que no sienten esa clase de dolor, hay de un 10 a un 20 por 100 de probabilidades que la ovulación ocurra hasta tres días antes o tres días después del día punta. La ventana de fertilidad mínima debe tener en cuenta estos seis días de posible fertilidad. Habida cuenta de que el óvulo vive aproximadamente dieciocho horas después de la ovulación, y dado que los espermatozoides pueden sobrevivir hasta cinco o seis días en las criptas y pliegues cervicales, la ventana de fertilidad generalmente se extiende hasta un mínimo de ocho días. Como es lógico, los ciclos irregulares requieren una vigilancia extra.

Una vez que la mujer ha descubierto su día punta y lo ha anotado en su calendario o en su gráfico de ciclos, cuenta *hasta la noche del tercero de los siguientes días* para fijar ahí la probable terminación de su período de fertilidad. Por ejemplo: digamos que el día punta es el miércoles. Entonces ella cuenta el jueves como el primer día siguiente (también es el día de la verificación de su día punta) y el viernes como el segundo. Por tanto, ella debe calcular que su infertilidad empezará la noche del tercer día: el sábado, en este caso. Ahora, ¿cómo puede estar absolutamente segura de esta predicción? Utilizando el segundo indicio; esto es, comprobando su temperatura el sábado por la noche.

Confirmación de la ovulación mediante la temperatura

Si practica el método sintotermal, la mujer debe aprender a tomarse la temperatura basal para poder confrontarla con las características de su moco cervical. Para que la mujer obtenga una lectura precisa de su temperatura basal, debe hacerla nada más despertarse por la mañana. (Puede ir al cuarto de baño antes de tomarse la temperatura o incluso hacer amor tántrico *mientras* se la esté tomando; no obstante, antes de tomar la lectura, debe evitar todo tipo de actividad excesiva). En la primera parte de su ciclo (dominada por los estrógenos), la temperatura basal de la mujer será ligeramente más baja que su temperatura después de la ovulación. Una vez que ha ocurrido la ovulación, la temperatura basal se elevará ligeramente debido a la más alta proporción de la hormona progesterona en el organismo de la mujer. Por tanto, la mujer puede confirmar la existencia de ovulación cuando note que sube su temperatura basal. Cuando observe que tres temperaturas basales más elevadas —al menos 0,2 °C más altas— siguen, por lo menos, a *seis* temperaturas más bajas, la mujer sabrá que ha entrado en la fase estéril de su ciclo y que permanecerá estéril hasta su próxima menstruación, es decir, hasta que comience su nuevo ciclo. Solo una adecuada elevación de temperatura puede garantizar que el proceso de ovulación está completamente terminado y que se ha iniciado la fase absolutamente estéril del ciclo, la de la progesterona. (Estos cambios mínimos de temperatura solo pueden ser registrados por termómetros especialmente diseñados para la lectura de la temperatura basal del cuerpo. El indicador Bioself [en la página 272 encontrarás información para ponerte en contacto con el director de la compañía Bioself] es un instrumento práctico y fiable para la medición de los cambios de temperatura correspondientes al ciclo de ovulación).

Excepciones

Puede haber ocasiones en que la tercera temperatura elevada ocurra uno o dos días antes de lo que indicaba la predicción del día punta (en nuestro ejemplo, el jueves o el viernes en lugar del sábado); en otras palabras: que la temperatura se eleve antes del día punta. (El indicador Bioself mostrará el verde demasiado pronto). En este caso, será entonces la viscosidad del flujo cervical la que indique que el sábado por la noche es el comienzo de la fase estéril. Esta doble comprobación determina el final de la fertilidad fijado por la agregación al día punta de tres días. Puede decirse que esta excepción es muy rara.

La excepción que sigue es más corriente. Aunque amplía la fase fértil, no conlleva riesgo.

Continuemos con el mismo ejemplo. Esta vez, la temperatura no se eleva inmediatamente después del día punta, de forma que la tercera temperatura elevada todavía no ha aparecido el sábado por la mañana. (El indicador Bioself indica rojo). Pero el domingo por la mañana, el cuarto día después del día punta, se confirma la tercera temperatura elevada (el indicador Bioself indica verde), por lo que los días de absoluta esterilidad comienzan el domingo por la mañana, el cuarto día a partir del día punta.

El principio de la doble comprobación aplicado en estas dos excepciones, como en cualquier otra, es éste: *siempre tienes que respetar la señal de fertilidad que aparece en último lugar.*

¿Qué pasa si el indicador Bioself no muestra la señal verde el domingo o el lunes por la mañana? Bueno, esto significa que la ovulación *no ha tenido lugar* y que la interesada tiene que esperar el desarrollo de otra ovulación con *un segundo día punta.* La mujer puede tener dos o más días puntas, sobre todo si está estresada. En este caso, siempre es el *último* día punta el que comienza la cuenta para la segunda fase postovulatoria. Sin embargo, si al último día punta no le sigue un aumento de temperatura antes de la próxima menstruación, puede decirse que la mujer ha tenido un ciclo anovulatorio.

Afortunadamente, en situaciones como ésta, la mujer puede aplicar una norma general, que es la siguiente: a partir de la cuarta noche después del día punta, cualquiera que haya sido la evolución de la curva de temperatura (el indicador Bioself mostrará rojo en todo momento), la mujer puede considerarse *relativamente* estéril, como si estuviese al principio de su ciclo. La pareja podrá entonces tener sexo seguro, sin protección alguna, en la noche de cada día seco; aunque, eso sí, la mujer tendrá que estar muy atenta por si comienza una secreción de flujo cervical indicadora de una nueva ovulación. Si el ciclo permanece anovulatorio hasta la próxima menstruación, la mujer podría tener entonces una ovulación oculta por esta menstruación. Solo una subida de temperatura podría confirmar o refutar esta suposición.

¿Es siempre necesaria la doble comprobación?

La doble comprobación es solo necesaria para corroborar, o no, las excepciones apuntadas anteriormente en esta sección. Una vez que la mujer domine realmente todas las señales de fertilidad, según su experiencia y sus necesidades (siempre que sus ciclos sigan estrictamente un mismo patrón), podrá centrarse solamente en una de las dos comprobaciones:

bien en la observación del flujo cervical, o bien en la observación de la temperatura. Aunque al hacer esto, puede ser que esté desechando la más sólida seguridad anticonceptiva que proporciona la doble comprobación.

Esto, en resumidas cuentas, es todo lo que la mujer necesita para armonizar su sexualidad con su fertilidad. El método sintotermal es también efectivo durante la lactancia y perimenopausia; es, asimismo, apropiado para todos los tipos de ciclos y durante todas las edades ginecológicas. La utilización del indicador Bioself es el modo más fácil de aprender y aplicar este método.

Notas

Debido a que cada libro de Osho suele tener varias ediciones, la autora ha optado por proporcionar en estas obras el número del capítulo pertinente en vez del número de página. Se han utilizado los textos de las publicaciones más recientes.

Introducción

[1] Osho, *The Tantra Experience*, Rebel Publishing House, Pune, India, 1998, y R. C. Camphausen, *The Yoni: Sacred Symbol of Female Creative Power*, Inner Traditions, Rochester, Vt., 1996.

Capítulo 2

[1] Véase la obra de Osho *Fly without Wings, Walk without Feet and Think without Mind*, Full Circle Publishing, Ltd., 2000, capítulo 5, pregunta 3.
[2] Mantak Chia, *Despierta la energía curativa a través del tao*, EDL, Madrid.

Capítulo 4

[1] Osho, *El libro de los secretos*, capítulo 34, Gaia Ediciones, Madrid, 2002.
[2] J. Whitaker, M. D., y B. Adderly, *The Pain Relief Breakthrough*, Plume, Nueva York, 1999.
[3] Sutra tántrica (norma muy sucinta, casi telegráfica) del antiguo maestro Lord Shiva, explicada detalladamente en la obra de Osho *El libro de los secretos*, capítulo 71, sutra 98. *El libro de los secretos* glosa 112 sutras tántricos de Shiva. En un principio fue editado como una serie de charlas, de aquí que Osho también conteste a preguntas que le hacen los asistentes sobre los sutras y sobre sus experiencias con la meditación.

Capítulo 5

[1] Osho, *El libro de los secretos*, capítulo 68, pregunta 4, Gaia Ediciones.
[2] Ibíd., capítulo 67, sutra 95.

Capítulo 7

[1] Natalie Angier, *Woman: An Intimate Geography*, Virago, Nueva York, 1999, pp. 57-81. Contiene un interesante capítulo sobre el clítoris.
[2] Véase el libro de R. C. Camphausen, *The Yoni: Sacred Symbol of Female Creative Power*, pp. 96-103; en él se describen de manera magistral las veintidós partes diferentes de la intrincada anatomía de los genitales femeninos.
[3] N. Douglas y P. Slinger, *Sexual Secrets: The Alchemy of Ecstasy*, edición 20 aniversario, Destiny Books, Rochester, Vt., 2000, página 148.
[4] Otro sutra de Shiva incluido en la obra de Osho, *El libro de los secretos*, capítulo 75, sutra 103, Gaia Ediciones.

Capítulo 8

[1] Otro sutra de Shiva incluido en la obra de Osho, *El libro de los secretos*, capítulo 47, sutra 70, Gaia Ediciones.

Capítulo 9

[1] Osho, *Mi camino, el camino de las nubes blancas*, Humanitas, Argentina.
[2] Mantak Chia, *Awakening Healing Energy through the Tao*, p. 32.

Capítulo 10

[1] Osho, *The Supreme Doctrine*, Rebel Publishing House, Pune, India, 1997, capítulo 5, pregunta 3.
[2] Ibíd.

Conclusiones

[1] Osho, *Mi camino, el camino de las nubes blancas*, capítulo 6, pregunta 1.
[2] Osho, *El libro de los secretos*, capítulo 43, Gaia Ediciones.

«Hacer el amor»
Un retiro de meditación tantra para parejas

La autora (también conocida como Puja) y su compañero, Raja, organizan retiros de meditación de una semana de duración en los que orientan a las parejas en el arte del tantra.

Para más información, consultad las siguientes páginas web:

www.love4couples.com
www.livinglove.com

EN ESTA EDITORIAL

EL TAO DEL AMOR Y EL SEXO
La ancestral vía china hacia el éxtasis
Jolan Chang

La longevidad y su respuesta sexual; la prolangación de la virilidad hasta edad muy avanzada; el arte de hacer el amor considerado como una terapia básica en el canon médico taoísta... He aquí unos temas que, llenos de tópicos para nosotros los occidentales, son expuestos detalladamente y analíticamente en el primer estudio completo que se ofrece al público relativo a las técnicas del amor carnal según las máximas de las escuelas médicas taoístas

TANTRA: AMOR Y SEXO
El corazón del sexo tántrico
Diana Richardson

En *Tantra: amor y sexo* la autora ha realizado una adaptación práctica, amena y comprensible de los fundamentos del tantra a la mentalidad de los modernos amantes occidentales, y demuestra que la práctica sexual puede transformarse en una experiencia más sensual, amorosa y gratificante.

ARTES TÁNTRICAS TAOÍSTAS PARA MUJERES
El cultivo de la energía sexual, el amor y el espíritu
Minke de Vos

Las artes tántricas taoístas ayudan a las mujeres a experimentar el pleno florecimiento de su energía sexual. Basadas en la medicina energética china, el Tao Curativo Universal y las antiguas tradiciones del Emperador Amarillo y sus tres consejeras, estas prácticas honran cada fase vital femenina y permiten el despertar de la verdadera sexualidad de la mujer —receptiva, suave, sensible, intuitiva y creativa—, en contraposición al enfoque masculino centrado en la fuerza, la resistencia y el control.

EN ESTA EDITORIAL

LA MUJER MULTIORGÁSMICA
Cómo descubrir la plenitud de tu deseo,
de tu placer y de tu vitalidad

Dra. Rachel Carlton Abrams, Mantak Chia

La mujer multiorgásmica es un viaje íntimo al deseo y a la satisfacción sexual, reservado exclusivamente para mujeres y guiado por la doctora que muchas mujeres soñarían tener. Con su ayuda, además de alcanzar tu verdadero potencial sexual, descubrirás un modo más sano y gozoso de vivir en tu cuerpo.

LA HOMBRE MULTIORGÁSMICO
Cómo experimentar orgasmos múltiples
e incrementar espectacularmente la capacidad sexual

Douglas Abrams Arava, Mantak Chia

El hombre multiorgásmico revela técnicas físicas psicológicas muy simples que permiten que hombres de cualquier edad colmen sus sueños y las fantasías de toda mujer incrementando espectacularmente la calidad y cantidad de su capacidad sexual. No contiene difíciles o tediosas teorías, sino técnicas claras, prácticas y asombrosamente efectivas que pueden utilizarse de inmediato.

LA PAREJA MULTIORGÁSMICA
Cómo incrementar espectacularmente el placer,
la intimidad y la capacidad sexual

**Douglas Abrams Arava, Mantak Chia,
Dra. Rachel Carlton Abrams, Maneewan Chia**

Empleando el poder y la sabiduría de la tradición sexual taoísta, tú y tu pareja aprenderéis unas técnicas físicas y psicológicas muy simples, aunque sumamente efectivas, que pueden utilizarse de inmediato y que os permitirán experimentar la dicha del placer sexual por todo el cuerpo, orgasmo tras orgasmo.

GRUPO GAIA

Para más información
sobre otros títulos de
NEO PERSON

visita
www.grupogaia.es
Email: grupogaia@grupogaia.es
Tel.: (+34) 91 617 08 67